"双碳"目标下
中国国土空间发展路径

金 贵 吴 锋 柴 季 等 著

科学出版社

北京

内 容 简 介

建设生态文明是我国永续发展的千年大计，随着我国进入高质量发展阶段，土地资源利用决策优化作为生态文明建设的基础性作用愈发突显。在生态文明建设制度体系下，温控目标、资源效率成为衡量国土空间利用是否合理的重要标准，将其作为国土空间优化配置参数、变量估计的基础，开展产业用地供给侧视角的国土空间优化配置，及碳排放社会代价评估及人类福祉提升路径分析。本书能够为生态文明建设提供科学支撑，是均衡、低碳发展追求的实证目标，也可为其他国家或地区的相关研究和决策咨询提供参考。

本书适合从事国土空间、减碳、交叉学科及相关领域研究的科研、教学、技术、管理人员，以及各大专院校相关专业学生等阅读参考。

图书在版编目（CIP）数据

"双碳"目标下中国国土空间发展路径 / 金贵等著. -- 北京：科学出版社, 2024. 6. -- ISBN 978-7-03-078786-6

Ⅰ. F129.9

中国国家版本馆 CIP 数据核字第 2024UB2991 号

责任编辑：孙寓明/责任校对：高　嵘
责任印制：彭　超/封面设计：苏　波

科学出版社 出版
北京东黄城根北街 16 号
邮政编码：100717
http://www.sciencep.com
武汉中科兴业印务有限公司印刷
科学出版社发行　各地新华书店经销
*
开本：787×1092　1/16
2024 年 6 月第 一 版　印张：11 1/2
2024 年 6 月第一次印刷　字数：273 000
定价：118.00 元
（如有印装质量问题，我社负责调换）

前　言

　　把"碳达峰、碳中和"（"双碳"）纳入生态文明建设整体布局的相关论述丰富了新时代中国特色社会主义思想内涵，是中国式现代化的重要特征之一。《国民经济和社会发展第十四个五年规划和 2035 年远景目标纲要》指出：健全区域协调发展体制机制，构建高质量发展的区域经济布局和国土空间支撑体系。"碳达峰、碳中和"目标（"双碳"目标）与国土空间治理具有目标一致性、议题关联性，两者协同推进、互为支撑，旨在服务高质量发展、促进生态文明建设。将"双碳"目标融入国土空间治理体系有助于形成主体功能明显、优势互补、低碳发展的国土空间开发保护新格局。如何科学融合"双碳"目标与国土空间治理，探索"双碳"目标下国土空间发展路径具有重大的理论价值与现实意义。

　　国土空间作为自然、社会经济要素及其相互作用的载体，优化的关键在于实现城镇、农业和生态空间的合理配置，促进生产空间集约高效、生活空间宜居适度、生态空间山清水秀。"双碳"目标下的国土空间治理是一项系统工程，需要协调好人与自然的关系、中央与地方的关系、政府与市场的关系、开发与保护的关系。过去十年，中国经历了机构体制改革和治理体系的深刻变革，在国土空间治理领域尤其明显。这要求自然资源管理部门和学术界要在短期内拓展传统的认知和实践边界，建立起适应新时代要求的国土空间治理体系路线，显然这是十分困难的。宾夕法尼亚大学教授詹姆斯·科纳（James Corner）在 1991 年发表的文章 *A Discourse on Theory II: Three Tyrannies of Contemporary Theory and the Alternative of Hermeneutics* 中提到美西方文化中流行及在规划学理论中颇有市场的三类"暴徒"：僵化的实证主义、科学范式的套用和先锋派的胆大妄为。从本体论和认知论角度看，当今我国国土空间治理仍然缺少系统全面的理论与技术标准体系，支撑空间治理的发展蓝图仍需进一步完善，避免三类"暴徒"或者更多负面因素对空间治理的影响，正成为当前国内外同行共同奋斗的目标。

　　探讨国土空间治理体系，存在着系统论和还原论两种不同路径，本书尝试从综合性研究视角出发，构建不同类别、多种功能国土空间优化配置的理论与方法，揭示各类空间治理的社会经济影响。本书在逻辑结构上共分为 7 章。第 1 章绪论，介绍"双碳"目标内涵、国土空间治理特征、"双碳"目标与国土空间治理在战略上的一致性，由金贵、吴锋、柴季执笔；第 2 章国土空间功能与碳循环，揭示国土空间功能类别与碳元素在国土空间要素中的流动，由吴锋、张帆、郭纳良、董寅、刘璇执笔；第 3 章"双碳"目标下国土空间优化的理论方法体系，从碳排放权分配、关键参数和优化技术框架等方面为

"双碳"目标下国土空间优化提供支撑，推动国土空间治理的社会经济效益提升，增进人类福祉，由柴季、董寅、郭柏枢执笔；第4章农业空间低碳发展路径，从单一类型国土空间层面分析低碳化的农业生产空间路径及其对可持续减贫影响的研究案例，由金贵、吴锋、张正昱、谭开元执笔；第5章绿色低碳的城镇空间治理路径，对中国城镇化进程，低碳韧性、宜居城市建设路径和案例进行探讨，由吴锋、张正昱、胡毅航撰写；第6章陆地生态空间碳汇路径，揭示我国陆地生态空间，尤其是林草地空间的碳汇演变特征，由柴季、曾仕波、胡毅航执笔；第7章"双碳"目标下国土空间发展路径保障体系，从发展路径的动态监测、技术标准和政策支撑等方面为"双碳"目标下国土空间优化搭建保障体系，从概念逻辑、创新体系、研究工具等维度完善"双碳"目标下国土空间优化的研究范式，由金贵、贺大为、董寅执笔。

从上述章节的架构中不难看出，本书紧跟国家战略需求与理论前沿，主要介绍国土空间与"双碳"目标的内在逻辑、"双碳"目标下国土空间优化的理论方法体系、不同类别国土空间的低碳发展路径、"双碳"目标下国土空间发展路径保障体系等内容。系统调控作为本书的特色之处，相应思路与成果可为国土空间优化利用提供决策参考。本书适合土地资源管理、国土空间规划及相关学科的广大科研人员使用。

本书既涵盖理论探索、案例研究，也涉及对已有文献的梳理总结，前人眉宇间产生的智慧都遵循着人与自然和谐共生的理念。在"双碳"目标下开展国土空间发展路径研究，彷佛让已经熟知的光线通过新的棱镜，所以专著中的一些观点可能引起学界的兴趣。专著撰写正如傅斯年改编白居易《长恨歌》中的那句经典名言"上穷碧落下黄泉，动手动脚找东西"，很多细节、表述都需要真情妙悟来不断铸造和校订。由于时间仓促、能力有限，本书仍存在诸多问题，恳请读者们给予宽容和指正。

作　者

2024 年 1 月

目　录

第1章

绪 论

生态文明建设是关乎中华民族永续发展的根本大计,是人类共同价值的表现形式。在当代的人与自然系统的互动过程中,生态文明建设贯穿于生产、生活的各个方面,国土空间治理正是在认识人与自然和谐共生理念上推进生态文明建设的重要抓手,其根本目标是要对国土空间开发、保护和修复等进行规范化、系统化与过程化管理。人类进入工业文明时代以来,传统工业迅猛发展,在创造巨大物质财富的同时也打破了地球系统原有的物质循环和能量平衡,导致水、土、气、生等呈现一系列"疑难杂症"。到了生态文明建设时期,可持续发展成为共识,实现"碳达峰、碳中和"("双碳")是主权国家在全球治理体系中推动人与自然和谐共生的主要路径,更是构建人类命运共同体的重要环节。"碳达峰、碳中和"目标("双碳"目标)充分体现中国政府积极参与应对全球气候变化的责任和担当。现阶段国土空间治理需要基于系统论框架揭示"双碳"目标对国土空间管理政策、国土空间发展路径的关键影响,更好支撑社会经济高质量发展。在围绕碳中和的新一轮全球博弈中,从中国国土空间发展视角求解碳中和,有助于克服陡峭的"碳斜率"所带来的难度和阻力。中国会通过实际行动描绘国土空间低碳发展蓝图,力图对内凝聚碳中和的社会共识,对外讲好碳中和的中国故事。

1.1 国土空间治理概述

1.1.1 国土空间保障高质量发展

国土空间作为自然环境和人类活动的物质载体（林佳 等，2019），既包含了土地、水、矿产、生物、气候与海洋等各类资源，也涵盖了人类社会发展所需的必要条件和基本环境（金贵 等，2013），一般分为生产、生活和生态空间。从管理和决策视角，学界和决策者也从农业空间、城镇空间和生态空间对国土空间类别进行划分，本书后续章节中会根据需要对不同分类体系进行论述，未作具体区分。国土空间作为推动经济社会发展的基础资料，至少承载着人类生产、生活与生态三大类重要功能，关乎国计民生和发展全局，绿色低碳的国土空间布局是高质量发展的重要基础。生产、生活和生态等国土空间功能是自身具有的资源属性，也是人类结合自身生存发展需求，通过改造国土空间实现资源资产价值转化过程的一系列属性。具体来看，生产功能一方面为社会经济的正常运行提供充足的原材料与能源，另一方面生产空间发挥着工业和粮食生产功能，又为社会经济系统提供工业、仓储和商务服务。据农业农村部数据显示，2022 年中国 14 亿人口，每天要消耗 70 万 t 粮、9.8 万 t 油、192 万 t 菜和 23 万 t 肉，这都需要稳定规模的农业生产空间作为保障[①]。附着于生产空间之上的产业质量决定了空间利用效率的高低，高效的产业空间集聚是助推地区产业结构升级、经济增长的基本形态。生活空间与人类福祉息息相关，包含城镇居住、商业服务及公共服务用地，满足了居民居住、消费、休闲和娱乐等基本需求，保障了城市基本公共服务的供给（江曼琦，2019）。中国式现代化发展阶段的社会主要矛盾已经转化为人民日益增长的美好生活需要和不平衡不充分的发展之间的矛盾。资源节约、便捷舒适和环境友好的生活空间能够满足人民对美好生活的需要，激发人类参与经济活动的主观能动性，从而助推经济高质量发展。生态空间的主要功能则是提供生态价值服务、塑造生态安全格局。当前时期，生态空间的脆弱性、恢复力极大程度地影响了社会经济发展，健康的生态系统对社会经济高质量发展十分有益，且相得益彰。

共生融合是国土空间系统的特有属性。劳动力、资本等要素在不同类别国土空间中相互依存和相互影响，形成了一个复杂系统。例如，生产空间高效集约利用会带来外溢效应，正的外部性能促进生活空间宜居适度和生态空间山清水秀，从而形成高质量、整体性的国土空间布局体系。具体而言，集约高效的生产空间能够促进产业结构不断调整升级，通过技术进步与国土空间利用效率提升，推动经济从粗放型的增长方式向集约型的增长模式转变；宜居适度的生活空间是居民生活品质提升的重要保障，既需要足够的生产空间为其提

---

① 数据来源于 2022 年全国两会首场"部长通道"，农业农村部部长唐仁健答记者问（https://www.xinhuanet.com/politics/2022lh/zb/2022zfwhzb/bztd/td1/wzsl.htm[2022-03-05]）

供就业岗位和收入支持，也需要生态空间提供多样化的生态产品来满足人们对高质量环境的需求；而生态空间保护则能缓解生产、生活空间的无序发展，助推后者的宜居高效，倒逼城镇区域由以生产空间为主的模式逐步转向多类空间平衡化发展的格局。

长期以来，国土空间开发与保护一直存在"三元悖论"难题（图 1.1）。城镇化、粮食安全和生态保育对不同类型国土空间的需求矛盾日益凸显，城镇化与粮食安全之间存在生存需求与发展诉求的冲突，城镇化与生态保育之间是经济效益与生态效益的冲突，粮食安全与生态保育之间是近期与远期目标的冲突。"三元悖论"难题长期存在的原因归纳起来有三个方面：首先，任何单一国土空间类型都难以同时满足人类多种生存发展需求。其次，人类的社会经济、生态环境等生存发展需求长期处于非同步增长的状态。最后，人类依赖于国土空间要素的各种需求不断与利用现状产生矛盾。综上可知，与其他系统性、复杂性科学问题类似，国土空间开发与保护权衡具有显著的抗解性或非理性特征，需要深层次的探索才有可能催生出重要的科学发现，带来革命性的治理体系变革。

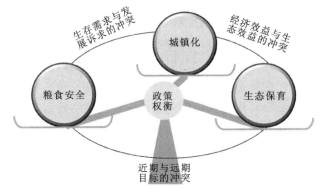

图 1.1 国土空间开发与保护的"三元悖论"难题

《国民经济和社会发展第十四个五年规划和 2035 年远景目标纲要》提出：立足资源环境承载能力，发挥各地区比较优势，促进各类要素合理流动和高效集聚，推动形成主体功能明显、优势互补、高质量发展的国土空间开发保护新格局。国土空间高效配置是形成优良生态环境、守住粮食安全底线、提升人民生活品质的基础。随着中国式现代化的不断推进，更需要重视高水平国土空间保护开发格局体系的构建，通过国土空间治理能力现代化和区域发展布局优化打造中国社会经济增长的新增长极，促进区域协调发展，增强国家安全（孙鸿烈 等，2020）。生态文明建设与美丽中国梦的实现既需要守住绿水青山、促进绿水青山转化为金山银山，又需要权衡好国土空间保护与开发的关系，兼顾高水平国土空间构建与社会经济高质量发展。

1.1.2 国土空间开发与保护

国土空间是自然要素与社会经济要素的综合体，要素的丰富程度对国土空间利用方式产生影响（张永姣 等，2016；马海涛，2015）。人类活动作用于陆地表层塑造出差异化的国土空间开发保护格局，形成了以城镇、农业和生态空间为代表的显性形态（强真 等，2011）。迥异的国土空间为人类社会提供了多样化的产品，增进了人类福祉，人类社会通过工、农业生产和城镇建设等活动获取生存和发展物质资料，并促进国土空间形成一定规律的空间组织形式。工业革命以来，人地矛盾日益加剧，生态环境改善、产业转型升级、社会经济发展变革面临更大挑战，重塑国土空间开发保护格局成为新时期解决社会主要矛盾最有效的空间路径方案。

优化国土空间开发格局至少需要统筹自然资源和社会经济两个维度，实现经济、社会、人口、资源与环境等各种要素的最优配置，提升国土空间利用效率与效益。党的十八大以来，中国在国土空间开发保护格局优化方面取得了显著成效，但依旧存在诸多结构性问题（樊杰，2017）。国土空间开发过度与不足的现象并存，在经济发展迅速的城市群中普遍出现开发强度过高，资源环境容量超载，生态脆弱性加剧的问题，而中西部等资源禀赋良好的非生态脆弱地区仍存较大的开发潜力。此外，城镇、农业与生态三类空间的边界模糊，城镇建设用地的扩张挤占了其他两类空间，这种看似合理的现象可能会进一步拉大城乡差距。近年来，中国官方对国土空间保护的意识不断增强，但草地退化、耕地减少、湿地萎缩等现象依旧明显，部分地区生态系统退化、资源环境承载力下降。

"开发"和"保护"作为国土空间发展权衡的基本内涵，也是国土空间优化管理的具体目标。治理实践中，决策主体对涉及生态安全、粮食安全、资源安全等我国国家安全的地域空间进行综合管制。仅从保护视角来看，现阶段主要治理措施为生态与农业空间的刚性约束和边界划定，对城市化地区、农产品主产区与生态功能区制定针对性的保护政策。随着国土空间治理目标逐步多元化，既需要保障人们的基本生存需求，也要满足人们对绿色食品、智慧旅游、生态产品等高品质生活的需求，提供更加舒适便捷的基础设施和公共服务体系。

国土空间的合理开发与科学保护有助于推动社会、经济和生态系统高质量发展。与此同时，在全球各国的空间治理过程中，效率与公平是无法回避的重要议题。经济粗放式增长造成的耕地减少、生态系统退化、资源开发过度、绿色生态空间减少等一系列遗留的历史问题亟待解决。对国土空间进行系统修复，构建国土空间开发保护新格局，是尊重自然、顺应自然的必要路径，也是建设人与自然和谐共生的必要条件。此外，由于国土空间是一个经典的地理空间，具有显著的区域性、综合性特征，不同类型的国土空间组成要素具有迥异的属性特点，不同区域的国土空间具有不同的自然、社会及生态功能特征，这使国土空间开发与保护权衡更加复杂，不管在何种尺度下，都很难形成一个完美且稳定的治理方案。在当前的治理体系和技术标准下，国土空间开发利用前需要对国土空间进行适宜性、承载力评价（即"双评价"），明确其主体功能定位，根据主体功能定位确定其开发模式、保护方式和修复措施，这是实现国土空间保障高质量发展的前提条件。

1.1.3 新发展理念下的国土空间优化配置

改革开放后，中国经济体制开始由计划经济向市场经济转变，"效率优先、兼顾公平"是中国特色社会主义市场经济的总体原则。这一时期开始，经济快速增长、城镇化不断推进，我国国土空间开发时序在区域上差异显著，导致发展不平衡、规模结构不合理，严重危害区域发展竞争力与开发潜力，不利于生态环境保护和区域可持续发展目标的实现。很长一段时间，我国的国土空间治理呈现出"九龙治水"的部门分割现象，山水林田湖草等自然资源要素管理事权分布在不同的行政管理部门，错位、失位、缺位、越位等问题导致以前的国土空间治理体系难以适应高质量发展要求。现阶段，我国国土空间开发保护形成两种典型矛盾：一是各类空间配置不合理导致供需矛盾，二是空间功能多样化造成用途方式冲突，这两类冲突互为表里，增大了国土空间治理的非理性和复杂性，阻碍国土空间布局不断优化。2018 年 4 月国家机构改革组建了自然资源部，统一行使全民所有自然资源资产所有者职责，统一行使所有国土空间用途管制和生态保护修复职责，强化顶层设计，着力解决自然资源所有者不到位、空间规划重叠等问题，为保护和合理开发利用自然资源奠定行政基础。中国式现代化已经到了新的历史起点上，针对国土空间呈现的突出问题，需要从源头上制订解决方案。构建人与自然和谐共生的国土空间格局，统筹国土空间开发与保护、促进资源节约集约利用是新发展理念下高质量发展的根本路径。

新发展理念是现阶段社会发展基本准则，包含创新、协调、绿色、开放、共享五个核心。创新引领发展，重在解决发展动力不足问题；协调推动健康发展，重在解决发展不平衡问题；绿色助力永续发展，重在解决人与自然和谐共生问题；开放促进繁荣发展，重在解决内外联动问题；共享实现平衡发展，重在解决社会公平正义问题。新发展理念下，化解资源约束趋紧态势不仅需要协调国土资源开发与利用的关系，更要转变国土空间利用方式，严控增量、盘活存量，优化结构，重视推进集约节约的高效配置方式，提高国土空间利用效率，实施社会、生态和经济耦合协同的可持续发展模式，形成绿色、低碳、高效的空间格局、产业结构和生产生活方式，实现生态效益、社会效益与经济效益相统一。

新发展理念下的国土空间格局优化目标在于促进人类与自然和谐共生，推动高质量发展。一方面高质量发展蕴含以人为本的价值导向，通过完善制度体系和提高公共服务水平来最大程度地满足人民对美好生活的需求；另一方面包含生态优先的发展理念。国土空间利用既要满足城市化、工业化对空间要素的巨大需求，也要为保障国家粮食安全留存基本的农业生产空间，还要保留或修复生态空间以满足人民日益增长的高品质生活诉求。相较于其他发达国家，我国工业化进程显著压缩，面临的国土空间保护和修复压力更大。现阶段，建立国土空间开发利用与保护制度，将低碳发展目标融入国土空间开发保护与优化过程，不仅有助于形成节约资源和保护环境的空间布局体系，还可以调和我国国土空间供给与需求长期不平衡的矛盾。资源节约与环境友好的国土空间布局体系不仅是人类最普惠的民生福祉，还与生产力直接相关。当社会重视生态空间保护，才可以更好地发展生态产业与绿色低碳产业，促进绿水青山向金山银山价值转化，形成新的增长动能。

中国幅员辽阔，国土空间治理体系应坚持生态优先、绿色发展原则，根据因地制宜规律形成差异化的开发保护政策体系。需要补充说明的是，国土空间系统的地域性特征突出,不同地域空间的地形地貌、气候特征、植被覆盖、土壤环境、自然资源丰度及承载的社会经济活动强度呈现出显著时空差异。因此,以新发展理念为基础制订国土空间开发与保护方案时,需要立足当地的自然和社会经济条件,筑牢创新、协调、绿色、开放和共享基底。就城镇空间而言,作为人类文明的象征,其布局优化的目标在于持续推进新型城镇化,提高城市的宜居水平,促进城乡协调发展,城市空间扩张过程中需要合理控制好人口规模,提升城市公共基础设施的服务能力,激发城镇空间工业品和服务产品供给能力,为社会经济高质量发展提供空间要素保障。农业生产空间优化的重点在于提升农业质量效益和竞争力,增强农业生产能力,发挥其提供农产品的主体功能,同时大力推进智慧农业发展,提升我国农业技术水平,"中国人的饭碗任何时候都要牢牢端在自己手中",保障国家粮食安全。《潜夫论·卷十·叙录》中讲到"民为国基,谷为民命",农业空间要以保护为主、开发为辅,以最严格的耕地保护制度,严禁随意占用和开发基本农田。生态空间优化的重点在于提升生态系统的质量和稳定性,在发挥其水源涵养、水土保持、防风固沙和生物多样性维护、固碳等多种功能的同时,通过摸清生态空间家底、明确生态资源权利主体、建立生态产品价值标准、完善生态产品价值实现保障机制等加快构建生态产品价值实现路径,支撑区域高质量发展。

1.2 "双碳"目标的发展历程

1.2.1 "双碳"目标提出的背景

1. 全球气候变化及风险

稳定的气候环境是人类文明的基石。工业革命以来,人类活动造成大气环境中温室气体浓度骤增,尤其是在城市化、工业化的进程下,人类的生活和生产活动需求燃烧化石燃料,温室气体的无限量排放是加速全球变暖的催化剂。根据美国国家海洋和大气管理局、美国气象学会发布的报告,2016 年创下了 6 个与气候变化相关的历史纪录:一是最高的地表、海洋上空的空气温度比工业革命前上升了 1.21 ℃;二是最高的海面温度比 1981~2010 年平均值上升了 0.38 ℃;三是最高的空气 CO_2 浓度达到 403 ppm(1ppm=1 μL/L);四是北极冰面的面积降低至有史以来第二低点;五是海平面连续 6 年上升并达到历史最高点,比 1993 年平均值上升了 82 mm;六是出现最大面积干旱,全球 12%的土地遭受旱灾。美国前能源部长朱棣文在哈佛大学演讲[①]时有几段话,基本阐述了气候变化状况和潜在风险:"气候变化并不是现在才有的,过去 60 万年中就发生了 6 次冰河期,但是现在气候变化加速了,北极冰盖在 9 月份的大小只相当于 50 年前的一半。1870 年起,人们开始测量海平面上升的速度,现在的速度是那时的 5 倍。这些变化的原因是从工业革命开始,人类排放到大气中的温室气体增加了,这使得地球的平

---

① 朱棣文哈佛大学超燃演讲:生命太短暂,不能空手过!(https://www.sohu.com/a/196403978_778002[2017-10-05])

均气温上升了 0.8℃。即使我们立刻停止所有温室气体的排放，气温仍然将比过去上升大约 1℃。因为在气温达到均衡前，海水温度的上升将持续几十年。如果全世界保持现在的经济模式不变，联合国政府间气候变化专门委员会（Intergovernmental Panel on Climate Change，IPCC）预测，21 世纪末将有 50% 的可能气温至少上升 5℃。这听起来好像不多，但是上一次的冰河期，地球的气温也仅仅下降了 6℃。" 就正常认知而言，平均温度上升 5℃ 的地球，将是一个非常不同的地球，人类活动导致全球每年约 510 亿 t 的温室气体排放，可能会导致极端天气事件的频率与强度不断增加。他还提道：人类社会面临一个幽灵，那就是非线性的 "气候引爆点"，一个具体的例子就是永久冻土层的融化。永久冻土层中包含了巨量的、冻僵的有机物，冻土融化后微生物就会广泛繁殖，使得冻土层中的有机物快速腐烂，会释放出多少甲烷和二氧化碳不得而知，即使只有一部分的碳被释放出来，可能也比人类社会从工业革命开始释放出来的所有温室气体还要多。这种事情一旦发生，局势就失控了。温室气体排放导致的气候变化正在对人类永续发展造成巨大威胁，应对气候变化成为全球各国共识，正在深刻影响每个国家的治理体系变革。

2. 全球碳减排目标的发展趋势

气候变化是当今世界面临的重大挑战，为了避免因气候变化带来全球性极端气候灾难，世界各国通过协商形成政治共识。2016 年，178 个国家在法国共同签署了《巴黎协定》(The Paris Agreement)，明确了全球针对气候变暖做出努力所需达到的一个明确目标，是对 2020 年后应对气候变化的行动作出的统一安排。IPCC 在 2018 年发布的《全球升温 1.5℃特别报告》中指出，为实现全球变暖温度控制在 1.5℃ 以内的目标，必须在 21 世纪中叶实现全球范围内净零碳排放，即 "碳中和"。而实现这一目标的必要条件是要求签署协定的缔约方尽早达到碳排放峰值，并在 21 世纪中叶左右实现本国温室气体净零排放。2019 年 9 月联合国气候变化框架公约（United Nations Framework Convention on Climate Change，UNFCCC）秘书处发布的报告表明，全球已有 60 个国家承诺到 2050 年甚至更早实现零碳排放（顾高翔 等，2018）。2020 年 7 月 14 日，在欧盟通过了 Fit for 55 计划，宣布到 2050 年实现 "碳中和" 的目标。2021 年 2 月 19 日，美国重新加入《巴黎协定》，同年 11 月发布了《迈向 2050 年净零排放的长期战略》，公布了实现碳中和目标的重要时间节点与路径。按照协议规定，通过系统规划、科学部署、分步实施、分类施策、健全机制促进目标实现，"碳中和" 目标的如期实现对应对全球气候变化意义重大。

1.2.2 "双碳" 目标的科学内涵

"碳达峰" 是指 CO_2 排放量由增转降的拐点，也是碳排放与经济发展脱钩关系的体现（王金南 等，2021）。"碳中和" 是指在一定时间内国家、企业和个人直接或者间接产生的 CO_2 排放，或是温室气体排放，通过使用低碳能源取代化石燃料、植树造林、碳捕捉与封存及节能减排等人工措施和海洋吸收、土壤固碳等一些自然过程，实现人为排放源和吸收汇正负抵消，达到相对的零碳排放（丁仲礼，2021）。实现碳中和后，企业和居民等主体在生产生活过程中依然会产生碳排放，但通过采取相应的减排措施来抵消相应的碳排放，使得碳排放量在经过处理后达到一个相对的零值状态，这是碳中和的理念所在。"双碳"意味着在未来数年内化石能源消耗量可以弹性增加，但出现碳排放量达峰之后必须逐步下降，并最终达到相对零值的阶段。从经济学和管理学视角看，低碳目标要求经济增长与碳排放强度由传统的挂钩状态向脱钩状态转变。

1.2.3 "双碳"目标带来的挑战与机遇

作为正处于城镇化关键阶段的世界上最大发展中国家，我国社会经济转型的基础薄弱，生态环境保护形势严峻成为制约高质量发展的重要因素。据统计资料可知，欧盟1990年实现碳达峰，承诺2050年实现碳中和，间隔60年；美国、加拿大2007年实现碳达峰，承诺2050年实现碳中和，间隔43年；日本2013年实现碳达峰，承诺2050年实现碳中和，间隔37年。从辩证的观点看，"双碳"目标的实现需要国家进行系统性变革，加大科技创新与基础研究支持力度，从根本上调整社会经济发展模式。"双碳"目标将成为新行业、新模式、新科技的催化剂，促进落后、高碳、低附加值等行业转变发展方式。"改革之痛"能倒逼传统行业顺应科技革命和产业变革大趋势，发掘绿色转型带来的巨大发展机遇。

1. "双碳"目标带来的挑战

科学技术范式变革的挑战。面对挑战，"双碳"领域的科技变革应坚持面向世界科技前沿、面向经济主战场、面向国家重大需求、面向人民生命健康。高碳经济本质上是一种资源消耗型的经济发展模式，在发展定位上存在路径依赖效应。短期内要改变固有的发展模式较为困难，而要摆脱发展路径依赖需依靠技术创新和化石能源主导的生产发展方式。我国在节能、减碳、脱碳等技术方面的储备有限，在新一轮科技革命中处于被动的局面（李俊峰 等，2021）。基础研究是整个科学体系的源头，是所有技术问题的总机关，开展减碳增汇领域的基础研究尤为重要。随着"双碳"目标的提出，国家对减碳、脱碳等技术标准也随之提高，对低碳、零碳等技术创新的需求逐渐增大，高水平的低碳技术创新供需不平衡，这是实现"双碳"目标面临的巨大挑战，亟须对低碳技术开展深入研究，正如美国著名医学家亚伯拉罕·弗莱克斯纳所说"对深层次问题的探索往往能够催生最伟大的科学发现，带来最具革命性的技术变革"。

据统计，化石能源燃烧的碳排放占温室气体比例约为90%。"双碳"目标首要重视能源消耗带来的碳排放问题，可再生能源替代化石能源是实现"双碳"目标的主导方向之一，与之相对应的能源供应系统与能源消费基础设施也需要脱碳升级，以适应以化石能源消费为主的能源使用结构向可再生能源为主的结构转变，这是十分巨大的挑战。与发达国家相比，中国当前的能源消费结构依旧是以煤炭为主、石油为辅，加之工业占比相对较高，能源消费依旧存在刚性增长（胡鞍钢，2021）。"双碳"目标与能源"双控"在短期内存在对冲风险，高能耗地区的经济发展面临冲击，高耗能产业面临关停风险，高能耗地区与高能耗产业需要循序渐进地进行产业结构调整与升级转型，避免突发系统性风险。

区域发展格局重塑的风险。我国国土辽阔，不同的主体功能区之间资源禀赋、发展优势等差异巨大，社会经济发展也不平衡。"双碳"目标实施无疑会给一些能源富集区域、高能耗地区的治理体系变革带来诸多挑战，甚至有可能出现"碳减排不公平"现象，导致区域发展格局重塑。实施"双碳"目标、促进产业绿色低碳转型将在短期内冲击这些区域主导产业的发展，这一时期经济效益会向下波动，不利于区域均衡发展（刘满平，2021）。不同经济发展水平的地区在实现"双碳"目标过程中，需要付出的成本与代价也存在显著差异，这都为重塑协调均衡的区域发展格局带来诸多不确定性。

2. "双碳"目标带来的机遇

推动科技自立自强。世界正值百年未有之大变局，俄乌冲突、逆全球化浪潮、气候变暖等多重危机叠加，中国面临复杂的大态势和多极化发展浪潮。"双碳"目标反映了我国推行高质量发展的重要战略导向，给产业结构、能源结构、社会观念等方面带来挑战的同时，也为国家提升全球竞争力带来了机遇。这一背景下，发展新能源、脱碳、固碳等前沿技术的研发将会成为推动全球价值链重构的关键支撑。技术研发、科研范式变革不仅为国内自主创新与产业升级带来独特机遇，还可以推动低碳原材料替代、生产工艺升级、资源利用效率提升，促进科技自立自强。先进制度、技术、科学理念和标准规范输出有助于提高中国科技领域国际地位，实现综合国力的弯道超车。

"双碳"目标为清洁生产带来机遇。中国的能源结构和碳排放路径一直受到世界舆论关注（刘竹 等，2018）。我国现有的能源产业格局中，风能、太阳能等清洁能源利用占比却相对较低。据国家能源局资料，我国新能源发展已经具备一定基础，水电、风电、光伏发电累计装机规模均居世界首位。相关研究报告指出，我国未来能源结构将产生彻底的变革，传统化石燃料能源的需求下降，核能、风能和太阳能等清洁能源需求与供给上升。在"双碳"目标的背景下，中国将进行更加深入的能源系统改革，拓展新能源产业的发展空间，同时降低传统化石燃料能源的使用比重，给清洁、绿色产业发展创造巨大的发展机遇（白永秀 等，2021）。

"双碳"目标促进绿色金融模式创新。长期来看，"双碳"目标下高碳产业从末端污染治理模式向全过程低碳控制管理模式转变，有助于倒逼全要素生产率的不断提升，加快经济结构优化升级，推动生产生活方式绿色转型和节能环保产业发展。加之大数据、人工智能、5G网络等新技术的推广应用，"双碳"目标影响人类生活息息相关的一个重要方面就是商业模式转变（白永秀 等，2021）。企业作为落实"双碳"目标的重要主体，将在微观层面发挥重要作用，通过加快企业绿色转型战略制定，形成以数字经济为基础，推动商业模式数字化转型和商业发展模式绿色创新的绿色、低碳投融资新模式。

"双碳"目标为国土空间高质量发展提供动能。"双碳"目标下，不同地区因地制宜，大力发展低碳农业，依托乡村丰富的生物质资源，构建农村清洁能源体系，充分利用农业农村领域的节能减碳空间，加快农业空间生态文明建设（孙世芳，2021）。在城镇空间环境基础设施建设升级过程中,通过推行绿色节能建筑破解高碳基础设施长期锁定效应;推动能源生产和消费革命,把握产业低碳转型和新产业兴起的机遇,促进绿色低碳产业的城镇空间布局优化。切实增强生态保护修复,加大森林资源培育行动、国土绿化行动,提高森林覆盖率,加强河流、湖泊等湿地资源的保护和修复,增强生态空间自然生态系统的固碳能力(王新平 等,2022)。

1.3 "双碳"目标下的国土空间治理体系变革

1.3.1 "双碳"目标与国土空间治理体系变革

国土空间治理体系变革与"双碳"目标具备本底逻辑层面的一致性,都是推动生态文明建设和美丽中国建设的重要内涵,更是实现社会经济高质量发展的重要基础(高世楫 等,2021)。将"双碳"纳入生态文明建设整体布局,体现了我国生态文明建设进入了绿色低碳发展、社会经济转型、生态修复改善的关键时期。"双碳"目标不仅可以引领国土空间布局优化、产业革新,还有利于公众意识、生活方式的认知转变。全民参与、全社会变革、全系统协同、全要素兼顾的空间治理新理念,更能助推中国式现代化发展与社会经济高质量发展。

治理的内涵一般理解为以政府为主体,企业与公众等多元主体共同参与,在既定的治理体系与制度下,通过调动与配置资源,落实公共事务管理的正式或非正式的制度安排(王瑞军,2019)。国土空间治理的核心在于合理分配空间资源(孟鹏 等,2019),在配置的过程中需要多主体共同参与,统筹生产、生活、生态三类空间布局,实现国土空间的高效、公平、节约利用,促使不同区域达到相对均衡的发展状态,是完善国家治理体系与提高国家治理能力的重要组成部分(樊杰,2017)。对参与具体决策实践的各类主体而言,国土空间治理是以国土空间作为资源配置核心的规划、实施、监督的综合过程(戈大专 等,2021),需要充分协调好国土空间发展权、财产权、管制权的相互作用(黄征学 等,2020)。"双碳"目标下国土空间治理的根本价值导向是推进生态文明建设、贯彻绿色发展理念、促进社会经济发展方式转型,实现高质量发展。

国土空间是"双碳"目标下产业转型、新能源开发、增汇固碳等的基本载体。在生态文明建设制度下,实现"双碳"目标成为衡量国土空间优化是否合理的重要基础。近年来,与"双碳"目标相关的应对气候变化规划、国土空间规划、生态规划等涌现,国土空间系统性布局与碳汇能力提升是贯穿这些规划制定和实施全过程的主要议题。通过国土空间治理体系变革和布局优化有利于形成实现"双碳"目标的综合体系。通过"双碳"目标指引,充分发挥国土空间治理在重塑区域发展秩序与提升区域发展效能等方面的重要作用,顺应社会经济转型发展浪潮,为重大战略任务、重大工程项目提供空间要素保障,促进生产、生活、生态空间集约高效、宜居适度和山清水秀,统筹兼顾、整体推进系统性的绿色低碳转型。

1. "双碳"目标引领下的国土空间治理变革

"双碳"目标涉及国民经济与社会发展的各个方面,实现"双碳"目标需要系统性治理体系变革。

国家层面,我国早在"十一五"规划纲要中就明确提出要节能减排,2014 年 2 月习近平主席会见美国国务卿关于气候变化问题,他强调,中国高度重视生态文明建设。在这方面,不是别人要我们做,而是我们自己要做,采取了许多措施,今后我们还会这样做。2015 年,习近平主席在联合国气候变化巴黎大会讲话中指出,中国将把生态文明建设作为"十三五"规划重要内容,落实创新、协调、绿色、开放、共享的发展理念,通过科技创新和体制机制创新,实施优化产业结构、构建低碳能源体系、发展绿色建筑和低碳交通、建立全国碳排放交易市场等一系列政策措施,形成人和自然和谐发展现代化建设新格局。在此基础上,中国积极实施了应对全球气候变化的一系列战略措施,如推进产业结构优化、能源结构的低碳转型,推进碳交易试点市场建设,实施生态修复增加森林碳汇等一系列措施,并开始意识到国土空间治理对实现"双碳"目标的基础性作用。

省级层面,截至 2021 年 4 月,已有 29 个省级行政区(不含港澳台)制定碳达峰行动方案,占比达 93.5%,多个省市在国民经济发展"十四五"规划文本中明确了碳达峰年与工作方向;各省市制定的地方行动方案,更是从国土空间优化、能源结构、产业结构、碳金融、绿色建筑、绿色交通、生态碳汇、碳捕捉技术等多方面制定达峰措施,落实中央下达的节能减排目标。2021 年 7 月 16 日,全国碳交易市场正式上线交易,标志着我国成为全球温室气体排放量交易规模最大的市场,也为推动能源结构转型和消费绿色低碳化提供助力。为促进"双碳"的实现,各省市相继明确碳达峰路线图,提出重点行业、重点领域、重点地区碳减排行动目标、政策举措。不难发现,"双碳"目标下的碳排放路径方案大都关联着国土空间治理的印迹。

实现"双碳"目标已经逐渐由应对气候变化领域扩展到社会治理的各个方面,低碳发展对国土空间治理体系变革提出了新要求。国土空间是与碳排放高度相关的领域,围绕"双碳"目标开展相关任务成为国土空间治理顺应时代潮流的必然选择,需要将"双碳"目标纳入国土空间治理的全生命周期中。在"双碳"目标引领下充分解析国土空间开发保护的特征,绘就国土空间开发保护蓝图成为新时期国土空间高质量发展的重要任务。

国土空间规划作为治理体系的重要内容之一,是对一定范围内生产、生活和生态空间进行系统分析、科学规划和统筹安排,通过对数量结构的动态调整和空间格局的合理布置以达到国土空间的高效利用。准确认识国土空间规划与"双碳"目标的逻辑关系是当前构筑绿色低碳国土空间格局的前提。一方面,"双碳"目标是实现我国高质量发展的重要抓手,对推进生态文明建设、"两山"实践具有重要意义;另一方面,也是我国履行国际责任、促进形成人类命运共同体的大国担当,这些都给国土空间治理带来新的挑战,这要求我们在国土空间治理体系中要融入"双碳"目标,建设低碳国土空间,为"碳中和"提供国土空间治理领域的支撑。

2. 国土空间治理统筹下的"双碳"目标实现

实现"双碳"目标的核心议题之一是采用自然资源优化利用和国土空间治理等手段"减排""增汇",以实现国土空间内的源汇相抵。据估算,1850~1998 年,全球土地利用变化及其相关的碳排放量约占人类活动产生的总排放量的 1/3,仅次于化石燃料的碳排放。2020 年,中国碳排放总量约为 99 亿 t,连续 4 年保持增长。但根据多国科学家的研究成果,我国碳汇潜力巨大,2010~2016 年中国陆地生态系统的年均碳吸收量约为 11.1 亿 t,吸收了同时期人为碳排放的 45%(Wang et al., 2020)。由此可见,通过国土空间治理策略在政策体系中融入低碳规划理念和碳排放管控措施,科学合理地进行国土空间和自然资源开发利用,优化建筑、交通等高排放行业的空间布局,增强湿地、林地、草地、河湖的碳汇能力,保障太阳能、风能等清洁能源对建设空间的需求,开展荒漠生态治理等多措并举,是实现国土空间碳中和的有效手段。

国土空间开发强度表征了人类生产与生活聚集程度,国土空间开发强度与碳排放强度存在一定的相关性。正因如此,人类活动强度最高的城镇空间的碳排放强度显著高于其他国土空间类型。通过对城镇空间扩张的约束和管控,优化空间数量结构、提升投入产出效率、降低生产生活空间碳排放强度、减少不同类别空间转换的碳排放量,形成绿色低碳的国土空间利用方式。当前生态环境问题本质上是过度开发和粗放利用自然资源造成的,在清洁低碳、安全高效的导向下,按照严控总量、盘活存量、优化结构、提高效率的原则,全面推动国土空间利用方式由高碳粗放式向低碳集约式转变,减少国土空间开发过程中直接与间接碳排放总量,促进"双碳"目标的实现。

以国土空间治理体系中的规划工具为例,将"双碳"目标的相关内容纳入国土空间规划"五级三类四体系"中,明确各层级规划中碳中和的目标定位、评估体系、管控措施。通过总体规划统筹协调系统全要素,构建全域低碳国土空间开发保护格局;通过专项规划聚焦具体空间和流域,对"源""汇"空间进行专项安排和有效协同;通过详细规划推进低碳规划落地实施,有序推进减碳、落实固碳目标。此外,应将碳源和碳汇指标融入国土空间规划"双评价"和环境影响评价中,并且开展保障清洁能源发展空间的专项规划,在国土空间规划方案的各个环节通过系统化的碳约束支撑"双碳"目标实施。

国际上公认的绿色、低碳发展包括 12 个导则:城市发展边界、公交导向发展、混合利用、小型街区、公共绿地、非机动化出行、公共交通、小汽车的控制、绿色建筑、可再生资源与分布式能源、废弃物管理、水效,这些导则都以国土空间治理为政策工具。在实践中,可以通过规划引导推动重点行业和领域的"双碳",如在城镇空间中推广绿色建筑,通过增加有关建筑耗能控制指标促进绿色建筑规模化发展,最大限度地节约资源和减少污染,营造低碳人居环境;发展绿色低碳交通,促进铁路、公路、轨道交通等综合性交通枢纽建设,通过倡导"绿色"出行来规范空间秩序与提升通行效率,极大限度地减少交通碳排放。

到 2035 年,我国将基本实现社会主义现代化远景目标,包括形成绿色生产生活方式，碳排放达峰后稳中有降，生态环境根本好转，美丽中国建设目标基本实现。2020 年颁布实施的《全国重要生态系统保护和修复重大工程总体规划（2021—2035 年）》，系统部署了区域生态保护和修复等 9 个重大工程和 47 项重点任务，这一国土空间治理方案可为提升陆表碳汇能力创造基础。"绿水青山就是金山银山"是"双碳"战略的重要体现，推进国土空间生态保护和修复，坚持山水林田湖草系统治理，增强生态系统碳汇能力，优化碳汇空间格局，是实现"双碳"目标的重要抓手。在未来生态保护修复中，要坚持节约优先、保护优先、自然恢复为主，加强国土生态屏障建设，维护自然山水格局，保障区域生态过程连续性和生态系统完整性，推动生态修复与固碳增汇协同治理。

1.3.2 "双碳"目标下国土空间治理的内在要求

世界各国进入碳中和牵引发展的新时期。国土空间（自然资源）是"双碳"目标得以实现的空间载体（基础介质），"双碳"目标下国土空间治理的内在要求至少包括以下几个方面。

优化国土空间布局，提高资源利用效率。国土空间布局优化的基本原则是"以最少的资源消耗支撑经济社会持续发展"，强调资源效率在国土空间治理体系中的重要作用，促进城镇、农业和生态空间的高效合理配置，实现农业空间集约高效、城镇空间宜居适度、生态空间山清水秀。"双碳"目标下城镇空间优化应严格控制新增指标供给，盘活城镇存量空间、提高利用效率，基于不同城镇的发展阶段、产业结构、人口结构等实施差异化的低碳治理路径（李双成，2021；樊杰，2016）。农业空间优化的核心目标仍然是保障粮食安全，以统筹"双碳"目标和乡村振兴战略为契机，依托国土空间规划对农业空间进行综合治理，改善土壤质量，对承载力弱、利用强度高的农用地实施种养减排、休耕轮作等措施，提升农业生产空间的可持续性。此外，农地空间还承载着乡村振兴和基础设施建设功能，在新一轮的国土空间规划中预留或者规划新能源产业用地，保障相关重大项目和工程落地。生态空间优化的关键在于系统布局生态空间修复工程，不断提升生态系统碳汇能力。

转变发展方式，降低非期望产出。"双碳"目标下的国土空间治理变革对社会经济发展方式转变起到基础性支撑作用。"双碳"目标下的高污染、高环境风险和高碳产业要以国土空间规划及其他规划的相关要求限制其准入条件、约束其产业规模和空间布局，严格控制向高污染、高环境风险和高碳产业供应新的国土空间（李双成，2021）。通过制定低碳国土空间开发利用项目清单，尽量降低资源开发对生态环境造成的影响，对建设项目的全生命周期进行碳排放核查管理，引导高污染、高环境风险和高碳产业向低污染、低风险和零碳方向转型发展。鼓励研发与引进先进碳捕获和封存技术，通过科技创新逐步减少水泥和钢铁生产、垃圾焚烧和火力发电等重点行业的非期望产出。

修复生态系统，提升国土空间碳汇能力。生态修复是国土空间治理的重要内容。生态修复的内涵是对已遭受破坏而丧失生态系统功能的国土空间进行重建，对生态系统功能退化的国土空间进行修复（李双成，2021）。例如国家实施矿山生态复绿等重大工程，通过恢复被破坏植被,改善矿区生态环境,提升废弃矿山碳汇潜力、增强固碳能力等(汤怀志 等,2020)。国土空间生态修复坚持整体论思想和"自然恢复为主、人工修复为辅"原则,即优先选择自然解决方案,辅助实施生态环保新技术、新方法等人工方案,做到山水林田湖草沙一体化治理与修复,通过恢复生态系统功能的方式提升土壤、植被等碳库的汇碳能力,同时统筹兼顾生态修复工程的社会经济效益。需要说明的是,国土空间碳汇潜力是有上限的,尤其是森林植被的不当砍伐都会导致碳汇能力下降。此外,陆地生态系统中土壤、泥碳沼泽等具有更强的固碳效应,生态系统修复过程中应着重保护,避免造成新的破坏。

推动多元主体合作,促进多部门协同治理。前些年,国家行政机构改革组建了自然资源管理部门,但尚未形成系统、完善的国土空间治理体系。以往国土空间治理注重规划的编制,但忽略了实施过程,效果并不显著,甚至出现诸如"规划规划、墙上挂挂"等诟病。以往的治理体系下,政府是单一的行动主体,政府管控是主要的治理手段,没有充分发挥市场机制与社会治理的作用。"双碳"目标下国土空间治理要求充分发挥市场机制、整合社会力量和鼓励民众积极参与(刘卫东,2014),充分体现多元治理主体的能动性,通过实施国土空间规划,建设低碳城市、海绵城市等,营造绿色生活环境,培养与提高公众的低碳意识,推广降碳增汇项目,激励企业节能减排。

1.3.3 "双碳"目标下国土空间治理的热点议题

落实"双碳"目标是统筹国内经济社会发展、应对全球气候变化、构建高质量发展格局的综合性举措。这不仅需要经济、政治、文化、社会、生态五位一体的协同治理,也需要决策管理部门和社会公众的深度、广泛参与。通过变革传统国土空间治理模式,提升国土空间降碳增汇效能,为推动"双碳"目标实现提供国土空间管理领域的解决方案。从国土空间治理体系框架来看,山水林田湖草的高效利用、全面保护、系统修复和综合整治都需要以低碳发展为导向。"双碳"目标下国土空间治理相关议题应包括但不限于以下方面:国土空间功能及其碳循环、"双碳"目标下国土空间发展理论方法体系、农业空间低碳发展路径、绿色低碳的城镇空间治理路径、陆地生态空间碳汇路径、"双碳"目标下国土空间发展路径研究展望等几个方面的内容。

1. 国土空间功能及其碳循环

国土空间碳元素是国土空间碳排放的重要组成,主要来源于自然界中化石燃料。碳元素通过人类活动在国土空间范围内循环并且与大气、海洋进行交换。城镇、农业和生态空间协同演化不仅会改变碳循环自然过程,还影响整个社会经济系统的碳代谢效率。"双碳"目标在一定程度上放大了碳元素循环的正向或负向作用,既有利于城镇、农业和生态空间优化配置,倒逼三类空间布局升级,也可能在短期内影响社会经济发展模式的转变。因此,在"双碳"目标下,国土空间功能定位与提升亟须结合区域战略定位进行差别化政策工具设计,强化国土空间用途管制制度,统筹城镇低碳产业发展和空间布局;

化解农业空间开发中的生态环境冲突，扩大自然资源碳汇的本底规模；利用矿山等生态修复工程项目探寻碳封存的有效途径，形成高效发展、疏密有致的城乡低碳空间形态。基于此，本书第 2 章主要讨论国土空间功能的内涵与价值、国土空间碳循环与碳源汇和国土空间碳核算等方面的内容。

2. "双碳"目标下国土空间发展理论方法体系

国土空间碳排放与人口规模、产业结构、生活水平等密切关系，在制定未来时期国土空间优化方案时，需要充分考虑"双碳"目标对社会经济宏观形势、国土空间利用方式等的关键影响。如何合理设计国土空间碳排放指标分配方案，如何准确预测社会经济重要参数和国土空间数量结构，如何科学绘制包含决策偏好的国土空间发展蓝图，如何开展国土空间治理政策的效应评估并遴选全局性最优的政策组合，这些成为构建"双碳"目标下的国土空间发展理论体系的关键科学问题。基于此，本书第 3 章主要讨论国土空间碳排放权分配、国土空间优化利用的关键参数和国土空间格局优化技术框架等方面的内容。

3. 农业空间低碳发展路径

农业农村是国民经济体系与城乡体系的重要基础，实现"双碳"目标正成为国家促进经济与社会系统全面转型的推动力。对农业空间和农村地区而言，极端气候和突发性贫困都是常见的损害民生的问题，阻碍社会经济可持续发展、威胁人类永续生存，处于经济转型升级、能源结构调整时期的中国仍面临着上述挑战。国家"十四五"规划针对控制温室气体排放、乡村振兴等方面提出了一系列战略目标。"双碳"目标下中国农村地区巩固拓展脱贫攻坚成果、推进生态文明建设、实现低碳绿色发展都需要结合预防规模性返贫与乡村振兴战略，优化国土空间规划中的农业生产和生活空间布局，构建绿色低碳导向的乡村规划方案，推动减碳与预防返贫协同治理。基于此，本书第 4 章主要包括近 40 年我国农业生产空间碳排放核算、减贫与减碳的协同治理、我国减贫投资的产业碳减排效应案例以及农业空间低碳发展路径等方面的内容。

4. 绿色低碳的城镇空间治理路径

城镇化是我国实现现代化的必由之路，对整体经济社会系统具有重要意义。然而，城镇空间与农业、生态等类别空间不合理竞争导致了城镇系统缺乏韧性和宜居性。为了解决快速城镇化进程中出现的各种问题，推动城市空间结构优化和品质提升，国家"十四五"规划中提出了"建设宜居、韧性城市"的新理念。在"双碳"目标下，低碳韧性城市是集多元性、适应性与稳定性于一体的空间综合系统，统筹考虑温室气体减排和应对气候灾害风险，实现城镇空间生态完整性和经济可持续性。城镇空间治理路径须权衡公共资源配置、基础设施建设、生态环境保护、资源利用与经济发展之间的关系，并将低碳城市、韧性城市、宜居城市的理念融入各级国土空间规划体系中。基于此，本书第 5 章主要包括中国城镇化发展分析、低碳视角下的韧性城市治理和宜居城市建设、城镇空间低碳发展路径等方面的内容。

5. 陆地生态空间碳汇路径

陆地生态系统可以根据生境特点和植物群落细分为森林、草原、荒漠、湿地与农田生态系统，整个系统包含了地球表层土壤、土壤微生物、陆地生物和周围环境。囿于观测手段，现有研究严重低估了陆地生态系统碳汇作用。事实上，陆地生态系统碳汇潜力巨大，可以根据其作用机制分成两个种类：第一种是生理代谢机制，主要是通过影响植物光合、呼吸、生长及腐烂分解速率等。第二种是干扰和恢复机制，主要是指自然干扰与人类活动所产生的土地利用变化等方面（李玉强 等，2005）。在实现"双碳"目标的过程中，要重视陆地生态系统碳汇潜力，不断强化国土空间规划和用途管控，增强森林、草原、湿地、土壤、冻土等不同陆地生态系统类型的固碳能力。基于此，本书第6章主要涵盖了中国陆地生态空间碳汇简述、中国林草地空间及其碳汇的时空变化分析、陆地生态空间发展路径等方面的内容。

6. "双碳"目标下国土空间发展路径保障体系

路径运行过程关乎国土空间开发与保护方案的实施成效，如何优化国土空间发展路径的运行管理是保障体系研究的核心问题。包括如何利用多元化技术提炼出国土空间重点监测预警区域和类别，如何对"双碳"目标、国土空间发展路径进行动态监测预警，如何集成包含通用技术标准、专项技术标准与其他技术标准的国土空间发展路径的技术标准体系，如何界定我国国土空间政策工具的风险内涵，实现全局最优的政策组合方式。此外，前文所提出的"双碳"目标下国土空间发展路径作为国土空间治理体系领域的新思路，有必要从概念逻辑、创新体系和研究方法等方面阐释其新突破。基于此，本书第7章主要讨论国土空间发展路径保障体系和"双碳"目标下国土空间发展路径研究价值等方面的内容。

参 考 文 献

白永秀，鲁能，李双媛，2021."双碳"目标提出的背景、挑战、机遇及实现路径.中国经济评论(5)：10-13.

丁仲礼，2021.中国碳中和框架路线图研究.中国工业和信息化(8)：54-61.

樊杰，2016.我国国土空间开发保护格局优化配置理论创新与"十三五"规划的应对策略.中国科学院院刊，31(1)：1-12.

樊杰，2017.我国空间治理体系现代化在"十九大"后的新态势.中国科学院院刊，32(4)：396-404.

高世楫，俞敏，2021.中国提出"双碳"目标的历史背景、重大意义和变革路径.新经济导刊(2)：4-8.

戈大专，陆玉麒，2021.面向国土空间规划的乡村空间治理机制与路径.地理学报，76(6)：1422-1437.

顾高翔，王铮，2018.《巴黎协定》背景下国际低碳技术转移的碳减排研究.中国软科学(12)：8-16.

胡鞍钢，2021.中国实现2030年前碳达峰目标及主要途径.北京工业大学学报(社会科学版)，21(3)：1-15.

黄征学, 王丽, 2020. 国土空间治理体系和治理能力现代化的内涵及重点. 中国土地(8): 16-18.

江曼琦, 2019. 城市"三生空间"优化与统筹发展. 区域治理(14): 11-17.

金贵, 王占岐, 姚小薇, 等, 2013. 国土空间分区的概念与方法探讨. 中国土地科学, 27(5): 48-53.

李俊峰, 李广, 2021. 碳中和: 中国发展转型的机遇与挑战. 环境与可持续发展, 46(1): 50-57.

李双成, 2021. 国土空间规划如何助力碳中和. 当代贵州(26): 78.

李玉强, 赵哈林, 陈银萍, 2005. 陆地生态系统碳源与碳汇及其影响机制研究进展. 生态学杂志(1): 37-42.

林佳, 宋戈, 张莹, 2019. 国土空间系统"三生"功能协同演化机制研究: 以阜新市为例. 中国土地科学, 33(4): 9-17.

刘满平, 2021. "双碳"目标带来的机遇与挑战. 西江日报, 2021-05-29(003).

刘卫东, 2014. 经济地理学与空间治理. 地理学报, 69(8): 1109-1116.

刘竹, 关大博, 魏伟, 2018. 中国二氧化碳排放数据核算. 中国科学: 地球科学, 48(7): 878-887.

马海涛, 2015. 科学认知"国土空间". 科学, 67(5): 42-44.

孟鹏, 王庆日, 郎海鸥, 等, 2019. 空间治理现代化下中国国土空间规划面临的挑战与改革导向: 基于国土空间治理重点问题系列研讨的思考. 中国土地科学, 33(11): 8-14.

强真, 强海洋, 马海粟, 2011. 对国土规划空间组织思路的初研. 中国国土资源报, 2011-05-20(004).

孙鸿烈, 石玉林, 李文华, 等, 2020. 自然资源综合考察与资源科学综合研究. 地理学报, 75(12): 2610-2619.

孙世芳, 2021. 实现"双碳"目标如何挑战中抓机遇. 经济日报, 2021-06-24(006).

汤怀志, 郧文聚, 孔凡婕, 等, 2020. 国土空间治理视角下的土地整治与生态修复研究. 规划师, 36(17): 5-12.

王金南, 严刚, 2021. 加快实现碳排放达峰 推动经济高质量发展. 经济日报, 2021-01-04(001).

王瑞军, 2019. 政府治理视域下深化行政审批制度改革研究. 北京: 中共中央党校.

王新平, 苏畅, 文虎, 等, 2022.双碳战略下中国能源工业转型路径研究.技术与创新管理,43(2): 141-150.

习近平, 2020. 继往开来, 开启全球应对气候变化新征程. 人民日报, 2020-12-13(002).

张永姣, 方创琳, 2016. 空间规划协调与多规合一研究: 评述与展望. 城市规划学刊(2): 78-87.

IPCC, 2018. Global warming of 1.5 ℃. https://www.ipcc.ch/sr15/.

WANG J, FENG L, PALMER P I, et al., 2020. Large Chinese land carbon sink estimated from atmospheric carbon dioxide data. Nature, 586(7831): 720-723.

第 2 章

国土空间功能与碳循环

　　生产、生活和生态空间（以下简称"三生空间"）具有差异化的功能特征，任一特定类型的国土空间除了有一种主导功能外，还兼备多功能特征，不同类型国土空间功能为人类生存发展提供了多样化的民生福祉。在时间序列下，三生空间演化不仅会改变陆表生态系统碳、氮等元素循环过程，而且通过人类活动强弱改变能源消耗，进而影响人地耦合系统的碳代谢效率。一般而言，差异化的自然资源条件、地域特征和产业发展水平也会导致资源配置组合和碳代谢效率的时空差异。人类是碳基生物，"碳"是构成有机体和主要能源的物质基础，在生物地球化学循环过程中，国土空间充当了碳元素循环流动的"驿站"，使碳元素可以流动、储存于生物圈，谱绘出庞大的生物总量和丰富的生物种类。"碳"也是人类生活生产中主要的排放产物，环境经济学的扩展理论提出，"碳"能够在一定程度上体现国土空间资源综合利用效率的高低（赵荣钦，2016）。在"双碳"目标下，"碳"作为区域经济社会发展和经济生产过程的关键流动资源要素，可以综合统筹不同类别空间权衡与协同关系，引导国土空间布局优化与产业转型升级。因此，系统开展国土空间碳源汇功能研究，对促进国土空间协同演化具有重要的理论和现实意义（林刚 等，2020）。深刻认知国土空间碳源汇的功能价值、碳元素的内涵及其循环作用机制，有助于优化国土空间布局，构建绿色低碳的国土空间布局体系。

2.1 国土空间功能的内涵与价值

人类活动强度和自然资源禀赋的空间异质性，造成了国土空间结构失衡，快速工业化导致的资源消耗过度与利用效率不高、生态环境超载等问题都逐渐显现出来（廖霄梅，2018），并产生了叠加的负面效应。上述原因引起了学界和政府部门对国土空间功能特征的关注，并发展成为国土空间相关研究的新方向。尽管生产、生活和生态空间都兼具多功能特征，但在国土空间开发与保护实践中各类功能冲突日益加剧，直接影响区域可持续发展战略实施，对我国生态文明建设整体格局也会带来影响。如何破解国土空间功能冲突，形成低碳高效、综合协调的发展模式，是区域可持续发展的必然选择（林刚 等，2020；黄金川 等，2017）。为了更好地发挥国土空间功能，分区治理是被长期实践证明的有效途径。长期以来，我国相关政策和规划实施的基本单元均以行政区为主，目的是保障管理公共事务的事权决策主体清晰。新中国成立至改革开放前的 30 年左右时间，随着经济区划分和以农业区划为代表的自然地理区划体系建立，空间决策单元的类别有所扩充、决策单元尺度也逐步多样化，决策部门也开始关注区域间相邻作用和空间外部性影响下的社会经济分工，也更加注重基于行政区划形成的区域经济体系发展，强调区域本身的完整性和地缘关系。比如国家"一五""二五"时期提出的华南区、华北区、西北区、华中区、华东区、西南区和东北区等经济分区；"二五""三五""四五"时期开始强调内陆与沿海的关系，是空间分区治理的进一步拓展。改革开放后，区域单元划分多为类型区和政策区，主要是针对改革开放提出的一些重大举措，突出分类施策及差异化发展的治理模式。其中，类型区是根据类型特色建构具有针对性的区域，促进其合理发展，如山区、边疆地区、贫困地区等；政策区是以政策体系为导向，根据政策实施的适宜性选择区域，通过政策落地促进其综合发展，如经济特区、技术经济开发区、高新技术产业区与自由贸易区等。无论是类型区或是政策区，在空间上通常是不连片的区域，在管理上也呈现经济和社会管理分离现象。近年来，随着粤港澳大湾区等概念的提出，区域管控单元涉及的内涵继续拓展，特别是"一带一路"倡议、长江经济带发展、黄河流域高质量发展与保护等跨境、跨流域空间治理上升到国家战略层面，以经济发展区、自然地理单元或生态系统服务区为主导的治理单元的特色越来越突出，既强调对区域整体性进行顶层设计、功能优化和统筹发展，又突出空间单元的自然特色，强调国土空间治理模式的差异性。

2.1.1 国土空间功能内涵

三生空间是生产、生活和生态空间的简称，这是从服务于人类发展视角的分类方式，也可以根据利用状态划分成农业空间、城镇空间和生态空间，本质上上述两种分类方式都体现了基于功能的空间划分规律，尤其是体现了对地域主导功能的表达（黄安 等，

2020)。具体而言，生产空间是承载人类主要生产活动的国土空间，为人类社会提供着生活或者再生产的生物质产品和非生物质产品及服务，主要包括工业生产空间和农业生产空间。生活空间是以衣、食、住与行等人类主要消费行为的生活功能为主导的地域空间，主要包括城镇生活空间及农村生活空间，而现实中人类为了消费活动的便利性，生活空间也同样承载一部分生产功能。生态空间是以生态系统保护和功能利用为主导的空间，为人类提供生态产品和生态系统服务价值，包括直接价值和间接价值、市场价值和非市场价值等方面，生态空间在调节、保持、涵养和保障等生态服务方面发挥着重要作用，是保障生态安全、提高居民生活质量和增进人类福祉不可或缺的组成部分，其空间类型主要包括森林、草原、湿地、河流、湖泊、滩涂、岸线等。

一般来说，生产、生活和生态空间因主导功能不同，其目标导向和发展路径也各有侧重。生产空间发展追求集约高效，通过产业聚集的发展模式来提高生产效率；生活空间发展追求宜居适度，为居住在其中的人们提供更为舒适便捷的服务，以营造和谐的邻里氛围，增进幸福福祉；生态空间发展追求山清水秀，提升生态系统服务价值，维护生物多样性，以实现人与自然和谐共生。尽管不同空间主导功能各有侧重，三生空间内部并不独立割裂，而是彼此交叉的互馈共生关系。从国土空间治理的底层逻辑来看，生态空间是"三生"功能保障的基础空间（Kates et al.，2001），能够为生活空间提供人类消费行为所需的生态产品，为生产空间提供人类活动的基础生产资料。生活空间是人类生存的主要场所，与生态空间紧密联系，同时也能向生产空间输入劳动力、生产资料。生产空间是人类生存的保障，能够加工生态空间的原材料与生产空间的初级产品供给生活所需的各种最终需求的服务或者产品，并可能使生态空间格局、结构和过程发生改变（黄安 等，2020）。综合来看，国土空间生态、生产与生活三类功能涵盖了要素流动、生产利用及人类福祉等多个方面，是自然环境系统与社会经济系统的综合体。

此外，由于国土空间具有显著的尺度差异性、功能复合性、范围动态性、区域综合性及治理复杂性等特征，在不同的时间尺度和空间尺度下其治理策略是不同的，也无法对国土空间进行绝对性的空间分类及匹配一劳永逸的治理体系。从我国国土空间的面积占比来看，生态空间比例最高，其中也包含一定可相互转换的生活和生产空间，不同类别的空间功能交织，是一个有序的整体。

1. 国土空间功能在时间尺度效应

国土空间功能是从人类需求角度衍生而来的概念，从人类社会发展的历程也可以看出不同国土空间功能的演变规律。从农耕文明、工业文明到生态文明的时间进程上看，生态、生活及生产三类功能所占国土空间的比例存在普适性的有序变化规律（图2.1）。在不同文明时期，我国的社会制度、人口规模、技术条件和发展模式存在较大差异，但是在不同阶段人类对自然资源产品的需求与国土空间供给之间的动态均衡却一直存在，且不断从一个均衡点向另一个均衡点跃迁。这种均衡点的跃迁过程最终通过人类活动呈现在国土空间的利用与覆被变化上。对于具备多功能性的国土空间而言，如何确定其功能定位和发展方向是国土空间优化配置研究中需要解决的基础性问题。在人类文明的不

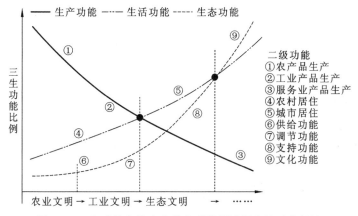

图 2.1　三生功能占比在人类文明发展过程中的时序规律

同阶段，国土空间的生产功能、生活功能和生态功能所发挥的作用千差万别。从空间演变的规律来看，国土空间开发呈现出从流域主导向产业主导、再向城市主导、最终向生态主导的路径特征，形成了协同演进和"交错式"发展的路径。

农业文明时期，国土空间呈现以农产品生产、农业劳动者生活为主导的生产生活功能。由于该时期技术水平有限，加之自然地理条件限制，人类社会的生产空间主要分布于河谷平原区域，如黄河流域、约旦河流域、印度河河谷等。人类生存所需的自然资源大都作为农业生产资料，因而农产品生产功能是当时国土空间的主导功能。随着农业文明的高度发展，世界各国的人口也大规模增加，为满足人类日益增长的粮食需求，农业生产空间和农村生活空间占比，相较生态空间进一步扩张，生产空间在三类空间的竞争中占据优势。尽管如此，由于当时人口总规模有限，生活居住功能的占比相对较小，生态功能几乎被忽略，在农业文明早期，人类累积的知识和经验都未能意识到氮氧循环、水土保持、水源涵养等功能的作用。

工业文明阶段，第一次工业革命、第二次工业革命以来，生产力水平显著提升，原先以扩大资源开发为主导的生产方式逐渐被增加劳动资本投入所替代，加之医疗水平提升很大，显著降低了人口死亡率，人口在这一时期急剧增长，而机械化工业化生产极大地促进了生产规模，出现了产品的积累，得以满足更多人口的需求。因此，工业文明时期，生活空间占比上升，生产空间占比有所下降，人类的生产生活过程排放了更多的污染物、CO_2，城市和农村居民点周边国土空间遭到一定程度的破坏，流域生态系统的承载力超标。工业化的生产方式是产生上述问题的根本原因，例如农业生产中农药化肥的大量使用，造成了土壤肥力下降、水体污染等诸多生态环境问题，这一时期陆地表层覆被改变的规模远大于农耕时期，并且对地上及地下空间的扰动也是史无前例的。工业革命后的欧洲大陆出现空气污染、水资源污染、土壤污染等系统性的资源环境问题，严重危害了当地居民的生命健康，后续治理投入了大量的物力财力。欧洲国家的相关数据表明，空气治理至少要数十年的时间，流域水污染治理大都耗费约四五十年的时间，土壤污染、重金属超标上百年都难以"痊愈"，在不健康的土壤里种植农作物则严重危害人体健康和生命安全。工业革命以来，大量有害气体、固体被排放到国土空间中。据国际气候科学机构全球碳项目（*Global Carbon Project*）研究报告，工业革命以来的美、英、法等国家人均累计碳排放量约为 1 200 t CO_2/人、900 t CO_2/人、500 t CO_2/人，全球的平均水平约为 200 t CO_2/人，中国约为 160 t CO_2/人。碳排放在一定程度上导致了气候变化，世界气象组织发布的《2020 年气候服务状况报告》显示，过去 50 年中，全球气候变化引发的灾害超过 1.1 万起，导致 200 万人丧生，经济损失达 3.6 万亿美元。公众开始意识到牺牲环境带来的经济增长并非一种可持续的发展方式，资源高效利用、低碳发展、循环经济等生产方式逐步萌芽。

进入生态文明阶段，人类社会对生态环境的重视程度空前提升，遭受破坏的生态系统得到治理和修复，资源利用强度和污染物排放强度不断降低，总体生态恶化趋势得以遏制与放缓。国土空间布局优化的基础性作用逐步显现，高效的国土空间布局体系助推高质量社会经济发展。生态空间修复成为这一时期国土空间治理的重要议题之一，经生态保护和修复，生态空间占比与生态系统功能逐步恢复，如养分循环、土壤肥力保持以及生物多样性等"支持"功能均得到有效改善，生态系统的恢复力增强、脆弱性降低。生态文明阶段人类活动影响较低的国土空间面积占比，会随着国家部署的生态工程或山水工程项目的实施逐步升高（樊杰，2015），城市生活空间的条件会有所改善，城市建成区范围内的生产空间占比有所下降。尽管如此，由于累计碳排放总量的增加，全球气候变暖风险在不断加大，国土空间碳汇功能开始受到政府部门和学界的广泛关注，据估计，我国当前的国土空间碳汇能力近 10 亿 t。近年来，优化国土空间开发格局被提升到国家战略高度，各级政府决策部门都强调要进一步优化国土空间开发格局，深入推进生态文明建设，实现"生产空间集约高效、生活空间宜居适度、生态空间山清水秀"成为国土空间治理体系建设的关键议题。

2. 国土空间功能的空间尺度效应

不同空间尺度下，受地图表达信息翔实程度不同的影响，空间单元表达的功能信息会有所不同。直观而言，受地图比例尺的影响，同样的地物在不同比例尺上刻画的精度、形状和信息均存在差异。在宏观尺度下（如省域或者跨行政区的流域），城市及乡镇的生产和生活空间布局零散，可简化为点或面状，而农业生产和生态空间则对应广袤的农地或自然保护地（王力国，2017），在地图上是呈现连绵的大板块集聚特征。在中观尺度下（如城市、县域），城镇区域的生产空间主要为集中连片的工业用地，而生活空间则为居住用地集中区，生态空间要素为城市的绿地、公园等。在微观尺度下（如街道），社区内的绿化景观带、口袋公园等可视为生态空间，居住的住宅楼为生活空间，而社区旁邻近的小型工厂则为生产空间（扈万泰 等，2016）。可见，不同尺度的空间规划采用差异化的基本单元和基础数据。此外，有学者认为城市和农村两种尺度下的三生空间存在差异，生产空间主要指处于城市区域的具有工业、物流仓储、公用设施、商务、教育科研办公等功能的用地，或者处于农村地区承载农业生产活动的农林用地；城市的生活空间以住宅用地和配套的服务设施为主，而农村以居民点用地为主；城市生态空间一般指公园等城市绿地，而农村生态空间则主要包括围绕农村居民点的生态林地、自然保护区等（厝万泰 等，2016）。

由于受空间尺度效应影响，国土空间功能的复合性和交叉性往往被一定程度缩小或放大。以工业园区为例，在中观的城市尺度下，工业园区对应的是具有生产功能的空间，而在微观街道尺度下，除厂房车间这类具有生产功能的空间外，工业园区还包括具有生态功能的绿化空间，具有生活功能的宿舍楼。因此，判断是何种空间、何种功能时，应明确空间尺度和空间单元，一切刻画出的生产、生活和生态功能均是一定空间尺度下空间单元主导功能的显性信息。

2.1.2　国土空间功能价值

1. 国土空间功能分类

以"生态"功能为优先的原则。在辨识国土空间"三生"功能时，需综合考虑区域特点，结合区域上一级主体功能区划的定位，综合评估区域的资源、环境与人类活动要素，通过功能位序矩阵以识别最佳功能。当存在多种功能重叠时，应遵循"生态"功能优先原则，优先考虑确定"生态"功能为主导的国土空间。例如，在确定各类草地功能时，需将生态优质的天然牧草地及其他草地划分为生态空间，同时兼顾草地的生产功能，将人工草地划分为生产空间。

以功能空间排他性为原则。对空间功能进行划分时，需综合考虑不同种功能，并对该用地类型的各类功能根据强弱进行分级赋值，根据功能空间的排他性原则，选取评分最高功能作为该空间的主导功能。例如耕地兼具生产功能和生态功能，但相较于其生态功能，其生产功能的属性值更高，因此确定为生产空间。

以功能空间主导性为原则。国土空间功能具有多样性、交叉性和复合性，同一用地类型可能兼顾不同的功能，例如城市公园具有涵养水源的生态功能，但同时也是市民休闲生活的娱乐场所，兼顾生活功能。因此，在确定国土空间功能时需识别其核心的主导功能、副功能或次级功能，以主导功能定义其国土空间功能。

具体到国土空间功能类别，任何有人类活动的国土空间都具有生产、生活和生态功能，从国土空间布局优化的角度可以将这三类功能定义为国土空间功能的一级功能，国土空间的多功能性则可以继续对三生功能加以分解（图 2.1）。依据国土空间功能现状特征，参照主体功能区分类标准、土地利用分类标准和生态系统服务功能分类标准定性刻画国土空间的二级功能和三级功能。生产功能方面，主要体现为农产品生产功能、工业产品生产功能、服务业产品生产等功能；生活功能方面，主要体现为国土空间的居住保障功能；生态功能方面，主要体现为生态系统服务和生态资源价值转换，上述可以归纳为国土空间的二级功能。在二级功能的基础上进一步细分出国土空间三级功能，农产品生产功能包括农产品供给功能、林产品供给功能、畜产品供给功能、水产品供给功能，工业生产功能包括工业产品供给功能和矿产资源供给功能，服务业产品生产功能包括文化产品生产、休闲娱乐产品生产功能等，居住保障功能包括城市居住功能和农村居住功能，生态服务功能主要体现在生态空间碳汇功能、气候调节功能、防风固沙功能和水源涵养功能等方面。国土空间功能的多样性和质量会极大程度影响人类的福祉水平，优化国土空间配置方案是保持和提升国土空间功能水平的重要手段。

在"双碳"背景下，巩固和提升国土空间碳汇功能，提升陆地生态系统的碳汇潜能，对低碳型国土空间发展具有重要意义。总的来说，我国尚未形成统一规范的国土空间功能分类体系，在不同的研究目标和决策目标下，功能分类结果也各不相同，但不管怎样划分，国土空间功能分类是不同于现状分类的新形式，为解析国土空间尺度效应提供新思路。

2. 国土空间功能价值测算

如何开展国土空间功能的量化工作，实现不同国土空间功能价值的可比性是学术界关注的重要议题，随着资源经济学和环境经济学等学科基础理论逐渐被引入国土空间研究领域，采用货币化方法度量国土空间功能价值成为主流研究手段，并划分出成本收入评估方法和价值当量法等类型。前者可细分出直接通过市场交易价格进行计算的实际市场法，代表性方法包括市场价值法和机会成本法；通过虚构国土空间功能以商品形式进入市场交易进行计算的替代市场法，代表性方法包括影子价格法、影子工程法、旅行费用法、防护费用法、恢复费用法、享乐价格法、成果参照法等；通过支付意愿和净支付意愿进行计算的假想市场法，代表性方法包括条件价值法。后者主要是结合国土空间功能属性，提出度量单位面积国土空间功能的价值当量，进而评估各区域、各类型的国土空间功能价值。

一般而言，区域国土空间基础结构复杂、功能属性多样、交叠特征显著等，围绕国土空间功能的价值评估尚未形成较为统一的货币化方法，可行的策略是针对局域国土空间开发与保护现状，选择符合区域经济发展条件和自然环境特征的适宜方法，围绕可运用数理模型、可量化指标方案、可微调参量系数等构建同一区域、不同类型与同一类型、不同区域的国土空间功能价值当量的评估方法体系，然后根据区域生态环境质量、气候调节能力、水文调节能力、环境自净能力、资源供给能力等时空动态因子，对价值当量表进行修正，最终实现区域国土空间功能价值的综合评估。相对功能价值法而言，当量因子法评估全面、方法统一，较为直观易用，且适用性较广，但一定程度上模糊了区域的差异性；功能价值法计算国土空间功能价值从国土空间功能数量和国土空间经济价值两个角度进行，功能数量基于国土空间功能表现的产品与数量表达。国土空间经济价值将不同国土空间产品产量与功能数量转化为货币表示，通过加总求和方式计算国土空间功能总值。功能价值法计算结果准确性高，但输入参数较多、计算过程较为复杂，对每种功能价值的评价方法和参数标准也难以统一。可见，不同国土空间功能价值分析手段各有优势，也各有不足。在具体案例分析考察中，由于需要兼顾研究结果的准确性、指标参数的差异性和基础数据可获取性等要求，开展地区国土空间功能价值评估通常叠加多种国土空间功能价值测算方法，尽可能全面展示国土空间功能价值的详细信息。基于此，下文将结合国土空间功能，详细阐述运用较为广泛的几类国土空间功能价值评估方法（表 2.1）。

表 2.1　典型国土空间功能价值计算方法汇总

功能类型	功能内涵	物质量	价值量	所需数据
水资源供给	为人类提供水资源的服务，包括生活用水、工业用水、农业和生态环境用水	当量因子法		土地利用 NPP 气象因子 土壤属性 粮食产量 地形地貌 水文条件 生境威胁因子 生境敏感度 植被覆盖度
水文调节	通过减弱洪峰和蓄积地表水实现水资源的再分配，进而减轻洪涝灾害的服务	当量因子法		
气候调节	通过植被蒸腾作用、水面蒸发过程吸收太阳能，从而调节气温改善人居环境舒适程度的功能	当量因子法		
净化环境	通过生态过程对水体污染物进行降解的功能	当量因子法		
水源涵养	通过其结构和过程拦截滞蓄降水，增强土壤下渗，涵养土壤水分和补充地下水，调节河川流量，增加可利用水资源量的功能	InVEST 模型	影子工程	
生物多样性	维持基因、物种、生态系统多样性发挥的作用	InVEST 模型	成果参照	
休闲娱乐	以旅游资源为依托，以休闲为主要目的，为人类提供的游览、娱乐、观光和休息服务	ESTIMAP-recreation	成果参照	
科研教育	为开展学习、实习、研究提供样本及场所的功能	成果参照	成果参照	

注：NPP 为净初级生产力（net primary productivity）。

1）当量因子法

当量因子法最早由 Costanza 等（1997）提出，旨在基于土地利用系统及其功能服务分类，通过荟萃分析手段调整功能服务的价值当量，评估不同类型土地生态系统服务价值（薛明皋 等，2018）。随后，我国学者谢高地为开展千年生态系统评估的中国实践，结合中国土地利用类型与基本国情，深化了 Costanza 当量因子法的研究范式与关键参数，设计出包括食物生产、原料生产、水资源供给等供给服务，气体调节、气候调节、净化环境、水文调节等调节服务，美学景观、娱乐场所等文化服务，土壤保持、维持养分循环、生物多样性等支撑服务。其研究思路与脉络为通过对中国生态学家的问卷调查，提出针对中国的功能服务当量因子表，并考虑结合文献资料和地区生物量对当量因子标准进一步完善和更新（谢高地 等，2015）。

（1）国土空间功能当量因子空间修正模型。为建立符合地区实际的国土空间功能当量因子表，可借鉴谢高地等（2015）的时空动态调节模型，围绕初级生产力、降水和土壤保持等因子进行当量因子的时空修正，三类当量因子可以单独用于地区国土空间功能当量因子的空间修正，也可以组合权重参数化国土空间功能当量因子的空间修正。当量因子空间修正模型的公式如下：

$$EF_{in} = \begin{cases} P_i \times F_{climate} = \dfrac{NPP_i}{NPP} \times F_{climate} \\[2mm] R_i \times F_{water} = \dfrac{rain_i}{rain} \times F_{water} \\[2mm] S_i \times F_{soil} = \dfrac{soil_i}{soil} \times F_{soil} \end{cases} \tag{2.1}$$

式中：EF_{in} 为 i 地区第 n 种国土空间功能单位面积的价值当量因子；P_i 为 i 地区的净初级生产力时空调节因子，其数值为局域国土空间系统年均净初级生产力与全域国土空间系统年均净初级生产力的比值；R_i 为 i 地区的降水时空调节因子，其数值为局域国土空间系统年均降水量与全域国土空间系统年均降水量的比值；S_i 为 i 地区的土壤保持时空调节因子，其数值为局域国土空间系统土壤平均侵蚀模数与全域国土空间系统土壤平均侵蚀模数的比值；$F_{climate}$ 为国土空间气候调节功能的价值当量因子；F_{water} 为国土空间水资源供给功能的价值当量因子；F_{soil} 为国土空间土壤保持功能的价值当量因子。

（2）单位标准当量因子的经济价值系数。国土空间功能价值用以表征国土空间功能的贡献大小与份额，参考谢高地等（2015）做法可采用地区市场的粮食单产价值用于度量，并通常指定粮食单产价值约为 7 个单位国土空间功能价值当量因子，其公式如下：

$$D = \frac{1}{7} \times \frac{V}{A} \tag{2.2}$$

式中：D 为标准单位的当量因子对应的国土空间功能价值量；V 为指定年份研究对象的农业总产值；A 为该对象对应年份的粮食作物总面积。

（3）区域国土空间功能价值核算。基于 Costanza 等（1997）和谢高地等（2015）采用的当量因子法，通过当量因子修正计算区域国土空间功能价值量，其公式如下：

$$TFV = \sum_{i=1}^{n}(VC_i \times A_i) = \sum_{f=1}^{m}TFV_f = \sum_{f=1}^{m}\sum(VC_{if} \times A_i) \tag{2.3}$$

式中：TFV 为地区国土空间功能价值总量；A_i 为地区 i 种国土空间类型的面积；VC_i 为 i 种国土空间类型的功能价值系数；TFV_f 为 f 种国土空间功能的价值；VC_{if} 为 i 种国土空间的第 f 种国土空间功能的价值系数。

2）功能价值法

基于功能价值法估算国土空间功能价值可参考欧阳志云等人研究，围绕国土空间功能数量和国土空间经济价值量两个维度，通过建立单一国土空间功能与国土空间关键环境参量的数学方程，模拟区域国土空间功能价值数量。其中，国土空间功能数量是直接采用国土空间形成的产品数量和生态功能量进行表达，实现同类国土空间功能在不同区域的横向比较；国土空间经济价值量则是运用市场价值法、影子价格法、替代工程法等理论方法，对不同国土空间产品和服务进行货币化表达，通过总计不同功能货币总值。

水源涵养、休闲娱乐、生物多样性维护等国土空间功能是国土空间功能价值份额和权重较大的类型，下文将介绍如何运用影子工程法、替代成本法将物质数量转化为国土空间功能的经济价值方法。

（1）水源涵养功能价值。水源涵养功能数量通常以可调节土壤层水量表示，其值为降水量扣除地表径流水量和蒸发耗散水量，并通过土壤饱和导水率、流速系数、地形指数等参数进行修正纠偏。在实际估算中，通常采用 InVEST 模型等手段，通过置入地形数据、年均降水量、年均潜在蒸散量、景观格局分布图、土壤深度、根系深度、蒸散系数、植被有效水含量及土壤饱和导水率等参数，通过水源涵养参数方程计算得到。该方程公式如下：

$$WR = \min\left\{1, \frac{249}{V}\right\} \times \min\left\{1, \frac{0.9 \times T}{3}\right\} \times \min\left\{1, \frac{K}{300}\right\} \times \left(1 - \frac{E}{R}\right) \times R \tag{2.4}$$

式中：WR 为水源涵养量；V 为流速系数；K 为土壤饱和导水率，T 为地形指数；E 为区域年蒸散量；R 为年均降水量。

水源涵养价值则可以考虑影子工程法进行等价替换，也即是通过理想假定现实存在一个与该地区水源涵养数量等同的水利工程，该水利工程的建设成本即被视为区域水源涵养价值。其公式如下：

$$WRV = WR \times P_r \tag{2.5}$$

式中：WRV 为水源涵养价值；WR 为水源涵养量；P_r 为单位水库库容的工程成本，可由相关统计年鉴获取。

（2）生物多样性保护功能。为生物个体和种群生存与发展提供适宜条件是国土空间的重要功能，并集中反映在生物多样性的多寡上。测算国土空间的生物多样性保护功能可通过 InVEST 模型中的 Habitat Quality 模块，通过生物多样性和生态环境的趋同关系，耦合景观类型敏感度和外界威胁强度模型，全面反映不同国土空间构成下地区生态环境的外部威胁作用程度与自身响应能力，进而表征区域国土空间生物多样性保护功能数量（谢余初 等，2018）。具体公式如下：

$$EQ = H \times \left[1 - \left(\frac{ED^z}{ED^z + k^z}\right)\right]$$
$$D = \sum_{i=1}^{I} \sum_{j=1}^{J} \left(W_i \bigg/ \sum_{i=1}^{I} W_i\right) \times r_j \times g_{ij} \times AI \times S_i \tag{2.6}$$

式中：EQ 为地区生态环境质量；H 为生态环境适宜程度；D 为生态环境退化程度；k 为半饱和系数；z 为系统换算系数（常取值 2.5）；I 为生态威胁因子数量；W_i 为生态威胁因子权重；J 为生态威胁因子的总量；g_{ij} 为生态威胁因子的最大距离；AI 为生态环境抗干扰能力；S_i 为不同生态环境对各威胁因子的敏感程度。

生物多样性保护功能价值同样采取影子工程法进行等价替换，以中国湿地生物栖息价值的均值作为参考标准，乘以相应生态环境质量系数得到（张翼然 等，2015）。

（3）休闲娱乐功能。休闲娱乐功能主要是集中于日常游憩娱乐上，主要体现在人们日常生活中对自然区域的偏好与公共休憩的固定场所等方面，通常可采用 ESTIMAP-recreation 分析模型测算。观测游憩潜力的评价体系中，自然性程度和环境保护区是其核心指标。其中，自然性程度通常采用干扰指数刻画，其数值越高表明受到的干扰水平越低，相应区域国土空间的自然性程度越高，一般研究中通常结合土地利用类型进行干扰性指数赋值。环境保护区主要统计面向游憩功能的地区，包含湖泊湿地保护区、风景名胜保护区和城市公园等，通常在相关研究中不区分环境保护区类型，存在即地区单元或栅格斑块赋值为 1，否则为 0。单位休闲娱乐功能价值可参考近年相关学者的调查与评估标准进行适当调整（谢启姣 等，2020），同时与相应年份休闲娱乐功能价值系数与国土空间面积进行乘积加总得到。

（4）科研教育功能。科研教育功能是国土空间比较特殊的功能服务，不仅以教育基地、实训基地等显性空间载体形式呈现，同时也广泛存在于学术科研服务、作为学习研究观测对象等隐性支撑服务。然而，即便科研投资花费与学术研究效应通常无法全面估算或观测，且涉及科研教育功能的国土空间类型十分复杂多样，即便同一类型国土空间所能提供的科研教育功能数量也不尽相同。现有研究为了刻画国土空间科研教育功能这一属性，通常结合国土空间类型、实际对象、具体区域、发展阶段等维度对相关研究进行数值上缩放调整，以此作为国土空间科研教育功能的单位数值，并进一步用于全地区国土空间科研教育功能价值总量的核算。

2.2 国土空间碳循环与碳源汇

陆地生态系统碳元素在国土空间开发利用过程中，其状态既可能是碳汇，也可能是碳源。源、汇是一个相互关联、不可分割的系统，其概念在很多学科中都被广泛使用。源是指物质流出和产生这些流动物质的过程，汇与之相反，是指物质流入的过程。厘定国土空间碳循环过程、解析国土空间碳源汇特征有助于对碳排放的管理，并为绿色低碳的国土空间开发利用提供支撑。

2.2.1 国土空间碳循环

碳循环（carbon cycling）主要是以 CO_2 的形式随大气环流在全球范围流动，因此本章节以温室气体中的 CO_2 为例对国土空间的碳循环进行探析。大气中 CO_2 浓度上升，就像在地球周围大气中笼罩上了一层玻璃，导致太阳辐射到地表的热量难以散发出去，致使近地表温度升高，产生温室效应，直接影响目前及未来人类自身的生存和社会经济的可持续发展。碳循环作为影响大气中 CO_2 浓度的重要过程，成为了全球气候变化关注的焦点。碳循环过程，大气中的 CO_2 大约 20 年可完全更新一次。国土空间是碳排放空间载体和蓝绿碳汇作用空间，国土空间碳循环是指碳元素在城镇空间、农业空间和生态空间的人与自然耦合系统中迁移转化和循环周转的过程（工凯雄 等，2001）。其中，农业、城镇和生态空间的碳循环过程存在于各自系统内部，同时也在三类空间之间相互关联。

这种关联主要在陆地表层和大气中通过人类活动和自然界的生物化学循环过程来实现（赖笑娟，2021）（图 2.2）。

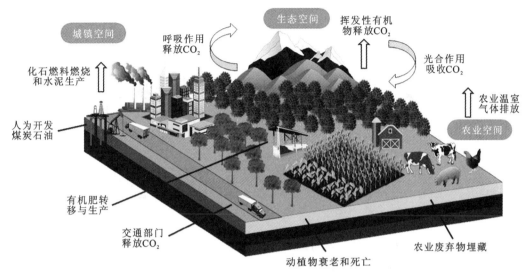

图 2.2　农业、城镇和生态空间与碳循环关系示意图

1. 农业空间碳循环

在农业空间中，农作物通过光合作用从大气中吸收 CO_2 并生成植物体内的碳化合物，农作物生长期间其花、叶、果实等凋落物及农作物收获后的秸秆根茬等进入土壤碳库后，在微生物的分解作用下一部分进入大气碳库，其余部分以植物残留物、微生物生物量和腐殖质等有机碳形式储存在土壤中（尹钰莹 等，2016）。土壤碳库通过植物根呼吸、土壤微生物呼吸、土壤动物呼吸及含碳矿物质的化学氧化作用等土壤呼吸过程向大气释放 CO_2，形成土壤碳库—大气碳库之间的碳循环（刘昱 等，2015）。然而，城镇化快速推进导致农用地减少，相对滞后的农业生产方式加速了土壤的碳呼吸、动植物残体和有机质分解，致使土壤贮存的碳大幅度减少，最终以超过光合作用固碳能力的水平向大气中释放（张赛 等，2013）（图 2.3）。碳元素从农业空间进入到城镇空间的主要途径包括：农产品（如粮食、肉类、蔬菜、水果）的运输、储存、加工和消费过程等。

2. 城镇空间碳循环

在城镇空间中，碳循环是自然和社会耦合的多元碳循环系统。就自然过程而言，城镇空间的自然植被，以及建成区的森林、草地、公园绿地等通过光合作用吸收大气 CO_2，此外城镇水域主要包括水生植被光合作用、水体底泥有机物的沉积、降水的碳沉降等均能够吸收一定量的 CO_2。植物呼吸、土壤呼吸、植被凋落物的分解或转移及河流、湖泊等水域碳挥发都会向大气释放 CO_2。就社会过程而言，含碳建筑材料、各种含碳食物及食物原料融入人为碳库，来自食物碳消费的人类（动物）呼吸作用、交通出行和生活消

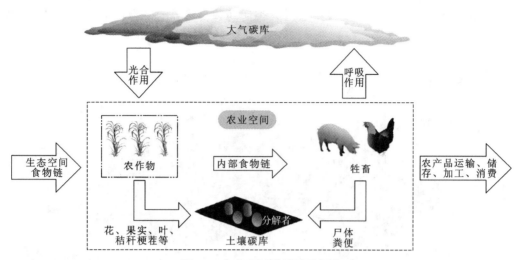

图 2.3 农业空间碳循环示意图

费中化石燃料燃烧、废弃物处理与分解（如粪便、生活垃圾、工业废物、废水等）均会产生一定的 CO_2 排放到大气中，同时工业生产过程（如水泥、石灰、玻璃、钢铁生产等）也会释放大量的 CO_2（赵荣钦 等，2014）（图 2.4）。城镇空间和农业空间之间还存在各种形式的内部交互碳循环的过程。另外，碳元素从城镇空间到农业空间的主要途径包括城市生产的有机废弃物和化肥农药等作为要素投入农业生产环节，城镇产生的废水裹挟着碳元素通过水循环又流回到农业空间和生态空间。

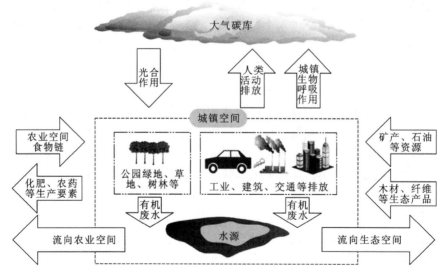

图 2.4 城镇空间碳循环示意图

3. 生态空间碳循环

在生态空间中，森林、湿地、草原等生态系统中的绿色植物通过光合作用，从大气

碳库中捕获 CO_2。吸收的碳以生物量的形式储存在植物、土壤和水体中，这些生物量包括植物的树木、枝叶、根系及土壤中的有机物质。部分碳长期储存在生态空间中，如在森林中的老树、泥炭地中的有机物和深层土壤中的有机碳。同时，绿色植物、土壤和微生物分解者的呼吸作用转化为 CO_2 释放至大气，进入土壤的碳元素大多会经过微生物的分解作用，再次以 CO_2 的形式回到大气，从而使碳元素完成从大气进入植被，部分再进入地表和土壤，然后又部分地回到大气，形成"大气—植被—土壤—岩石—大气"的整个陆地生态系统碳循环过程（图 2.5）。碳元素从生态空间流入城镇空间和农业空间主要是通过木材、纤维和其他森林产品及水资源、矿产资源等投入到工业制造、农业生产和人居生活之中。值得注意的是，自工业革命以来，通过化石燃料燃烧，以及建设用地扩张、林草地退化等不合理的国土空间开发利用方式，人类已经向大气中排放了超过 2.2 万亿 t CO_2，造成大气中 CO_2 浓度上升了 40%。碳释放量远大于碳固定量，极大破坏了自然界原有的碳平衡，导致国土空间碳循环失衡。

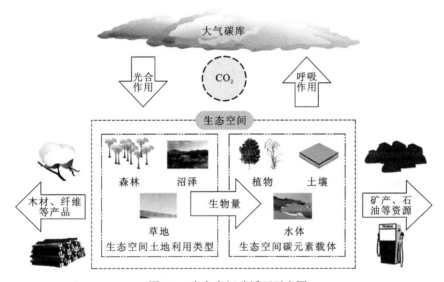

图 2.5　生态空间碳循环示意图

2.2.2　国土空间碳源汇

1997 年，《京都议定书》在日本京都通过，首次提出"碳源"与"碳汇"的概念，旨在协助各国承诺根据商定的具体目标限制和减少温室气体排放，适应气候变化的不利影响。2015 年，《联合国气候变化框架公约》缔约方达成《巴黎协定》，明确了减少碳源和增加碳汇是缓解气候变化、实现碳中和目标的核心路径，即在保护和恢复自然生态系统的基础上，促进碳的吸收和固定，减少碳排放，在 21 世纪下半叶实现碳平衡。国土空间承载了各类自然资源等碳汇实体及相关社会经济活动的碳源，在气候系统中发挥着关键作用，国土空间优化成为统筹碳源、碳汇、减碳治理的系统性政策工具之一（熊健 等，2021）。

国土空间碳源（carbon source）是指向大气中释放 CO_2 的过程、活动或机制。根据 IPCC 报告，每年由国土空间利用变化导致的碳排放为 1.6 Pg C（1 Pg C＝10 亿 t C），是仅次于化石燃料燃烧排放的 7.2 Pg C 的第二大碳源（Solomon et al.，2007）。国土空间碳源分为直接碳源和间接碳源。直接碳源包括森林采伐、围湖造田、建设用地扩张等国土空间类型转变导致生态系统更替造成的碳排放，以及农田耕作、草场退化、种植制度等管理方式转变导致国土空间强碳排放强度提高。间接碳源主要是城镇、农业和生态空间所承载的全部人为碳排放。城镇空间作为人类活动的集中载体，主导着区域碳排放，碳源包括居民生活、商业活动、工业生产和交通运输等过程的能源消耗。农业空间的碳源主要包括动物肠道发酵、化肥施用、有机土壤排水、水稻种植、农场能源消耗、粪便管理和农作物残余等。生态空间的碳源主要包括植被死亡分解、森林火灾及人为毁林和不合理采伐等。

国土空间碳汇（carbon sink）是指从大气中吸收碳排放的过程、活动及机制，主要通过光合作用将大气中的 CO_2 转化为碳水化合物，并以有机碳的形式固定在植物或土壤内。目前已经确认现有陆地有机碳汇为 10 亿～13 亿 t CO_2/年（朴世龙 等，2022）。国土空间利用变化是其关键驱动因素，包括林地、水域、耕地、园地、草地、城市绿地和其他非建设用地等碳汇空间类型，不同空间类型土壤、植被的差异导致了碳汇能力差异。林地具有较高的生物量水平和碳储存能力，构成国土空间碳汇主体，超过全国碳汇量的76%，在减缓气候变化和促进碳循环等方面发挥着重要作用（陈帝伯 等，2023）。我国草地的碳汇功能相对较低，全国草地总碳储量约为 239 亿 t，每公顷草地平均每年可固碳约 0.39 t，每年总碳汇量约为 0.84 亿 t（白永飞 等，2018）。

国土空间碳平衡（carbon balance）指通过植树造林、节能减排等手段平衡 CO_2 人为的排放量，实现 CO_2 的净零排放（赵荣钦 等，2014）。碳平衡反映了区域碳源与碳汇之间的平衡关系，也是表征区域减排、增效、提质的重要指标。在长时间尺度上，自然生态系统的碳源与碳汇是基本平衡的，但城镇、农业和生态空间开发利用过程中的协同和权衡关系，导致碳源空间与碳汇空间配置冲突。如建设用地对林地、水域、草地等具有碳汇效应的生态空间的挤占，直接影响碳汇空间规模、结构与布局的稳定，进而干扰碳汇服务的供需平衡及自然碳循环过程。实现国土空间碳平衡的关键在于将碳排放约束指标纳入发展路径，把"减碳增汇"纳入国土空间保护与开发过程，从城镇、工业、交通、能源、农业生产、自然保护等多维度减少区域碳排放和提升生态碳汇能力。

"双碳"目标下国土空间治理应突出生态文明建设思想的引领作用，将国民经济和社会发展规划落实到空间上，揭示生态、生产与生活空间的功能潜力及其碳源汇、碳循环特征，为构建包含空间要素配置、布局优化、发展蓝图和支撑政策的国土空间治理理论方法体系奠定基础。

2.3　国土空间碳核算

当前的碳排放核算大都是基于从能源消耗或产品的全生命周期等视角，方法也大都采用 IPCC 报告提出的经验公式，这些都可以为国土空间碳核算提供参考。国土空间是碳源和碳汇的主要载体，碳核算的相关主题包括但不限于以下几方面，如国土空间类别上的农业空间碳源核算、城镇空间碳源核算、陆地生态空间碳汇核算，以及可直接服务决策参考的行政单元碳排放核算。

2.3.1　国土空间碳源碳汇核算方法

碳源表示区域空间内的碳排放量大于吸收量，整体处于净排放的状态，碳汇则表示区域空间内的碳吸收量大于其排放量，整体处于净吸收的状态。农业、城镇和生态空间需要依据其功能特征判断不同空间是"碳源"还是"碳汇"。当前学界对不同类别国土空间碳源汇形成了普遍共识，生态空间在碳代谢中发挥碳汇作用，尤其是生态系统受到良好保护和修复的情况下，比如森林的有序砍伐。尽管农业空间属于碳源还是碳汇的问题受到广泛争议，但笔者认为其碳源作用远远高于碳汇，甚至是几乎无法发挥碳汇作用，原因至少有三个方面：一是农业生产过程中不管机械使用还是化肥、农药施用都会产生大量的碳排放，二是农作物光合作用吸收的碳元素属于典型的气候中性碳，很快就会重新进入碳循环系统，三是农业土壤的固碳作用也因为耕作而殆尽。因此在本书中主要把农业空间作为重要碳源进行论述，也会对其农作物的光合作用碳汇进行简单探讨。城镇空间是人类居住和工业生产的核心区域，是国土空间类型中最主要的碳源。现阶段，国土空间治理的目标之一就是要增强生态空间的碳汇能力，并通过提高资源与能源利用效率，促进农业和城镇空间节能减排。

基于上述判断，结合农业、城镇和生态空间细化分类进一步探讨碳源汇特征。在生态空间的细化分类中，除河流需同时考虑碳源及碳汇作用外，林地、草地、海洋、湖泊湿地及未利用地均发挥碳汇作用；在农业空间的细化分类中，耕地、农村居民点、设施农用地等都是重要的碳源；在城镇空间的细化分类中，街道社区、商业用地、工业用地及交通道路都是碳排放源（杜金霜 等，2021）。基于国土空间类型的碳源汇特征开展系统的碳核算，可为"双碳"目标下国土空间优化配置提供科学参考。

1. 农业空间碳源汇核算

农业空间碳源主要来自农业生产活动和牲畜呼吸的 CO_2 排放，以及稻田、牲畜肠道发酵和牲畜粪便的甲烷等农业空间非 CO_2 温室气体排放。

（1）农业空间碳源汇核算。具有生产与生态双重功能的耕地碳汇主要源于农作物光合作用。由于农业植被相比其他用地存在明显的收割行为，使用碳汇系数进行计算难以获得准确的碳汇率结果。因此，对农作物生长周期内的碳汇量 C_{crops} 进行估算，代表耕

地碳汇率，结果已扣除农作物呼吸作用消耗的碳。计算公式（田云 等，2013）为

$$C_{\text{crops}} = \sum_{i=1}^{n} \frac{P_i}{H_i} \times (1 - r_i) \times f_i \tag{2.7}$$

式中：n 为农作物的种类（种）；P_i 为第 i 种农作物的经济产量；H_i 为第 i 种农作物的经济系数；r_i 为第 i 种农作物的含水率；f_i 为第 i 种农作物的碳吸收率，即农作物合成单位有机质（干重）需要吸收的碳。

农业生产活动包括农业化肥、农业机械使用和灌溉过程，其碳排放量 E_a 的计算公式（赵荣钦 等，2007）为

$$E_a = E_f + E_m + E_i \tag{2.8}$$
$$E_f = G_f \times A \tag{2.9}$$
$$E_m = (A_m \times B) + (W_m \times C) \tag{2.10}$$
$$E_i = A_i \times D \tag{2.11}$$

式中：E_f 为农田化肥施用过程的碳排放；E_m 为农业机械使用过程的碳排放；E_i 为灌溉过程的碳排放；G_f 为化肥施用量；A_m 为农作物种植面积；W_m 为农业机械总动力；A_i 为灌溉面积；A、B、C、D 为化肥、作物、农机、灌溉导致的碳排放转化系数。

（2）农业空间非 CO_2 温室气体排放核算。控碳并非仅控 CO_2，工业革命以来，约有 35% 的温室气体辐射强迫源自非 CO_2 温室气体排放（IPCC，2014），非 CO_2 温室气体的减排对于全球应对气候变化、实现净零排放同样不容忽视。目前农业源甲烷（CH_4）排放量约占全球排放总量的 40%，农业源氧化亚氮（N_2O）排放量约占全球排放总量的 60%，农业空间非 CO_2 温室气体排放量占全球人为温室气体排放总量的 10%～12%（Frank et al.，2019），且这一比例正在逐年递增（USEPA，2012）。目前，农业空间非 CO_2 温室气体核算、减排及情景模拟研究已经引起了全球学者和决策者的广泛关注。农业空间非 CO_2 温室气体主要包括 4 个部分：一是农用地 N_2O 排放，二是稻田 CH_4 排放，三是动物肠道发酵 CH_4 排放，四是动物粪便管理 CH_4 和 N_2O 排放（图 2.6）。农用地 N_2O 排放包括两部分：直接排放和间接排放，其中直接排放又分为化肥排放、粪肥排放和秸秆排放，间接排放则包括大气氮沉降引起的和由淋溶径流引起的 N_2O 间接排放；稻田 CH_4 排放类型按照播种时间分为单季稻、双季早稻、双季晚稻三类；动物肠道发酵 CH_4 排放根据饲养方式分为规模化饲养、农户饲养和放牧饲养三类来源；动物粪便管理排放分为粪便中的有机物在贮存和处理过程中厌氧环境下产生的 CH_4 排放和氮在硝化或反硝化过程中产生的 N_2O 排放两类。限于本书的主题和目标，暂不对 N_2O 的核算方式进行讨论。

一是稻田 CH_4 排放核算。稻田 CH_4 排放主要是稻田因淹水厌氧发酵产生的 CH_4 排放，其计算方法为

$$E_{CH_4} = \sum EF_k \times AD_k \tag{2.12}$$

式中：E_{CH_4} 为稻田 CH_4 排放总量；EF_k 为第 k 类稻田 CH_4 排放因子，采用《省级温室气体清单编制指南（试行）》推荐的默认值；AD_k 为该排放因子的水稻播种面积；k 为稻田类型，分别指单季水稻、双季早稻和晚稻。

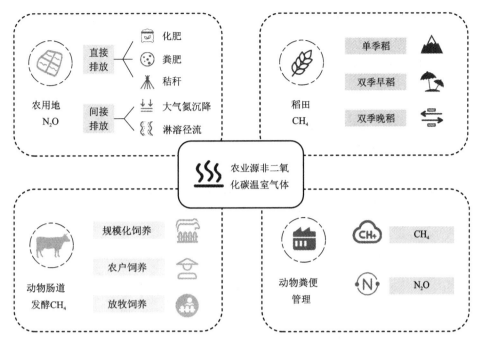

图 2.6 农业空间非 CO_2 温室气体来源

二是动物肠道发酵 CH_4 排放核算。动物肠道发酵 CH_4 排放是由于动物消化道内饲料被寄生的微生物发酵，并由动物口、鼻和直肠排出体外的 CH_4，不包括粪便的 CH_4 排放。动物肠道发酵 CH_4 排放源包括奶牛、非奶牛、水牛、山羊、绵羊、猪、马、驴、骡和骆驼，计算公式如下：

$$E_{CH_4,enteric,l} = EF_{CH_4,enteric,l} \times AP_l \times 10^{-7} \qquad (2.13)$$

式中：$E_{CH_4,enteric,l}$ 为第 l 种动物肠道发酵 CH_4 排放量；$EF_{CH_4,enteric,l}$ 为第 l 种动物的肠道发酵 CH_4 排放因子，采用《省级温室气体清单编制指南（试行）》推荐的默认值；AP_l 为第 l 类动物的数量。

三是动物粪便管理温室气体排放核算方法。动物粪便管理排放包括 CH_4 和 N_2O 排放两部分。其中，CH_4 排放是指在畜禽粪便到土壤之前动物粪便贮存和处理所产生的 CH_4（N_2O 暂不做讨论），排放源包括奶牛、非奶牛、水牛、山羊、绵羊、猪、马、驴、骡和骆驼，计算公式为

$$E_{m,l} = \sum_{l=1} EF_{m,l} \times AP_l \times 10^{-7} \qquad (2.14)$$

式中：$E_{m,l}$ 为动物粪便管理温室气体排放量，m 为动物粪便管理产生的 CH_4；$EF_{m,l}$ 为第 l 类动物粪便管理第 m 类温室排放因子。

2. 城镇空间碳源核算

城镇生产空间碳源主要来自人类衣、食、住、行、用等各类消费品利用化石能源导致的直接碳排放及消费品运输、仓储过程的间接碳排放。城镇居民在使用电力和热力时，

虽然没有直接消耗化石能源，但在工业生产过程中却耗费了比较多的其他化石能源，另外居民在生活过程中电力和热力的消耗量巨大。来自能源活动和工业生产过程的能源活动碳排放 C_e 计算公式可表示为

$$C_e = \sum_{i=1}^{n} Q_i \times K_i \times d_i \times h \times \frac{12}{44} \qquad (2.15)$$

式中：Q_i 为第 i 种能源折标煤系数；K_i 为第 i 种能源燃烧的 CO_2 排放因子；d_i 为第 i 种能源燃烧的碳氧化率（表 2.2）；h 为 1 kg 标准煤（1 kgce＝1 t 标准煤）的低位发热量。

表 2.2　工业用地碳排放相关系数

能源或工业产品类型	标准煤换算系数	单位	CO_2 排放因子/(kg CO_2/TJ)	碳氧化率
无烟煤	0.942 8	kgce/kg	98 300	0.94
一般烟煤	0.714 3	kgce/kg	94 600	0.93
褐煤	0.428 6	kgce/kg	101 000	0.96
其他洗煤	0.682 2	kgce/kg	94 600	0.93
焦炭	0.971 4	kgce/kg	107 000	0.93
天然气	1.214 3	kgce/m³	56 100	0.99
汽油	1.471 4	kgce/kg	74 100	0.98
柴油	1.457 1	kgce/kg	74 100	0.98
液化石油气	1.714 3	kgce/kg	63 100	0.98
润滑油	1.414 3	kgce/kg	73 300	0.98
石油焦	1.091 8	kgce/kg	97 500	0.98
其他石油制品	1.400 0	kgce/kg	73 300	0.98
电力	0.122 9	kgce/(kW·h)	98 800	—
生物质能	0.681 4	kgce/kg	106 750	0.96
余热余压	34.100 0	kgce/GJ	98 800	—
水泥	—	—	0.376	
电石	—	—	1.154	

注：标准煤换算系数参考《综合能耗计算通则》(GB/T 2589—2020)，能源燃烧的 CO_2 排放因子参考《IPCC 2006 年国家温室气体清单指南》(2019 年修订)，能源燃烧碳氧化率和水泥、电石生产过程的 CO_2 排放因子参考《省级温室气体清单编制指南（试行）》。

城镇生活空间碳源主要来自居民生活及人呼吸碳排放，由城镇常住人口和人体呼吸碳排放系数计算得到。人体呼吸碳排放系数取 79 kg C/人/a（匡耀求 等，2010）。

乡村居民点碳源主要来自农村居民生活对能源的使用，包括煤炭和秸秆燃烧，以及呼吸碳排放。秸秆燃烧碳排放 C_s 的计算公式如下：

$$C_s = \sum_{i=1}^{n} P_i \times S_c \times \theta_i \times a \times b \tag{2.16}$$

式中：n 为作物种类（种）；P_i 为第 i 种作物产量；S_c 为第 i 种作物谷草比；θ_i 为第 i 种作物秸秆燃烧碳排放系数（表 2.3）；a 为秸秆露天燃烧比；b 为秸秆燃烧效率。

表 2.3　谷草比和秸秆燃烧碳排放系数

作物类型	谷草比	秸秆燃烧碳排放系数/（kg C/kg）
稻谷	1.0	0.058
小麦	1.1	0.089
玉米	2.0	0.041
豆类	1.7	0.061
薯类	1.0	0.019
花生	1.5	0.040
油菜	3.0	0.068
其他油料	2.0	0.068
甘蔗	0.1	0.032
烤烟	1.0	0.032

注：作物谷草比参考刘刚等（2007）、刘鹏举（2019）的研究；秸秆燃烧碳排放系数参考何坚坚（2019）的研究。

道路碳排放主要计算公路和铁路运输过程的能源消耗而产生的碳排放。按照国际惯例，道路运输包括私人交通与公共交通（蔡博峰 等，2011）。公路运输主要消耗汽油和柴油，铁路运输碳排放源主要为内燃机车和电力机车。利用公路、铁路客货周转量和单位周转量碳排放量进行计算。

3. 陆地生态空间碳汇核算

森林、草地、湿地是陆地生态空间的主要类型。森林生物量和土壤中贮存大量的碳元素，是全球陆地生态系统的碳汇主体；天然草地和人工草地也具有一定的碳汇作用，但其生物量的固碳作用是气候中性的、短暂的，未退化的草地土壤具备一定的碳汇潜力。森林空间碳汇核算普遍采用以生物量为基础的计算方法，即测定的森林植被生物量与其碳含量百分比（即碳率）相乘。生物量测定可以通过样地调查法得到树种、林分高度及密度等数据，进而建立树种异速生长方程，最后得到不同区域、尺度下的森林生物量。此外，样地清查法、蓄积量法、生物量清单法、微气象学法、箱式法、陆地生态系统模型、遥感估算法等也是估算森林空间碳汇量的主要方法。

样地清查法是研究森林生态系统碳汇量的最经典方法之一（Fang et al., 1998；方精云 等，1996）。该方法通过建立典型样地，采用皆伐法、平均木材法和维量分析等林木测量方法，测定森林生态系统各组成部分的生物量，进而估算森林碳汇量，在小尺度森林碳储量估算中优势明显（路秋玲 等，2012）。

蓄积量法的基本原理是对森林主要树种抽取样本进行实地测定，通过计算求得森林各主要树种的平均容重和森林总蓄积量，由蓄积量与生物量的转换因子求出森林植被生物量，再通过生物量和含碳率求得各森林地上植被的碳储存量（吴家兵 等，2003）。该方法适用于测算全球、国家或流域等大尺度的森林碳汇量，具备操作简单、直观的特点。其不足之处在于，森林资源库存数据中一般数据参数不全，此外，该方法还忽略了土壤呼吸等影响森林生态系统碳汇测算的其他因素，会造成一定程度的核算误差（续珊珊，2014）。

生物量清单法是一种基于生物量与蓄积量关系的碳汇核算方法，其基本思想是森林蓄积量、树干密度、乔木层生物量和碳含量系数等几个参数的乘除法（王效科 等，2001）。可用于长时间序列、大空间尺度的森林碳汇量监测。不足之处是过度依赖森林资源清查数据，而受成本限制，数年一次的森林资源调查将无法保障对碳汇的实时动态监测。在具体计算时，首先测算各森林生态系统类型乔木层的碳贮存密度，然后再根据乔木层生物量与总生物量的比值，估算出各森林类型的单位面积总碳储量（Dixon et al., 1994）。计算公式为

$$C_i = V_i \times D_i \times \mathrm{SB} \times \mathrm{BT} \times C_\mathrm{C} \tag{2.17}$$

式中：C_i 为某树种总碳储量；V_i 为某森林类型的单位面积蓄积量；D_i 为某树种树干密度；SB 为树干生物量与乔木层生物量的比值；BT 为乔木层生物量与总生物量的比值；C_C 为植物总碳含量（令狐大智 等，2022）。

微气象学法是研究植被与大气间物质转移和能量交换通量的有效方法，其基本原理是通过测定风向、风速、温度、从地表到树冠顶层 CO_2 浓度的垂直梯度变化等相关物理量，来对整个森林系统 CO_2 输入流量和输出流量来进行估算（项文化 等，2003；Fowler et al., 1989）。近年来，随着气象技术的发展，碳交换通量微气象测量方法体系的逐步成熟，极大地推动了全球碳收支的研究进程，为准确估算森林植被碳汇量提供了科学依据（路秋玲 等，2012）。

箱式法（enclosures/chamber method）是一种常用的分析区域碳平衡的方法，其基本思路是把一部分森林植被放在一个密闭的系统中，测量 CO_2 浓度随时间的变化。箱式法相较于微气象学方法而言原理更为简单，可实现对森林生态系统各组成部分的测定，为全面了解生态系统功能提供定量数据（王文杰 等，2003）。其局限之处在于构造出的封闭空间与自然状况下的光温条件有所差异，进而使绿色植物的光合作用和呼吸作用存在误差。计算公式为

$$F = V \frac{\Delta C}{\Delta t} \tag{2.18}$$

式中：V 是密闭系统空间的体积；$\Delta C/\Delta t$ 为 CO_2 的变化速率。

陆地生态系统模型（terrestrial ecosystem model，TEM）是一种陆地生态系统动态仿真模型，其基本原理是利用不同区域空间分布的基础地理信息数据，如气候、纬度、土壤类型、植被、水分利用效率等来估算生态系统中碳和氮的流通量和碳库的大小（Melillo et al.，1993）。该模型由于使用了大量经验参数和经验公式，并未对光合作用等生物生理过程进行描述，因而在估计植物生产力和枝叶脱落的季节变化方面存在一定的局限性，且没有考虑土地利用方式的影响。

遥感估算法是大尺度森林生物量和碳汇量估测的主要方法，采用遥感手段获取各种植被状态参数信息，结合地面调查完成植被的时空序列分析，继而探究森林碳的时空分布及动态，并能够估算大尺度森林生态系统的碳储量及土地利用变化对碳储量的影响（周健 等，2013）。该方法具有完整、动态和快速智能识别等特点，其具体的核算公式也较为简单，基于土地利用碳汇系数计算生态空间碳汇率 C_i，计算公式为

$$C_i = S_i \times K_i \tag{2.19}$$

式中：S_i 为第 i 种生态空间类型的面积；K_i 为第 i 种生态空间的碳汇系数（kg C/hm^2/a）。针对不同空间碳汇系数引用较多的信息具体如下，林地碳汇系数参考方精云等（2007）的研究，草地碳汇系数参考赵亮（2012）的研究，湖泊湿地碳汇系数参考段晓男等（2008）的研究，河渠碳汇系数参考 Walsh（1991）的研究。

除上述各类方法外，实际生态空间碳源汇核算中也会将多种方法融合应用，特别是在估算大型森林生态系统碳汇储量等具体案例中（续珊珊，2014）。

4. 国土空间演变的碳流量

除上述的国土空间分类别碳源汇测算外，还应考虑国土空间演变过程中的碳流量。碳流模型则综合考虑了国土空间类型的转换过程，通过将农业、城镇和生态空间类型单位面积的净碳源或碳汇率（定义为碳代谢密度）及不同空间类型间转换的数量进行量化，具体公式如下（夏楚瑜，2019）：

$$f_{ij} = \Delta W \times \Delta S \tag{2.20}$$

$$\Delta W = W_j - W_i = \frac{V_j}{S_j} - \frac{V_i}{S_i} \tag{2.21}$$

式中：f_{ij} 为从农业、城镇和生态空间 j 流向空间 i 的碳流量（kg C）；ΔW 为碳代谢密度差；ΔS 为从空间 j 向空间 i 转移的面积；W_i 和 W_j 分别为空间 i 和空间 j 的净碳流密度；V_i 和 V_j 分别为空间 i 和空间 j 的净碳流量；S_i 和 S_j 分别为空间 i 和空间 j 的面积。国土空间演变过程中的碳流量计算结果可确定碳转移的方向及主导碳转移的空间类型。如果 $f_{ij} > 0$，说明这是一个积极的碳流，表现为碳排放减少或碳汇增加，有助于国土空间系统碳代谢平衡；如果 $f_{ij} < 0$，说明是消极的碳流，表征出碳排放增加或碳汇减少，可能会造成国土空间系统碳代谢失衡。

2.3.2　行政单元碳排放核算通用方法

1. 基于 IPCC 的国别及省域尺度的碳排放核算

《联合国气候变化框架公约》（以下简称《公约》）的缔约方一致达成的《巴黎协定》宣称：缔约方将加强应对全球气候变化的威胁，且全球将尽快实现温室气体排放达峰，21 世纪末争取实现温室气体净零排放。以把全球平均气温较工业化前水平升高幅度控制在 2℃内为目标，并为把升温控制在 1.5℃之内而努力。《公约》要求各缔约方采用缔约方大会议定的可比可靠的科学方法，定期编制国家温室气体排放清单。IPCC 为世界各国提供清单编制的方法学依据，其清单方法学指南成为世界各国编制国家清单的技术规范。其中，我国国家层面温室气体清单编制主要依据 IPCC（2006）公布的《IPCC 2006 国家温室气体排放清单》颁布的国际通用的国家碳排放核算体系，省级层面温室气体清单编制则是在 IPCC 方法指南的基础上由国家发展和改革委员会编写的《省级温室气体排放清单编制指南（试行）》为指导。

本书采用 IPCC（2006）推荐的方法，根据燃料的燃烧量及特定国家的排放因子进行估算，主要计算生产端视角加总各类能源消费产生的 CO_2 排放量，公式如下：

$$CE = \sum_i E_i \times NCV_i \times CC_i \times COF_i \times (44/12) \qquad (2.22)$$

式中：CE 为化石能源 CO_2 排放总量；E_i 为第 i 种能源消费量；NCV_i 为第 i 种能源平均低位发热量；CC_i 为第 i 种能源单位热值含碳量；COF_i 为第 i 种能源碳氧化因子；44/12 为 CO_2 和 C 分子量之比；$NCV_i \times CC_i \times COF_i \times (44/12)$ 即为第 i 种能源 CO_2 排放系数。研究依据《省级温室气体排放清单编制指南（试行）》收集了 8 种主要能源的排放系数（表 2.4）。

表 2.4　能源碳排放参考系数及排放系数

能源	平均低位发热值 /(kJ/kg)	折标准煤系数 /(kgce/kg)	单位热值含碳量 /(t-C/TJ)	碳氧化率	CO_2 排放系数 /(kg-CO_2/kg)
原煤	20 908	0.714 3	26.37	0.94	1.900 3
焦炭	28 435	0.971 4	29.50	0.93	2.860 4
原油	41 816	1.428 6	20.10	0.98	3.020 2
燃料油	41 816	1.428 6	21.10	0.98	3.170 5
汽油	43 070	1.471 4	18.90	0.98	2.925 1
煤油	43 070	1.471 4	19.50	0.98	3.017 9
柴油	42 652	1.457 1	20.20	0.98	3.095 9
天然气	38 931	1.330 0	15.30	0.99	2.162 2

注：低位发热值等于 29 307 kJ 的燃料，称为 1 千克标准煤（1 kgce）；CO_2 排放系数通过计算得到。

2. 基于夜间灯光数据的市（区县）尺度碳排放核算方法

基于夜间灯光数据模拟碳排放值的方法具有独特的时空连续性，为行政单元尺度碳排放的定量核算提供了可行方案（Kacprzyk et al.，2020；Lv et al.，2020；Wang et al.，2019），得到了广泛的应用。参考 Shi 等（2019）的研究方法，利用夜间灯光数据和已有能源统计资料反演市级或区县级能源碳排放量（图 2.7）。首先采用曹子阳等（2015）建立的方法对夜间灯光遥感影像进行预处理并获取市域或区县范围内的夜间灯光总值，同时采用 IPCC 公布的《IPCC 2006 国家温室气体排放清单》的碳排放核算方法计算具有能源统计数据城市的能源 CO_2 排放量；然后建立夜间灯光总值与相应的能源 CO_2 排放量统计值之间的关系方程，并验证是否具有较好的线性相关关系（相关系数 R^2 接近于 1）；继而基于建立的能源碳排放反演模型，模拟市域或区县时间序列能源消耗碳排放量；最后结合市域或区县的 GDP 统计数据，计算得到市域或区县的碳排放强度。

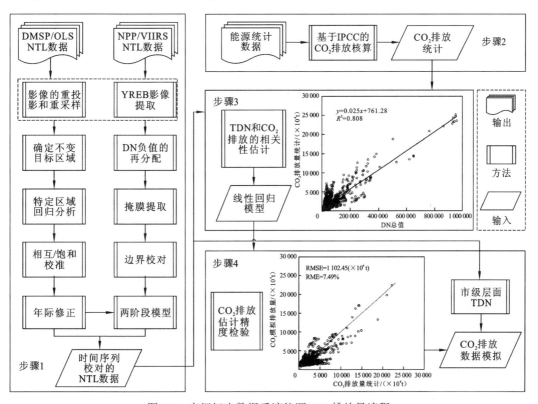

图 2.7　夜间灯光数据反演能源 CO_2 排放量流程

3. 基于全生命周期模型的碳排放核算

全生命周期模型（life cycle assessment，LCA）是一种用于评估与产品的整个生命周期相关的能源消耗和环境影响的技术，分为过程生命周期评价（process-based LCA，PLCA）、全生命周期投入产出评价（input-output LCA，IO-LCA）和混合生命周期评价

（hybrid-LCA，HLCA）模型，可用于商品和服务中的碳排放核算。全生命周期评价需要确定系统边界，整个模型囊括的系统边界越大，模型的精确度就越高（Zhan et al.，2018）。一般性 LCA 具有针对性强的特点，然而系统边界不能涵盖研究对象的整个生命周期，计算中不可避免地会出现截断错误，且全部数据通常是难以获取的，因此必须结合其他模型进行综合分析。IO-LCA 根据投入产出在产品生命周期中对中间使用、最终使用以及环境影响的清单，对产品的环境影响进行评估。它将投入产出表与传统的 LCA 相结合，利用输入/输出（input/output，IO）表可将国家内所有交易活动都记录在册的优势，减少了过程数据遗失错误。IO 过程在不同阶段提供了更详细的信息。目前 IO-LCA 方法已经被广泛运用于跟踪与产品相关的直接和间接生产过程分析，包括能源消耗、CO_2 排放等方面。混合生命周期分析结合了 PLCA 和 IO-LCA 的优点，根据研究对象的特点，在不同的生命周期阶段分别实施不同的全生命周期分析方法。如果系统边界清晰，则采用 PLCA，否则采用 IO-LCA。一般而言，在全生命周期分析的方法中，产品使用和报废阶段也可以纳入生命周期范围。最具代表性的 IO-LCA 基本模型矩阵如下：

$$X = (I - A)^{-1} F \tag{2.23}$$

式中：$X = \begin{bmatrix} x_1 \\ x_2 \\ \vdots \\ x_n \end{bmatrix}$，$A = \begin{bmatrix} a_{11} & a_{12} & \cdots & a_{1n} \\ a_{21} & a_{22} & \cdots & a_{2n} \\ \vdots & \vdots & & \vdots \\ a_{n1} & a_{n2} & \cdots & a_{nn} \end{bmatrix}$，$F = \begin{bmatrix} f_{11} & f_{12} & \cdots & f_{1n} \\ f_{21} & f_{22} & \cdots & f_{2n} \\ \vdots & \vdots & & \vdots \\ f_{n1} & f_{n2} & \cdots & f_{nn} \end{bmatrix}$，$(I-A)^{-1}$ 为列昂惕夫逆矩阵，F 为最终消费矩阵。

为了计算商品和服务中包含的 CO_2 排放量，基于碳强度（单位 GDP 的 CO_2 排放量）可以用数学公式表示碳排放量为

$$C = K(I - A)^{-1} F \tag{2.24}$$

式中：C 为用于最终需求的商品和服务中体现的总排放量；K 为所有地区所有经济部门的碳强度矢量。

参 考 文 献

白永飞，陈世苹，2018. 中国草地生态系统固碳现状、速率和潜力研究. 植物生态学报，42(3): 261-264.

蔡博峰，曹东，刘兰翠，等，2011. 中国交通二氧化碳排放研究. 气候变化研究进展，7(3): 197-203.

曹子阳，吴志峰，匡耀求，等，2015. DMSP/OLS 夜间灯光影像中国区域的校正及应用. 地球信息科学学报，17(9): 1092-1102.

陈帝伯，魏伟，周俊菊，等，2023. 中国省域碳源/碳汇强度及碳盈亏的空间演变. 经济地理，43(1): 159-168.

杜金霜，付晶莹，郝蒙蒙，2021. 基于生态网络效用的昭通市"三生空间"碳代谢分析. 自然资源学报，36(5): 1208-1223.

段晓男，王效科，逯非，等，2008. 中国湿地生态系统固碳现状和潜力. 生态学报，28(2): 463-469.

樊杰，2015. 中国主体功能区划方案. 地理学报，70(2): 186-201.

方精云, 郭兆迪, 朴世龙, 等, 2007. 1981～2000 年中国陆地植被碳汇的估算. 中国科学(D 辑: 地球科学), 37(6): 804-812.

方精云, 刘国华, 徐崇龄, 1996. 我国森林植被的生物量和净生产量. 生态学报, 16(5): 497-508.

何坚坚, 2019. 基于土地利用变化的黄河下游开封段背河洼地区碳排放测算与模拟研究. 郑州: 河南大学.

扈万泰, 王力国, 舒沐晖, 2016. 城乡规划编制中的"三生间"划定思考. 城市规划, 40(5): 21-26.

黄安, 许月卿, 卢龙辉, 等, 2020. "生产-生活-生态"空间识别与优化研究进展. 地理科学进展, 39(3): 503-518.

黄金川, 林浩曦, 漆潇潇, 2017. 面向国土空间优化的三生空间研究进展. 地理科学进展, 36(3): 378-391.

匡耀求, 欧阳婷萍, 邹毅, 等, 2010. 广东省碳源碳汇现状评估及增加碳汇潜力分析. 中国人口·资源与环境, 20(12): 56-61.

赖笑娟, 2021. 面向"碳达峰、碳中和"的广东省"三生"空间治理模式研究. 房地产世界(13): 25-27.

廖霄梅, 2018. 新型城镇化建设与产业结构优化协调发展的机制、问题及对策. 生态经济, 34(6): 111-116.

林刚, 江东, 付晶莹, 等, 2020. "三生"空间格局演化"碳流"分析: 以唐山市为例. 科技导报, 38(11): 107-114.

令狐大智, 罗溪, 朱帮助, 2022. 森林碳汇测算及固碳影响因素研究进展. 广西大学学报(哲学社会科学版), 44(3): 142-155.

刘刚, 沈镭, 2007. 中国生物质能源的定量评价及其地理分布. 自然资源学报, 22(1): 9-19.

刘鹏举, 2019. 昆明市景观格局变化及其对碳源碳汇的影响研究. 昆明: 云南大学.

刘昱, 陈敏鹏, 陈吉宁, 2015. 农田生态系统碳循环模型研究进展和展望. 农业工程学报, 31(3): 1-9.

路秋玲, 王国兵, 杨平, 等, 2012. 森林生态系统不同碳库碳储量估算方法的评价. 南京林业大学学报(自然科学版), 36(5): 155-160.

欧阳志云, 朱春全, 杨广斌, 等, 2013. 生态系统生产总值核算: 概念、核算方法与案例研究. 生态学报, 33(21): 6747-6761.

朴世龙, 何悦, 王旭辉, 等, 2022. 中国陆地生态系统碳汇估算: 方法、进展、展望. 中国科学: 地球科学, 52(6): 1010-1020.

田云, 张俊飚, 2013. 中国农业生产净碳效应分异研究. 自然资源学报, 28(8): 1298-1309.

王凯雄, 姚铭, 许利君, 2001. 全球变化研究热点: 碳循环. 浙江大学学报 (农业与生命科学版), 27(5): 473-478.

王力国, 2017. 城乡规划中"三生空间"与城市开发边界的空间关系//中国城市规划学会, 东莞市人民政府. 持续发展 理性规划: 2017 中国城市规划年会论文集(12 城乡治理与政策研究): 9.

干文杰, 干景华, 毛子军, 等, 2003. 森林生态系统 CO_2 通量的研究方法及研究进展. 生态学杂志, 22(5): 102-107.

王效科, 冯宗炜, 欧阳志云, 2001. 中国森林生态系统的植物碳储量和碳密度研究. 应用生态学报, 12(1): 13-16.

吴家兵, 张玉书, 关德新, 2003. 森林生态系统 CO_2 通量研究方法与进展. 东北林业大学学报, 31(6):

49-51.

夏楚瑜, 2019. 基于土地利用视角的多尺度城市碳代谢及 "减排" 情景模拟研究. 杭州: 浙江大学.

项文化, 田大伦, 闫文德, 2003. 森林生物量与生产力研究综述. 中南林业调查规划, 22(3): 57-60.

谢高地, 张彩霞, 张昌顺, 等, 2015. 中国生态系统服务的价值. 资源科学, 37(9): 1740-1746.

谢启姣, 刘进华, 2020. 1987—2016 年武汉城市湖泊时空演变及其生态服务价值响应. 生态学报, 40(21): 7840-7850.

谢余初, 巩杰, 张素欣, 等, 2018. 基于遥感和 InVEST 模型的白龙江流域景观生物多样性时空格局研究. 地理科学, 38(6): 979-986.

熊健, 卢柯, 姜紫莹, 等, 2021. "碳达峰、碳中和" 目标下国土空间规划编制研究与思考. 城市规划学刊(4): 74-80.

续珊珊, 2014. 森林碳储量估算方法综述. 林业调查规划, 39(6): 28-33.

薛明皋, 邢路, 王晓艳, 2018. 中国土地生态系统服务当量因子空间修正及价值评估. 中国土地科学, 32(9): 81-88.

尹钰莹, 郝晋珉, 牛灵安, 等, 2016. 河北省曲周县农田生态系统碳循环及碳效率研究. 资源科学, 38(5): 918-928.

张帆, 宣鑫, 金贵, 等, 2023. 农业源非二氧化碳温室气体排放及情景模拟. 地理学报, 78(1): 35-53.

张赛, 王龙昌, 2013. 全球变化背景下农田生态系统碳循环研究. 农机化研究, 35(1): 4-9.

张翼然, 周德民, 刘苗, 2015. 中国内陆湿地生态系统服务价值评估: 以 71 个湿地案例点为数据源. 生态学报, 35(13): 4279-4286.

赵亮, 2012. 城镇区域碳源碳汇时空格局研究. 西安: 西北大学.

赵荣钦, 李志萍, 韩宇平, 等, 2016. 区域 "水-土-能-碳" 耦合作用机制分析. 地理学报, 71(9): 1613-1628.

赵荣钦, 秦明周, 2007. 中国沿海地区农田生态系统部分碳源/汇时空差异. 生态与农村环境学报, 23(2): 1-11.

赵荣钦, 张帅, 黄贤金, 等, 2014. 中原经济区县域碳收支空间分异及碳平衡分区. 地理学报, 69(10): 1425-1437.

周健, 肖荣波, 庄长伟, 等, 2013. 城市森林碳汇及其核算方法研究进展. 生态学杂志, 32(12): 3368-3377.

COSTANZA R, D'ARGE R, DE GROOT R, et al., 1997. The value of the world's ecosystem services and natural capital. Nature, 387: 253-260.

DIXON R K, SOLOMON A M, BROWN S, et al., 1994. Carbon pools and flux of global forest ecosystems. Science, 263(5144): 185-190.

FANG J Y, WANG G G, LIU G H, et al., 1998. Forest biomass of China: An estimate based on the biomass-volume relationship. Ecological Applications, 8(4): 1084-1091.

FOWLER D, DUYZER J H, 1989. Micrometeorological techniques for the measurement of trace gas exchange. New Jersey: John Wiley & Sons.

FRANK S, HAVLÍK P, STEHFEST E, et al., 2019. Agricultural non-CO_2 emission reduction potential in the context of the 1.5 C target. Nature Climate Change, 9(1): 66-72.

IPCC, 2014. AR5 Synthesis Report: Climate Change 2014. Geneva.

IPCC, 2006. Guidelines for national greenhouse gas inventories. Prepared by the National Greenhouse Gas Inventories Programme.

KACPRZYK A, KUCHTA Z, 2020. Shining a new light on the environmental Kuznets curve for CO_2 emissions. Energy Economics, 87: 104704.

KATES R W, CLARK W C, CORELL R, et al., 2001. Sustainability science. Science, 292: 641-642.

LV Q, LIU H B, WANG J T, et al., 2020. Multiscale analysis on spatiotemporal dynamics of energy consumption CO_2 emissions in China: Utilizing the integrated of DMSP-OLS and NPP-VIIRS nighttime light datasets. Science of the Total Environment, 703: 134394.

MELILLO J M, MCGUIRE A D, KICKLIGHTER D W, et al., 1993. Global climate change and terrestrial net primary production. Nature, 363(6426): 234-240.

SHI K F, YU, B L, ZHOU, Y Y, et al., 2019. Spatiotemporal variations of CO_2 emissions and their impact factors in China: A comparative analysis between the provincial and prefectural levels. Applied Energy, 233-234: 170-181.

SOLOMON S, QIN D, MANNING M, et al., 2007. Summary for policymakers//IPCC. Climate Change 2007: The Physical Science Basis. Contribution of Working Group I to the Fourth Assessment Report of the Intergovernmental Panel on Climate Change. New York: Cambridge University Press.

USEPA, 2012. Global anthropogenic non-CO_2 greenhouse gas emissions: 1990-2020. Washington D. C..

WALSH J J, 1991. Importance of continental margins in the marine biogeochemical cycling of carbon and nitrogen. Nature, 350(6313): 53-55.

WANG S J, SHI C Y, FANG C L, et al., 2019. Examining the spatial variations of determinants of energy-related CO_2 emissions in China at the city level using geographically weighted regression model. Applied Energy, 235: 95-105.

ZHAN J Y, LIU W, WU F, et al., 2018. Life cycle energy consumption and greenhouse gas emissions of urban residential buildings in Guangzhou city. Journal of Cleaner Production, 194: 318-326.

第 3 章
"双碳"目标下国土空间优化的理论方法体系

国土空间优化是基于人类活动的功能需求和人地关系特征,通过探寻空间规律、开展空间选择、形成空间支撑来化解空间功能的竞争与冲突,促进人与自然和谐共生。国土空间碳排放与人口规模、产业结构、生活水平等密切关系,在制定未来时期国土空间优化方案时,需要充分考虑"双碳"目标对社会经济宏观形势、国土空间利用方式等的关键影响。碳排权实际上是一种发展权,深刻影响社会各群体的权益分配,关乎国家命运和民生发展。这决定了实现"双碳"目标不止于追逐效率,在"双碳"目标下做大蛋糕,推动地区的技术进步和绿色转型;也在于追求公平,要在"双碳"目标下分好蛋糕,杜绝忽视历史累计和当前人均的不公平行为,完善区域间、主体间的碳排放权益分配原则。基于此开展国土空间布局优化符合空间治理的价值追求和发展方向。即便塑造"双碳"目标下的国土空间发展格局道阻且长,但正如弗洛伊德在《自我与本我》书中反复提及的那句经典名言"不能飞行达之,则应跛行至之",未来需要更多富有人文情怀和科学素养的观点与思考注入理论方法体系构建中。

3.1 "双碳"目标下国土空间碳排放权分配

3.1.1 公平视角下国土空间碳排放权分配

1. 紧缩与趋同原则

紧缩与趋同原则由英国世界资源研究所提出,其思路是远期全球CO_2浓度趋于稳定,设定目标年全球统一的人均碳排放量目标,发达国家人均碳排放量逐渐降低、发展中国家人均碳排放量逐渐升高,最终实现发达国家和发展中国家人均碳排放量趋同。该原则下人均碳排放量可采用的公式表达如下(郑玉琳 等,2017;王倩 等,2014):

$$q(Y_i) = q_{ed}(Y_0) \cdot f(x) = q_{ing}(Y_0) \cdot g(x) \tag{3.1}$$

式中:q为人均碳排放量;Y_0为起始年份;Y_i为终止年份;q_{ed}表示发达国家或地区人均碳排放量;q_{ing}表示发展中国家或地区人均碳排放量;$f(x)$表示相对发达地区的人均碳排放量的趋势减函数;$g(x)$表示相对落后地区的人均碳排放量的趋势增函数。虽然该原则要求目标年份各地区人均碳排放量保持一致,实现特定年份区域维持相同的碳发展权,但该原则忽视了资本积累是社会经济发展的重要驱动力,更有利于工业化末端或经济发达的国家或地区,是一类时点公平的碳配额方案。

2. 人均累计碳排放量原则

人均累计碳排放量原则是比紧缩与趋同原则更加公平的碳排放量分配原则,将目标年人均碳排放量趋同拓展至国家或地区工业化以后全部人口的人均碳排放量趋同。该原则充分考虑了社会经济增长的循环累计效应,是更加公平的国别或地区碳排放量分配原则。目前,针对人均累计碳排放量原则已经开展大量研究,并根据具体参数和度量标准差异,形成了终期人口测算法、逐期人均碳排放量累加法、终期人口结构加权法等。

1)终期人口测算法

该方法假设社会经济发展成果最终由当前国家或地区人口享受,因此计算由初始年起该国家或地区至今全部的碳排放总量,将人口数量设定为当前人口数量,同时两者相除即可得出终期年人均累计碳排放量。其公式如下:

$$q_{accu}(Y_i) = Q_{accu}(Y_i)/P(Y_i) = \sum_{y=y_0}^{y_i} Q(Y) \bigg/ P(Y_i) \tag{3.2}$$

式中:q_{accu}为人均历史累计碳排放量;Y_0为起始年份;Y_i为终止年份,某国家或地区在第i年的人口为$P(Y_i)$,碳排放量为$Q(Y_i)$。

2)逐期人均碳排放量累加法

该方法假设在指定时间内各国家或地区人口具有相同的碳排放权,其中人均碳排放量已经超出平均水平的国家或地区，其减排放缺口由其子辈承担；人均碳排放量尚未达到平均水平的国家或地区，其发展权利由其子辈享有。逐期人均排放量累加法赋予任意年份相同权重，叠加计算出特定时期人均累计碳排放量。公式表示如下：

$$q_{accu}(Y_i) = \sum_{y=y_0}^{y_i} q(Y) = Q(Y)/P(Y) \tag{3.3}$$

式中：q_{accu} 为人均历史累计碳排放量；$P(Y)$ 为某国家或地区在特定时期内逐年人口之和；$Q(Y)$ 为碳排放总量。

3）终期人口结构加权法

该方法是终期人口测算法的拓展，分别计算各年龄人口的累计碳排放量，将人口结构特征纳入人均碳排放量测算框架，考察现存人口自身的历史排放责任。设定区域人口年龄服从ϕ函数，其中年龄最小者为 0，年龄最长者为 N，则基于人口结构的人均累计排放量表示如下：

$$q_{accu}(Y_i) = \sum_{j=0}^{N} \phi_j(Y_i) \sum_{Y=Y_{i-j}}^{Y_i} q(Y) = \sum_{j=0}^{N} \phi_j(Y_i) \sum_{Y=Y_{i-j}}^{Y_i} Q(Y)/P(Y) \tag{3.4}$$

3. 基于消费端的碳排放分配原则

不同于传统基于生产原则进行碳排放量的核算与分配，基于消费端的碳排放分配原则更加符合生产和消费全球化模式，凸显商品消费国家或地区的减排职责（樊纲 等，2010）。具体思路是将传统商品生产和消费的静态观测动态化，基于产品全生命周期过程，将投资视作生产过程中的中间产品，分离国际贸易中消费品的生产国和消费国，厘清碳排放量的国别或地区归属，并根据最终产品流向，将最终产出（Y）划分为消费（C）、投资（I）和净出口（NX），公式如下：

$$C_{it} + I_{it} + NX_{it} = Y_{it} \tag{3.5}$$

式中：下标 t 为第 t 单元；下标 i 为第 i 年。

基于消费端的碳排放拓展了传统碳排放量核算方法，提供了一种碳排放量地域分配的可能方案，区分了产品生产和消费的差异，维护了商品生产地居民的消费权益，部分缓解了后发国家或地区可能面临的控碳压力。

3.1.2 效率视角下国土空间碳排放权分配

1. 传统 DEA 模型

CCR（Charnes-Cooper-Rhodes）和 BCC（Banker-Charnes-Cooper）模型是经典的传统数据包络分析（data envelopment analysis，DEA）模型，被广泛运用于各种效率的测算与研究中。其中，前者假设规模报酬不变（constant return to scale，CRS），后者假设规模报酬变化（variable return to scale，VRS）。由于 BCC 模型拓展了规模有效性的识别模块，通常被认为具有更加优秀的现实刻画能力（魏权龄，2000）。BCC 模型假设有

N 个决策单元在时间 T 内采用相同的 I 种投入获取了 J 种产出，即不同时段内投入要素和产出要素的构成相对稳定。将其映射至投入产出指标体系中，采用 x 和 y 分别表征投入指标和产出指标，不考虑时间变化的决策单元 i 的投入和产出数据集合可记作 $x_i = (x_{1n}, x_{2n}, x_{3n}, \cdots, x_{mn})$，$y_i = (y_{1n}, y_{2n}, y_{3n}, \cdots, y_{sn})$，则 BCC 模型表示如下（Fried et al., 2002）：

$$
(D_\varepsilon^I)
\begin{cases}
\min[\theta - \varepsilon(\hat{e}^T s^- + e^T s^+)] \\
\sum_{j=1}^{n} X_j \lambda_j + s^- = \theta X_0 \\
\sum_{j=1}^{n} Y_j \lambda_j - s^+ = Y_0 \\
\lambda_j \geqslant 0 \ (j = 1, 2, \cdots, n; \ s^- \geqslant 0, \ s^+ \geqslant 0) \\
\sum_{j=1}^{n} \lambda_j = 1
\end{cases}
\tag{3.6}
$$

式中：$\theta(0 < \theta < 1)$ 为碳排放效率；λ_j 为权重变量；$s^-(s^- \geqslant 0)$ 为松弛变量，表示投入冗余量；$s^+(s^+ \geqslant 0)$ 为剩余变量，表示产出不足量；ε 为阿基米德无穷小；X 为投入向量；Y 为产出向量；j 为第 j 个单元；$\hat{e}$ 为元素为 1 的向量。

基于该模型测算的碳排放效率存在如下方面不足：其一，该效率本质上是各种投入（劳动力、资本、土地等初级投入）、期望产出（经济效益、社会效益等）和非期望产出（碳排放量、环境污染物等）的技术效率，仅能反映综合投入产出效益；其二，效率值与投入产出组合相关，虽然也可表现要素的投入冗余和产出不足情况，但仅反映各类投入和产出的等比例变化潜力，无法准确揭示碳排放量的可缩减能力；其三，该模型无差异处理期望产出和非期望产出，这无法反映资源节约、环境友好的可持续发展理念（柯新利 等，2014）。

2. 零和收益 DEA 模型

DEA 模型假定决策单元的投入量、产出量与其他决策单元无显著相关性，即各决策单元的投入产出关系相互独立，仅作效率数值的横向大小比较。然而，资源的稀缺性决定了基于效率的优化配置与其他个体紧密相关，无法孤立开展全局效率最优化评估。"双碳"目标规定了碳排放量的路径过程，对碳排放量的上限做出了严格的限定（林坦 等，2011）。因此，基于效率的国土空间碳排放权分配需要在碳排放效率评估的基础上充分考虑碳排放权的零和博弈行为，也即是充分考量碳排放权的个体配置方案，实现碳排放的社会经济效益最大化（王勇 等，2017）。Lins 等（2003）首次提出了零和收益 DEA 模型，该模型中决策单元通过减少投入（或增加产出）的方式达到技术有效，相应地其他决策单元会增加投入（或减少产出）以保持投入（或产出）总量不变的要求，这为零和博弈思维下的效率评估提供了可行的技术方案。"双碳"目标下，CO_2 作为基本投入或作为非期望产出嵌入技术效率分析框架，并假设决策单元为达到技术有效仅能减少 CO_2 排放量，并将超额的碳排放量通过特定分配机制传递给其他决策单元（郑立群，2012），此时分配给其他决策单元的碳排放量可表示如下：

$$v = x_0 - \delta_0 x_0 \tag{3.7}$$

式中：v 为决策单元的碳排放额剩余量；x_0 为决策单元的实际碳排放额；δ_0 为决策单元的零和 DEA 效率值。假设该决策单元的碳排放剩余量 v 按照比例关系分配给其余决策单元，其中决策单元 i 获得的额外碳排放量配额如下：

$$\frac{x_i}{\sum_{i \neq 0} x_i} x_0 (1 - \delta_0) \tag{3.8}$$

逐一对全部决策单元进行比例变化后，各决策单元的碳排放额将调整为 x_i'：

$$x_i' = \sum_{i \neq 0} \left[\frac{x_i}{\sum_{i \neq 0} x_i} x_0 (1 - \delta_0) \right] - x_i (1 - \delta_i) \tag{3.9}$$

基于此，投入导向下的零和收益 DEA 模型：

$$\min \delta_0$$

$$\text{s.t.} \begin{cases} \sum_{i=1}^{n} \lambda_i y_{ij} \geqslant y_{0j} \quad (j = 1, 2, 3 \cdots) \\ \sum_{i=1}^{n} \lambda_i = 1 \\ \sum_{i=1}^{n} \lambda_i x_i \left[1 + \frac{x_0 (1 - \delta_0)}{\sum_{i \neq 1}^{n} x_i} \right] \leqslant \delta_0 x_0 \\ \lambda_i > 0 \end{cases} \tag{3.10}$$

基于上述的碳排放量分配过程可知，技术无效决策单元通过比例分配多余碳排放量促进决策单元由技术无效转变为技术有效状态，但一次性的分配方式构成的投入产出新组合会造成与理想投入产出组合的偏离，仍无法严格满足所有决策单元转变为技术有效单元，仍需进一步调整决策单元的碳排放额。一般而言，比例消减公式法和迭代法是比较常用的技术方法，其中后者采用迭代优化的思想逐步压缩富余碳排放量至可行阈值范围内，具有极强的现实操作性，被广泛运用于效率视角下的碳排放权分配方案设计中。值得说明的是，零和收益 DEA 模型考虑将富余碳排放量分摊至所有其他决策单元中，而非缩减绝对碳排放量，这必然造成了部分决策单元的效率损失与全体决策单元的效率下降，因此零和收益 DEA 模型的生产边界相较传统 DEA 模型的生产边界更低。

3.1.3　兼顾公平与效率的国土空间碳排放权分配

国土空间碳排放权作为一种发展权与公平和效率密切相关，只重视公平而忽视效率和只重视效率而忽视公平都可能造成公平与效率的同步缺失。从公平和效率的对立统一关系建立兼顾公平与效率的国土空间碳排放权分配方案是一种符合国情和社会现实的方案。在该方案下，建立包含公平和效率的表征指标体系，包括碳的全要素生产率、资源利用效率和经济活力等效率维度指标，发展权益、收入分配和生活保障等公平维度指标，并采用层次分析法（analytic hierarchy process，AHP）和有序加权平均算法（ordered weighted averaging，OWA）构建公平与效率可调节的碳排放配额机制，形成公平和效率同一框架下国土空间碳排放权动态分配路径。

1. 效率维的碳排放指标体系

1）碳的全要素生产率：能源的综合利用观测指标

瑞典经济学家 Malmquist（1953）首次提出 Malmquist 生产率的概念，随后 Caves 等（1982）将 DEA 方法引入 Malmquist 生产率测算，推动 Malmquist 生产率由纯粹理论层面的讨论拓展至"理论+应用"层面的研究。在特定技术水平上，t 和 $t+1$ 期的 Malmquist 生产率指数由距离函数 D_C 定义为

$$M_t(x^t, y^t, x^{t+1}, y^{t+1}) = \frac{D_C^t(x^{t+1}, y^{t+1})}{D_C^t(x^t, y^t)}$$

$$M_{t+1}(x^t, y^t, x^{t+1}, y^{t+1}) = \frac{D_C^{t+1}(x^{t+1}, y^{t+1})}{D_C^{t+1}(x^t, y^t)}$$

(3.11)

由于 t 和 $t+1$ 期的 Malmquist 生产率指数具有经济对称性，因此按照理想指数模型将其几何平均数作为全要素生产率指数（Färe et al.，1992）：

$$M_t(x^t, y^t, x^{t+1}, y^{t+1}) = (M_t \cdot M_{t+1})^{1/2} = \left[\frac{D_C^t(x^{t+1}, y^{t+1})}{D_C^t(x^t, y^t)} \frac{D_C^{t+1}(x^{t+1}, y^{t+1})}{D_C^{t+1}(x^t, y^t)} \right]^{1/2}$$

(3.12)

Ray 等（1997）将 Malmquist 生产率分解为技术效率变动、技术进步和规模报酬变动，其公式如下：

$$M_t(x^t, y^t, x^{t+1}, y^{t+1}) = \frac{D_V^{t+1}(x^{t+1}, y^{t+1})}{D_V^t(x^t, y^t)} \times \left[\frac{D_V^t(x^t, y^t)}{D_V^{t+1}(x^t, y^t)} \frac{D_V^t(x^{t+1}, y^{t+1})}{D_V^{t+1}(x^{t+1}, y^{t+1})} \right]^{1/2}$$

$$\times \left[\frac{D_C^t(x^{t+1}, y^{t+1}) / D_V^t(x^{t+1}, y^{t+1})}{D_C^t(x^t, y^t) / D_V^t(x^t, y^t)} \frac{D_C^{t+1}(x^{t+1}, y^{t+1}) / D_V^{t+1}(x^{t+1}, y^{t+1})}{D_C^{t+1}(x^t, y^t) / D_V^{t+1}(x^t, y^t)} \right]^{1/2}$$ (3.13)

$$= \text{TEC} \times \text{TC} \times \text{SEC}$$

式中：TEC 为技术效率变化；TC 为技术变化；SEC 为规模效率变化。TEC 反映两时期决策单元与当期生产前沿面的距离变化，表明特定技术水平下该决策单元投入可缩减或产出可扩张的能力；TC 反映两时期生产前沿面的移动特征，表明全体决策单元的技术水平变化情况；SEC 反映规模报酬的时间变化特性，表明投入或产出的规模变动引起的边际效用变化。

与传统 DEA 模型分析相同，假设生产过程中投入要素包括资本（K）、劳动力（L）和土地（E），产出要素包括期望产出（经济产值，O）和非期望产出（碳排放，U）。定义投入向量 $x=(K, L, E) \in R_N^+$，产出向量 $O = R_M^+$ 和 $U = R_L^+$，此时环境生产技术可表示如下：

$$P(K, L, E) = \{(K, L, E, O, U) : (K, L, E) \text{ can produce } (O, U)\}$$ (3.14)

方向距离函数模型中可适当调整期望产出和非期望产出的数量关系，也即是沿着特定方向增加期望输出的同时减少非期望产出。当方向向量设置为 $p = (p_O, p_U)$ 时，经济产

值和碳排放量分别沿 p_O 方向和 p_U 方向等比例增减。此时，方向距离函数表示如下：

$$D(K,L,E,O,U)=\sup\{\beta:(O+\beta p_O,\ U-\beta p_U)\in P(K,L,E)\} \tag{3.15}$$

式中：$D(K,L,E,O,U)$ 表示期望产出最大、非期望产出最小的距离函数值。相应地，碳的全要素生产率（TCEI）被定义为

$$\text{TCEI}=1-D(K,L,E,O,U) \tag{3.16}$$

通常，方向距离函数值可采用参数法或非参数法进行估计，前者由于将随机因素干扰考虑在内，成为近年方向距离函数测算的重要手段之一（Zhang et al.，2020）。通常，可将生产函数设定为二次型、translog 和 Cobb-Douglas 生产函数等形式。此处以 translog 生产函数为例，方向距离函数可表示为

$$
\begin{aligned}
\ln D_{it} = {} & A+\beta_K\ln K_{it}+\beta_L\ln L_{it}+\beta_E\ln E_{it}+\beta_O\ln O_{it}+\beta_U\ln U_{it} \\
& +\beta_{KL}\ln K_{it}\ln L_{it}+\beta_{KE}\ln K_{it}\ln E_{it}+\beta_{KO}\ln K_{it}\ln O_{it} \\
& +\beta_{KU}\ln K_{it}\ln U_{it}+\beta_{LE}\ln L_{it}\ln E_{it}+\beta_{LO}\ln L_{it}\ln O_{it} \\
& +\beta_{LU}\ln L_{it}\ln U_{it}+\beta_{EO}\ln E_{it}\ln O_{it}+\beta_{EU}\ln E_{it}\ln U_{it} \\
& +\beta_{OU}\ln O_{it}\ln U_{it}+1/2\beta_{KK}(\ln K_{it})^2+1/2\beta_{LL}(\ln L_{it})^2 \\
& +1/2\beta_{EE}(\ln E_{it})^2+1/2\beta_{OO}(\ln O_{it})^2+1/2\beta_{UU}(\ln U_{it})^2+v_{it}
\end{aligned}
\tag{3.17}
$$

式中：D_{it} 表示决策单元 i 在 t 年的距离函数值；β 为待估参数；K、L、E 为投入变量。

根据方向距离函数的转化性（Färe et al.，2005，1989），经济产值在 p_O 方向增加 a 单位，碳排放量在 p_U 方向减少 a 单位，则方向距离函数值减少 a 单位。公式如下：

$$D(K_{it},L_{it},E_{it},O_{it}+ap_O,U_{it}-ap_U)=D_{it}-a \tag{3.18}$$

令 $a=U_{it}$，则上式可改写为如下形式：

$$
\begin{aligned}
D_{it}-U_{it} & =D(K_{it},L_{it},E_{it},O_{it}+U_{it},U_{it}-U_{it}) \\
& =D(K_{it},L_{it},E_{it},O_{it}+U_{it},0)
\end{aligned}
\tag{3.19}
$$

同理，转化后的方向距离函数采用超越对数生产函数表达如下：

$$
\begin{aligned}
\ln D(K_{it},L_{it},E_{it},O_{it}+U_{it},0) = {} & A+\beta_K\ln K_{it}+\beta_L\ln L_{it}+\beta_E\ln E_{it}+\beta_O\ln(O_{it}+U_{it}) \\
& +\beta_{KL}\ln K_{it}\ln L_{it}+\beta_{KE}\ln K_{it}\ln E_{it}+\beta_{KO}\ln K_{it}\ln(O_{it}+U_{it}) \\
& +\beta_{LE}\ln L_{it}\ln E_{it}+\beta_{LO}\ln L_{it}\ln(O_{it}+U_{it})+\beta_{EO}\ln E_{it}\ln(O_{it}+U_{it}) \\
& +\beta_{EU}\ln E_{it}\ln U_{it}+1/2\beta_{KK}(\ln K_{it})^2+1/2\beta_{LL}(\ln L_{it})^2 \\
& +1/2\beta_{EE}(\ln E_{it})^2+1/2\beta_{OO}[\ln(O_{it}+U_{it})]^2+v_{it}
\end{aligned}
\tag{3.20}
$$

令 $\eta_{it}=\ln D(K_{it},L_{it},E_{it},O_{it}+U_{it})$，则上式可改写为标准的随机前沿模型形式：

$$
\begin{aligned}
-\ln U_{it} = {} & A+\beta_K\ln K_{it}+\beta_L\ln L_{it}+\beta_E\ln E_{it}+\beta_O\ln(O_{it}+U_{it}) \\
& +\beta_{KL}\ln K_{it}\ln L_{it}+\beta_{KE}\ln K_{it}\ln E_{it}+\beta_{KO}\ln K_{it}\ln(O_{it}+U_{it}) \\
& +\beta_{LE}\ln L_{it}\ln E_{it}+\beta_{LO}\ln L_{it}\ln(O_{it}+U_{it})+\beta_{EO}\ln E_{it}\ln(O_{it}+U_{it}) \\
& +\beta_{EU}\ln E_{it}\ln U_{it}+1/2\beta_{KK}(\ln K_{it})^2+1/2\beta_{LL}(\ln L_{it})^2 \\
& +1/2\beta_{EE}(\ln E_{it})^2+1/2\beta_{OO}[\ln(O_{it}+U_{it})]^2+v_{it}-\eta_{it}
\end{aligned}
\tag{3.21}
$$

式中：η_{it} 是决策单元 i 在 t 年的对数化方向距离函数值。

由于方向距离函数具有齐次属性，部分待估参数需满足如下等式：

$$\beta_O - \beta_U = -1$$
$$\beta_{OO} = \beta_{OU} = \beta_{UU}$$
$$\beta_{KO} = \beta_{KU} \qquad\qquad (3.22)$$
$$\beta_{LO} = \beta_{LU}$$
$$\beta_{EO} = \beta_{EU}$$

2）资源利用效率：投入要素的经济产出观测指标

资源利用效率用以评估维持当前资源投入下期望产出可增加的能力或维持当前产出下资源投入可减少的能力，是衡量资源利用成效的重要指标。不同于全要素生产率刻画碳约束下经济增长的综合利用特征，资源利用效率采用单要素生产率刻画经济产出与资源利用数量的比值特征。通常，社会经济生产活动中的主要投入包括劳动力、资本、土地、能源等，因此资源利用效率主要包括劳动利用效率、资本利用效率、土地利用效率和能源利用效率等，公式如下：

$$\text{RUE}_L = \text{GDP}/L$$
$$\text{RUE}_K = \text{GDP}/K$$
$$\text{RUE}_{\text{Land}} = \text{GDP}/\text{Land} \qquad\qquad (3.23)$$
$$\text{RUE}_E = \text{GDP}/E$$

式中：RUE 为资源利用效率；L、K、Land 和 E 分别为劳动、资本、土地和能源。

3）经济活力指标：生产活动中结构特征观测指标

经济活力从经济增值能力和经济增长潜力两方面刻画生产活动的经济结构特征（孙敬水 等，2013）。其中，经济增值能力包括 GDP 增长率和固定资产投资增长率等，经济增长潜力包括第二三产业增加值比重、研究与试验发展（research and experimental development，R&D）经费支出比重、高新技术产业产值比重等。

GDP 增长率（GDPR）为年度 GDP 增长率，公式如下：

$$\text{GDPR} = \text{GDP}_t/\text{GDP}_{t-1} \qquad\qquad (3.24)$$

式中：下标 t 为年度。

固定资产投资增长率（InvestR）为年度固定资产投资增长率，公式如下：

$$\text{InvestR} = \text{Invest}_t/\text{Invest}_{t-1} \qquad\qquad (3.25)$$

第二三产业 GDP 比重为第二三产业 GDP 占年度总 GDP 比重，反映地区经济结构特征，公式如下：

$$\text{GDPR}_{2,3} = (\text{GDP}_2 + \text{GDP}_3)/\text{GDP} \qquad\qquad (3.26)$$

式中：下标 2 表示第二产业；下标 3 表示第三产业。

R&D 经费支出比重为 R&D 经费支出与年度 GDP 的比值，反映科技研究活动投入的经济份额 R&DR，其公式如下：

$$\text{R\&DR}_{2,3} = \text{R\&D}/\text{GDP} \qquad\qquad (3.27)$$

高新技术产业产值比重为高新技术产业总产值与年度 GDP 的比值，反映高新技术产业在经济增长的构成，其公式如下：

$$GDPR_{h\&t} = GDP_{h\&t}/GDP \tag{3.28}$$

式中：下标 h&t 表示高新技术产业。

2. 公平维的碳排放指标体系

1）发展权益指标：个人发展能力的观测指标

发展权益指标表征社会成员平等享受发展的机会，从而提高个人能力和未来价值，包括获得基础教育、高等教育的机会。基于中国国情和发展趋势，发展权益指标可设置为义务教育普及率、高等教育入学率、教育经费占 GDP 比重等（叶晓佳 等，2015）。

义务教育普及率（compulsory education ratio，CER）为义务教育的人口（population，POP_{CE}）占总人口（POP）比重，反映基础教育的覆盖程度，其公式如下：

$$CER = POP_{CE}/POP \tag{3.29}$$

高等教育入学率（higher education ratio，HER）为普通高等教育招生数（higher education enrollment，HEE）占高中教育毕业生数（high school education graduation，HEG）的比重，反映高等教育的覆盖程度，其公式如下：

$$HER = POPR_{HEE}/POPR_{HEG} \tag{3.30}$$

教育经费占 GDP 比重（education fund ratio，EFR）为教育支出（education fund，EF）与 GDP 的比值，反映地区对教育的重视程度，公式如下：

$$EFR = EF/GDP \tag{3.31}$$

2）收入分配指标：社会资源分配的观测指标

收入分配指标反映个体之间的劳动报酬收益差异，是备受关注的社会公平表征指标，包括不同个体、行业和区域的收入分配差距。一般而言，指标可包括公平分配度、城乡居民人均收入比、行业工资泰尔指数等。

公平分配度（DI）为居民收入差距的表征指标，居民收入差距过大或过小均不利于社会经济的可持续发展，属于适度指标，常采用基尼（Gini）系数表示：

$$DI = 1 - Gini \tag{3.32}$$

城乡居民人均收入比（CRIR）为城镇居民人均可支配收入（DI）与农村居民人均纯收入（RI）的比值，反映城乡居民收入差距，属于适度指标，公式如下：

$$CRIR = DI/RI \tag{3.33}$$

行业工资泰尔（IST）指数为不同行业间工资（y_i）差异的复合函数，数值越大则行业收入差距越大，可以刻画不同行业在收入维度的差异，其公式为

$$IST = \frac{1}{n}\sum_{i=1}^{n}\left(y_i \bigg/ \sum_{i=1}^{n} y_i\right)\log\left(y_i \bigg/ \sum_{i=1}^{n} y_i\right) \tag{3.34}$$

式中：n 为行业平均。

3）生活保障指标：日常生活权益的观测指标

生活保障指标主要观测地区的社会保障、居民保险等方面特征，重点关注社会弱势

群体的基础生活保障能力。通常，该类指标包括人均社会保障支出、社会保险覆盖率、城乡登记失业率等。

人均社会保障支出（SSE_{per}）为社会保险基金（SIF）支出总额与年末人口（POP）比值，反映地区平均社会保障水平，公式如下：

$$SSE_{per} = SIF/POP \tag{3.35}$$

社会保险覆盖率（ICR）为各类保险覆盖人口占总人口比例，由于社会保险涉及养老保险（EI）、医疗保险（MI）、失业保险（EI）、工伤保险（WII）、生育保险（BI）等，因此社会保险覆盖率采用各类保险覆盖率的均值，公式如下：

$$ICR = (OIR + MIR + EIR + WIIR + BIR)/5 \tag{3.36}$$

城镇登记失业率（RUUR）为城镇登记失业人数（POP_{ruu}）与城镇适龄就业人员总数的比值，后者为城镇从业人员总数（POP_{re}）和城镇失业人员总数之和，公式如下：

$$RUUR = POP_{ruu}/(POP_{ruu} + POP_{re}) \tag{3.37}$$

3. 综合公平效率的碳排放指标分配机制

1）层次分析法

现实世界是一个复杂的巨系统，人们对具体问题的分析模式往往不是简单的线性结构，而是相互关联、相互制约的复杂层次结构，层次分析法以简洁实用的方式复现这一决策过程（刘焱序 等，2014）。具体步骤如下。

（1）建立层次结构模型。依据问题性质和最终目标，将相互关联的影响因素归并至不同模型层次。层次结构模型通常包含三个部分：目标层（最高层）为拟解决的最终问题，准则层（中间层）为目标层的几个主要方面，方案层（最底层）为可供选择的具体方案。

（2）构造判断矩阵。决策者根据个人经验比较因素的相对重要性，用 $1 \sim 9$ 标度法量化打分（表 3.1），并通过两两成对比较形成判断矩阵 $A = (a_{ij})$。一般判断矩阵元素具有如下性质：$a_{ij} > 0$；$a_{ii} = 1$；$a_{ij} = 1/a_{ji}$。

表 3.1 因子重要性赋值 Saaty1～9 标度法

Saaty 标度（a_{ij} 赋值）	含义	说明
1	同等重要	决策者认为两个因子同样重要
3	略微重要	决策者认为一个因子比另一个稍微重要
5	相当重要	决策者认为一个因子比另一个明显重要
7	显著重要	决策者认为一个因子比另一个强烈重要
9	绝对重要	决策者认为一个因子比另一个极端重要
2，4，6，8	两个相邻判断的中间值	相邻情况的折中情况

（3）层次单排序。假设 A 是层次结构中的 n 阶判断矩阵，其特征值为 λ_i，若 $\lambda_{max} > \lambda_i$ 对任意 i 均成立，则称 λ_{max} 为最大特征值，其特征向量为 w，对其归一化处理后的向量

即为下层指标对上层要素重要性排序的可靠估计。

（4）一致性检验。为保证专家的评价结果保持一致，不存在前后矛盾的情况，通常针对判断矩阵开展一致性检验。若任意 i、j、k，均有 $a_{ik} \cdot a_{kj} = a_{ij}$，则称 $A = (a_{ij})$ 为一致矩阵。当判断矩阵无法满足完全一致性要求时，需采用一致性指标（consistency index，CI）衡量矩阵偏离完全一致性的程度，公式如下：

$$CI = \frac{\lambda_{max} - n}{n - 1} \tag{3.38}$$

一致性指标与判断矩阵偏离程度正相关，与一致性负相关。当 CI＝0 时，矩阵具有完全一致性。针对矩阵 1～15 阶数的样本重复计算 1 000 次，其平均随机一致性指标（random consistency index，RCI）如表 3.2 所示。

表 3.2 平均随机一致性指标

阶数	RCI	阶数	RCI	阶数	RCI
1	0	6	1.26	11	1.52
2	0	7	1.36	12	1.54
3	0.52	8	1.41	13	1.56
4	0.89	9	1.46	14	1.58
5	1.12	10	1.49	15	1.59

一致性比率（consistency ratio，CR）为 CI 与 RCI 的比值：

$$CR = \frac{CI}{RCI} \tag{3.39}$$

当 CR＜0.1 时，判断矩阵的非完全一致性是可以被接受的，最大特征值对应的特征向量经过归一化处理后是指标权重向量的有效估计；当 CR≥0.1 时，判断矩阵的非完全一致性不可被接受，需要重新比较打分构建判断矩阵。

（5）层次总排序及其一致性检验。与层次单排序思路类似，层次总排序基于层次单排序结果计算得到组合权值并开展一致性检验，若一致性比率 CR＜0.1，认为通过检验，此时的权重指标是对层次总排序的可靠估计。

2）有序加权平均

传统多准则决策问题的评价方法大都属于布尔（Boolean）决策和权重线性组合（weighted linear combination，WLC）决策。其中，布尔决策从属于数学中交集或者并集的运算方法，只能对多重准则进行"和"与"或"的运算和评价；权重线性组合决策将各个准则的客观重要性考虑其中，更加符合现实情况，但未能考虑指标数的等级位序对最终评价结果的影响，因此简单结合两种方法难以避免"主观"决策偏差和"客观"数据误差的综合影响。

针对上述问题，美国学者 Yager（1998）提出了有序加权平均（ordered weighted averaging，OWA）的决策方法。OWA 方法通过将指标的准则权重与位序权重结合，使得决策者进行动态选择决策成为可能，并且通过在综合评价阶段引入风险偏好，直观反映区域政策微调引起的评价结果变化，有利于降低决策风险。其思想是根据决策者风险偏好可以将决策行为划分为乐观决策、适度乐观决策、中性决策、适度悲观决策和悲观决策。将其具化至多准则决策过程中，则是反映决策者对主观准则权重和客观因子数值差异引致的误差保持乐观或悲观的决策态度。

（1）OWA 方法基本原理。OWA 的多准则决策在考虑指标的准则权重的同时，为了防止指标间的数值差异和主观权重的差距过大产生的决策误差，增加了位序权重的概念（张正昱 等，2020）。位序权重是动态的赋权方法，是通过排序每一个决策单元的多个属性值和结合决策风险进行补偿获得。将两种权重进行综合考虑不仅可以避免单纯主观决策导致的偏误，而且可以形成一种动态评价，即呈现不同情景或发展阶段的评价结果。其基本结构如图 3.1 所示。

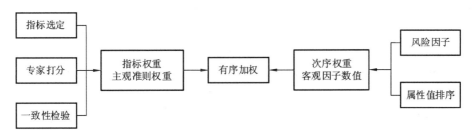

图 3.1　有序加权平均决策方法思路

假设决策单元 i 的第 j 项指标经过标准化处理之后的数值为 Z_{ij}，层次分析法（AHP）计算所得的第 j 个指标的指标权重为 u_j，位序权重为 v_j，则 OWA_i 模型的公式如下（张洪 等，2017）：

$$\text{OWA}_i = \sum_{j=1}^{n} \left(\frac{u_j v_j}{\sum_{j=1}^{n} u_j v_j} \right) Z_{ij} \qquad (3.40)$$

式中：u_j 为指标的准则权重，$u_j \in [0, 1]$，$j = 1, 2, \cdots, n$，且 $\sum_{j=1}^{n} u_j = 1$；v_j 为指标的位序权重，$v_j \in [0, 1]$，$j = 1, 2, \cdots, n$，且 $\sum_{j=1}^{n} v_j = 1$；Z_{ij} 为决策单元 i 的指标数值大小排序 j 的属性值。

（2）位序权重的确定。等差、等比或模糊向量等生成位序权重方式均是常用的 OWA 权重确定方式。其中，单调规则递增（regular increasing monotone，RIM）的定量方式由于其易于理解和计算简单成为主流方式之一。基于 Yager 的定义，位序权重表示如下：

$$\begin{cases} v_j = Q_{\text{RIM}}\left(\dfrac{j}{n} \right) - Q_{\text{RIM}}\left(\dfrac{j-1}{n} \right) \\ j = 1, 2, \cdots, n \\ Q_{\text{RIM}}(r) = r^a \end{cases} \qquad (3.41)$$

式中：j 为位序；v_j 为位序权重；n 为指标数量；r 为函数 Q 的自变量；a 表示决策者的风险偏好，$a < 1$ 时，决策者对指标权重和指标属性值持乐观态度，认为需要强化具体数值更

大指标的影响力，强化风险控制约束，$a>1$ 时，决策者对指标权重和指标属性值持悲观态度，认为需要强化具体数值更小指标的影响力，放松风险控制约束，$a=1$ 时，决策者对指标权重和指标属性值无明显态度，认为各位序指标具有相等权重，维持风险控制约束。

3.2 "双碳"目标下国土空间优化利用的关键参数

3.2.1 "双碳"目标下社会经济参数预测

"双碳"目标下国土空间优化利用的情景方案设计需结合 GDP 发展速度、减排力度与技术创新等方面指标，构建包括土地利用、基础地理信息、环境气候和社会经济数据的全国空间数据集和面板数据集，并结合历史数据预测不同情景方案下各省 2025 年、2030 年、2040 年、2050 年、2060 年等未来人口、GDP、城市化水平等参数，分析各指标参数的时间过程、空间分异及其异质性驱动机制。

基于 GDP 增长速度、碳减排力度与技术创新等指标设计多种类型的情景方案，设计可参考 IPCC 共享社会经济路径（shared socioeconomic pathways，SSPs）对减缓挑战与适应性挑战的定义，探讨不同情景方案的挑战程度。依据"双碳"目标实现路径和国土空间碳排放权配置，结合碳捕集与封存（carbon capture and storage，CCS）技术的部署时间，围绕减排力度、GDP 增速路径构造减缓和适应下未来 18 种国土空间减排情景方案（表 3.3、图 3.2）。CM1、CM2、CM3 分别代表轻度、中度、强度的减排方案；L、M、H 分别代表低速、中速、高速的 GDP 增长模式；2030、2040 分别表示 2030 年或 2040 年开始部署 CCS。

表 3.3　CSS 技术部署下未来 GDP 增速情景设置

气候目标	CCS 部署力度	低速 GDP	中速 GDP	高速 GDP
"双碳"目标	2040 年开始部署	CM1-L-2040	CM1-M-2040	CM1-H-2040
		CM2-L-2040	CM2-M-2040	CM2-H-2040
		CM3-L-2040	CM3-M-2040	CM3-H-2040
	2030 年开始部署	CM1-L-2030	CM1-M-2030	CM1-H-2030
		CM2-L-2030	CM2-M-2030	CM2-H-2030
		CM3-L-2030	CM3-M-2030	CM3-H-2030

综合比较碳排放量、经济增速和减碳成本等因素，遴选满足"双碳"目标且具有差别化社会经济效益的三类典型情景方案，并依据其特征差异分别定义为基准情景、均衡发展和生态保护情景，其中基准情景的减碳挑战最高、适应性挑战最低，生态保护情景的减碳挑战最低、适应性挑战最高，均衡发展情景的两类挑战均处于中间水平。基于如上方式确定的情景，根据不同碳排放权配置下的路径差异，结合历史数据预测主要的社会经济参数，包括人口总重、GDP 总量、城市化水平等。

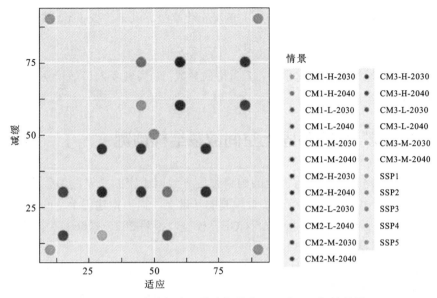

图 3.2　基于共享社会经济路径设定"双碳"目标情景图

（1）人口总量预测通常采用人口-发展-环境（population-development-envirionment，PDE）模型。该模型是 IIASA 基于队列预测和多状态生命表的扩展模型，通过对区域的年龄、性别、地区、教育水平等人口"状态"进行区分，其中分年龄人口总量与新生人口数量的估计方程如下：

$$P_n^t = P_{n-1}^{t-1} \times (1 - D_n^t) + M_n^t \tag{3.42}$$

式中：P_n^t 为 t 年 n 岁人口数量；D_n^t 为 t 年 n 岁人口死亡率；M_n^t 为 t 年 n 岁迁移人口数量。

PB^t 为 t 年新生人口数量，其计算公式如下：

$$PB^t = \sum_{n=15}^{45} P_n^t \times R_n^t \times F_n^t \tag{3.43}$$

式中：R_n^t 为 t 年 n 岁人口中女性比例；F_n^t 为 t 年 n 岁人口生育率。

以上数据结合出生率、死亡率、迁入迁出率和教育水平等人口变化参数，构造人口结构的列队移动方式，最终确定各省（区、市）在不同情景下的未来人口数量。

（2）GDP 总量预测通常采用柯布-道格拉斯（Cobb-Douglas）模型。该模型通过测定 Cobb-Douglas 模型涉及的劳动力、资本存量、国土空间、全要素生产率等参数，结合碳排放路径和具体分配方案调节相关参数，预测全国及 31 个省（区、市）典型年份的 GDP 格网数据，分析其总量和增速及时空分异特征。重要参量的估计方程如下：

$$Y(t) = K(t)^\alpha \times L(t)^\beta \times G(t)^\gamma \times T(0) \times e^{\lambda t} \tag{3.44}$$

式中：$Y(t)$ 为 t 年地区 GDP；K 为资本存量；L 为劳动力；G 为土地；α 为资本存量的产出弹性系数；β 为劳动力的产出弹性系数；γ 为土地的产出弹性系数；$T(0)$ 为基期全要素生产率；λ 为技术进步的刻画参量。

（3）城市化水平预测可采用 Logistic 回归模型。采用省级城镇和乡村人口数据，基于省级人均地区生产总值分组，结合"双碳"目标情景进行参数改进，运用 Logistic 回归模型预测 2025~2060 年 31 个省（区、市）的城市化水平。其中，Logistic 回归模型如下：

$$C(t) = \frac{1}{1 + \lambda \, \mathrm{e}^{-kt}} \tag{3.45}$$

式中：$C(t)$ 为 t 年地区的城市化水平；λ 为待估参数；k 为城乡人口增长率之差，是关于时间 t 的函数。

3.2.2 "双碳" 目标下国土空间数量结构预测

"双碳" 目标路径下的碳排放空间约束强度导致国土空间开发利用强度的差异，因而在碳排放空间及其关键社会经济参数预测的基础上，提出构建国土空间可计算的一般均衡（computable general equilibrium，CGE）模型，预测 2025~2060 年中国各省（区、市）国土空间数量结构（图 3.3）。

实证策略是：首先，以传统投入产出表为基础，引入国土空间资源账户，结合"双碳"目标预测的各种社会经济关键参数、国土空间资源、投入产出表等数据，构建包含国土资源信息的中国省级多区域投入产出表，编制出国土空间社会核算矩阵（social accounting matrix，SAM）表（图 3.4）。其次，在传统 CGE 模型基础模块上扩展国土空间资源模块，在一般效用函数基础上引入环境效用目标函数，构建国土空间 CGE 模型。在国土空间资源扩展模块中，将国土空间资源作为生产要素纳入模型，并将各行业部门产品的生产与不同功能用地的资源需求设定为常替代弹性函数关系，以通过各行业部门的生产规模和生产水平控制实现模型对国土空间不同功能对应的国土资源的优化调控，同时建立环境效用目标函数需考虑环境效用对各种国土空间资源需求的影响。最后，利用未来各省人口、GDP、贸易额、收入等数据，不断代入模型方程，实现 CGE 模型动态递归，开展"双碳"目标下国土空间资源的预测。

国土空间 CGE 模型的核心模块是国土空间转换模块，其他模块与经典 CGE 模型保持一致。

国土空间转换模块重点揭示人类活动对国土空间利用的影响，并推动了国土空间利用类型，可采用里昂惕夫（Leontief）生产函数描述转化关系，公式如下：

$$\mathrm{Dl}_{zl}(t) = \min\left\{ \frac{\mathrm{Xl}_{c,zl}(t)}{\mathrm{axl}_{c,zl}(t)}, \sum_l \mathrm{Fl}_{l,zl}(t), \frac{\mathrm{Yl}_{zl}(t)}{\mathrm{ayl}_{zl}(t)} \right\} \tag{3.46}$$

式中：$\mathrm{Dl}_{zl}(t)$ 为年份 t 新增的第 zl 种国土空间数量；$\mathrm{Xl}_{c,zl}(t)$ 为第 zl 种国土空间转化过程中中间投入 c 的数量；$\mathrm{axl}_{c,zl}(t)$ 为中间投入 c 的直接消耗系数；$\mathrm{Fl}_{l,zl}(t)$ 为第 l 种国土空间数量；$\mathrm{Yl}_{zl}(t)$ 为中间产品消耗数量；$\mathrm{ayl}_{zl}(t)$ 为中间产品的直接分配系数。当转化系数达到峰值时，会形成如下函数关系：

$$\begin{cases} \mathrm{Yl}_{zl}(t) = \mathrm{ayl}_{zl}(t)\,\mathrm{Dl}_{zl}(t) \\ \mathrm{Xl}_{c,zl}(t) = \mathrm{axl}_{c,zl}(t)\,\mathrm{Dl}_{zl}(t) \\ \mathrm{Fl}_{l,zl}(t) = \omega_{l,zl}(t)\,\mathrm{Dl}_{zl}(t) \end{cases} \tag{3.47}$$

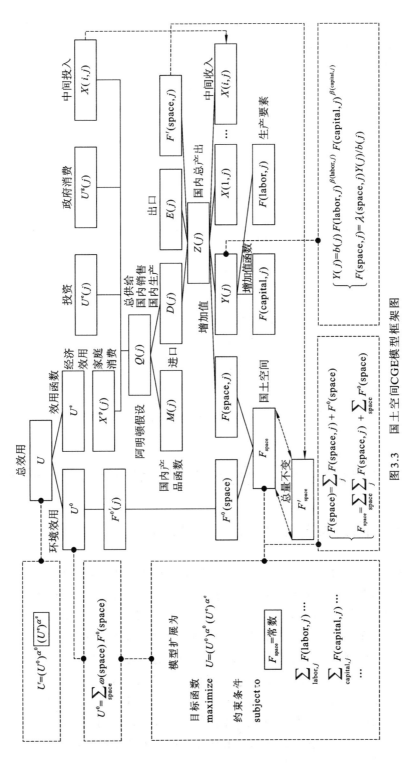

图3.3 国土空间CGE模型框架图

U为效用；E为出口；D为本国生产和消费；M为出口；F_{space}为国土空间；X为中间投入；F为增加值函数

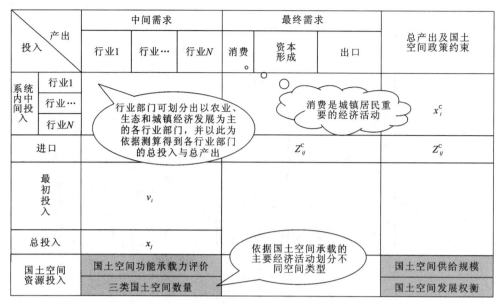

图 3.4　国土空间投入产出表样式图

在此基础上，采用 Cobb-Douglas 函数描述国土空间转化的生产函数关系，公式如下：

$$Yl_{zl}(t) = bl_{zl}(t)\prod_f Fll_{f,zl}(t)^{\beta l_{f,zl}(t)} \tag{3.48}$$

式中：$bl_{zl}(t)$ 为规模系数；$Fll_{f,zl}(t)$ 为要素 f 的投入；$\beta l_{f,zl}(t)$ 为要素 f 投入的份额参数。

基于如上函数关系，可得到 t 年份 l 种国土空间数量，公式如下：

$$FFl_l(t+1) = FFl_l(t) + Dl_{zl}(t) - \sum_{zk} Fl_{l,zk}(t) \tag{3.49}$$

3.3　"双碳"目标下国土空间格局优化技术框架

3.3.1　国土空间发展潜力评价的理论方法

改革开放以来，社会经济建设取得了巨大成就，但也产生了资源衰竭、生态退化、城乡割裂等现实问题，引起了国土空间格局的剧烈变化（邓祥征 等，2020；葛全胜 等，2020），严重制约了国土空间的可持续发展（龙花楼 等，2019；Liu et al.，2016）。国土空间发展潜力是指在一定自然本底条件下某类国土空间在人类活动及管理政策约束下为人类可持续发展提供支持的能力，具体包含承载力、适宜性、脆弱性、恢复力等四个方面。如何充分体现"十四五"规划建议"立足资源环境承载能力，发挥各地比较优势""加快推动绿色低碳发展"的要求，在国土空间发展潜力评价体系中科学纳入"双碳"目标与资源环境承载力的内容，不仅是优化国土空间开发保护格局的关键科学问题，也是构建优势互补、高质量发展的区域经济布局和国土空间体系的重要一环。

长期以来，国内外围绕单一因素或对象的资源环境承载力研究取得了丰硕成果，但通常难以全面揭示地区的承载状况（黄宁生 等，2000）。随着现代地域功能理论的发展（陆大道，2011），多因素综合的国土承载力研究范式逐步建立（韩书成 等，2009；封志明 等，2008），从系统论视角解决了国土空间功能承载多维性刻画缺失的难题，但仍不能直接作为空间尺度和功能指向差异的国土空间功能潜力评价体系及分析方法（方创琳 等，2017）。不局限于承载力、适宜性、脆弱性、恢复力等本底条件构成的资源环境承载力评价，形成包含尺度和功能指向等内容的国土空间发展潜力评价研究范式，通过测算特定自然本底条件下某类国土空间在人类活动及管理政策约束下的发展能力，从而弥补上述国土空间评价的不足，并随着国家战略层面更加强功能定位和主体功能在国土空间布局的核心地位，开展国土空间发展潜力评价工作对准确测定区域承载能力、支撑区域可持续发展具有重要意义。

开展碳排放约束下的国土空间发展潜力评价存在如下科学问题亟待解决。其一，如何科学有效地构建评价指标体系，在承接"双碳"目标的同时充分体现高质量的内涵？其二，如何科学地进行国土空间发展情景设置，引入适配的技术方法开展国土空间发展潜力评价？基于此，构建如下国土空间发展潜力评价路径：首先，设计体现国土空间开发与保护权衡的城镇发展、农地保护和生态保育三类情景方案和评价指标体系（图3.5），其中城镇发展指标组可包含城镇利用效率、能源利用强度、GDP、人口密度、碳排放强度等，农地保护指标组可包含农业生产效率、光照、温度、降雨、土壤、机械使用、化肥投入等，生态保育指标组可包含生态转换效率、生态系统敏感性、生态系统功能重要

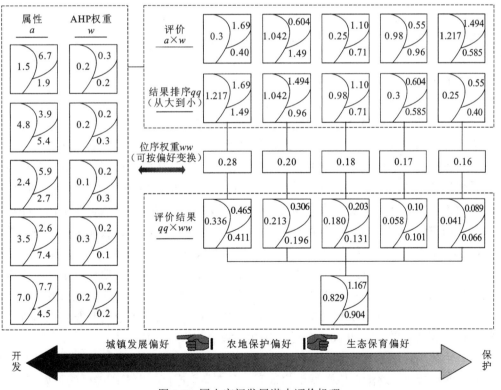

图3.5 国土空间发展潜力评价机理

性等。然后，对三类情景方案下的指标层和指标因子进行重要性排序，确定不同情景方案下国土空间发展潜力评价指标层和指标因子的权重[具体方法参考式（3.40）～式（3.41）]。最后，引入 OWA 模型测算不同发展偏好下国土空间发展潜力。

3.3.2　低碳路径下国土空间发展蓝图

1. 低碳路径下国土空间发展蓝图概述

随着我国社会主义现代化建设深入推进，国土空间虽然有力支撑了经济社会的持续快速发展，但也面临耕地减少、生态系统功能退化、国土空间结构不合理等一系列突出问题（樊杰 等，2019；陆大道，2019；严金明 等，2018；陈明星，2015）。国土空间是实现"美丽中国"目标愿景和社会主义现代化的空间载体和物质基础（葛全胜 等，2020；匡文慧，2019），为了促进生产空间集约高效、生活空间宜居适度、生态空间山清水秀，保障自然修复的生态空间和粮食生产的优质农田，党的十八大报告开始强调优化国土空间开发格局，提出构建科学合理的城市化格局、农业发展格局和生态安全格局。党的十九大报告进一步提出构建国土空间开发保护制度，完善主体功能区配套政策。十九届五中全会审议通过的《中共中央关于制定国民经济和社会发展第十四个五年规划和二〇三五年远景目标的建议》提出立足资源环境承载能力，发挥各地比较优势，形成主体功能明显、优势互补、高质量发展的国土空间开发保护新格局。党的二十大报告提出构建优势互补、高质量发展的区域经济布局和国土空间体系。构建低碳路径下的高质量国土空间发展蓝图，塑造生态文明建设的空间载体，促进经济增长从规模速度型向质量效益型转变，对推进社会经济和资源环境高质量发展具有极其重要的现实意义（樊杰，2020）。

国土空间开发保护是国家可持续发展战略的重要组成部分，在开发与保护的权衡中形成的国土空间发展格局是自然生态过程和人文系统演变交互作用下形成的空间要素分布状态。我国原有规划体系包括社会经济发展规划和空间规划两类，其中城乡建设规划系列、经济社会发展规划系列、土地利用规划系列、生态环境保护规划系列、基础设施规划系列等 5 类规划在指导国家战略发展层面具有极强的影响力（严金明 等，2018）。但由于上述规划长期由发展和改革部门、住房和城乡建设部门、自然资源部门、生态环境部门分别主管，规划的职能不清、资源浪费、内容矛盾等，国家层面推进了规划体系改革，并历经"多规合一"、国土空间规划等探索与实践过程。当前国土空间规划以土地利用总体规划为母本，通过国土空间开发强度、建设用地规模、耕地保有量、基本农田面积等数量结构约束性指标和永久基本农田保护红线、生态保护红线、城市开发边界的国土空间控制性界限，科学布局生产、生活、生态空间，对国土空间开发利用与保护进行整体管控（贾克敬 等，2020；金贵，2020；黄金川 等，2017）。

随着主体功能区从规划到战略再到制度的纵深演进，在明确空间单元的主体功能和管控要求的前提下，逐渐形成了城市化地区、农产品主产区、生态功能区统筹发展方案，为实现有序、有度和有效的国土空间开发保护格局提供了可行方案(方创琳 等,2019;王亚飞 等,2019;樊杰 等,2018)。然而,由于当前国土空间规划缺乏对低碳发展的系统分析,尤其是国土空间各要素紧密联系、互相影响,单纯考虑通过碳排放强度等孤立指标进行总量约束,未从系统观点将"双碳"目标的碳排放路径约束融入国土空间发展蓝图的全过程和全指标的设计中,这无法支撑"双碳"目标下国土空间发展蓝图设计。同时,当前国土空间规划方案基于国土空间"双评价",是对国土空间本底条件和利用现状的描述,缺乏对国土空间-社会经济发展的预测与分析,使其规划方案的整体性和前瞻性不足,难以体现不同社会经济发展阶段下国土空间利用的主动响应。此外,任何宏观管理决策是科学引领性和现实操作性的结合,忽略决策者的判断与感知将致使规划方案的落地实施面临重重阻碍,客观上要求方案需要为决策者提供价值判断和主观偏好的调整空间。

因此,在"双碳"目标的战略指导下,低碳路径的国土空间开发保护格局成为全面落实绿色低碳理念、促进"双碳"目标实现的重要保障,相关研究的重点在于将"双碳"目标相关约束纳入国土空间开发保护格局构建的框架体系,引导城镇空间强力减碳、农业空间有效控碳、生态空间持续增汇,构建"双碳"目标下国土空间开发保护格局(金贵 等,2022;董祚继,2018)。

2. 低碳路径下国土空间发展蓝图刻画机理

国土空间发展蓝图构建存在如下科学问题亟待解决。其一,如何建构"双碳"目标导向下的国土空间开发保护格局研究框架。其二,如何建立模拟国土空间要素流动和空间架构演变的科学机制。其三,如何依据发展阶段和地域差异设计最优的空间布局方案。针对如上问题,形成了如下关于低碳路径下国土空间发展蓝图构建的理论思考和分析思路。

基于"核心-边缘""点-轴""源地-廊道"等国土空间开发与保护格局演变的科学研究范式,凝练"胞→轴→域"的国土空间演变过程规律,解析国土空间构成要素的流动特征,运用电路理论模型开展核心区识别、阻力面构建、发展轴的提取等分析过程,构建基础要素相互连接的国土空间网状发展结构,探索定性描述与定量分析相结合的国土空间发展蓝图研究框架。电路图是由"电阻器"连接的节点网络,与国土空间要素流动和组织模式具有相似性,因而可将电路理论引入国土空间开发与保护"胞-轴-域"架构的定量刻画(图3.6)。将电路理论映射至国土空间发展蓝图刻画的理论框架是对国土空间组成要素的抽象模拟,是对城镇-交通-城市群/都市圈的形象刻画。

电路理论的基本指标包括电流 I、电压 V、电阻 R 和电阻距离 DR。其中,电流表征关于空间要素流动;电压被理解为区域间相互吸引力;电阻为发展潜力评价指数;电阻距离由两节点间电阻大小与路径长度决定,当两个节点可通过多条低电阻路径连接时,电阻距离较小;当两个节点仅通过一条高电阻路径连接时,电阻距离较大。同理,将国土空间节点网络等同电路结构、国土空间单元的发展潜力作为电阻、地域单元连通性充当电阻距离,此时国土空间发展阻力越小,单位电压的电流相应越大,并逐渐形成"胞-轴-域"的要素传递路径。

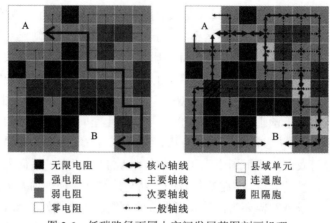

图3.6　低碳路径下国土空间发展蓝图刻画机理

（1）电流。当单位电流流入 A 和流出 B 时，相邻点 x、y 之间的电流 i_{xy} 为随机游走者从 A 到 B 过程中通过弧 xy 净次数的期望值，公式如下：

$$i_{xy}=(v_x-v_y)C_{xy}=\left(\frac{u_x}{C_x}-\frac{u_y}{C_y}\right)C_{xy}=\frac{u_xC_{xy}}{C_x}-\frac{u_yC_{yx}}{C_y}=u_xp_{xy}-u_xp_{yx} \tag{3.50}$$

式中：C_{xy} 为 x、y 的电导，用以度量空间要素在节点之间的流动能力；u_x 为空间要素在到达节点 B_i 之前到达状态 x 的平均次数；u_y 为到达状态 y 的平均次数。

（2）电压。在 A 与 B 之间施加单位电压时，A、B 处电压分别为 v_a、v_b，令 $v_a=1$ 且 $v_b=0$，则在任意点 x 处的电压 v_x 表示游走者从 x 出发，在到达 A 之前返回 B 的概率，公式如下：

$$v_x = \sum_y \frac{C_{xy}}{C_x}v_y = \sum_y p_{xy}v_y,\ \forall x \neq a,b \tag{3.51}$$

（3）电阻距离。$R(u, v)$ 表示 u 和 v 之间的电阻距离，将其定义为边集 E 中节点 u 和 v 的有效电阻，则基尔霍夫（Kirchhoff）指数的公式如下：

$$Kf(G) = \sum_{\{u,v\}\subseteq V(G)} R_G(u,v) \tag{3.52}$$

以电阻距离替代普通距离，则维纳（Wiener）指数与 Kirchhoff 指数等价，则基于 Wiener 指数的电阻距离表达公式如下：

$$D_R(G) = \sum_{\{u,v\}\subseteq V(G)} [d(u)+d(v)]R(u,v) \tag{3.53}$$

式中：$d(u)=dG(u)$ 是 G 的顶点 u 的度数。

3.3.3　国土空间政策评估的技术框架

1. 国土空间政策评估的意义

国土空间治理政策通过价值导向和调控手段深刻影响国土空间的管理活动和利用方式，是国土空间发展蓝图落地实施的重要保障，关乎国土空间资源可持续利用与人类福祉可持续提升（陆大道 等，2020；黄征学 等，2019；岳文泽 等，2019）。然而，根据宏观管理学的观点，由于宏观决策方案实施呈现一次性和长期性交融的特征，任何政策落实都可能存在较大的偏离政策预期风险。因此，基于管理政策成效的模拟分析，提出具体国土空间政策的优化策略，为决策者制定、改进方针政策提供参考依据，进而减少政策实施的潜在风险和成本，为绿色发展与生态文明建设等国家战略提供理论支撑（郑新奇 等，2018；朱道林 等，2017）；同时，开展宏观政策评估的科学研究可丰富资源管理研究，有助于完善资源管理相关学科理论体系，成为当前资源管理科学探索的重要内容与前沿方向（郭仁忠 等，2019；黄贤金，2017）。

不同于面向单一对象的资源管理政策，国土空间基础构成的多元性和发展目标的多样性，纯粹的城镇发展、农地保护、生态保育对于地区而言都是不符合高质量发展要求的，这决定国土空间治理政策表现出明显的综合性、复杂性和非理性特征；同时管理政策、国土空间、发展方向相互关联，继续制定面向单一类型国土空间的管理政策通常会造成其他政策的失效，此时通过模型模拟的优选政策实际上只是局部国土空间的最优调控政策，而非全部国土空间的最优调控政策。因此，在国土空间-社会经济巨系统中，作为决策支持应重视不同情景方案间的组合变化，通过政策微调规避极端情景的决策风险。一种可行的策略是通过多目标低碳情景方案设计实现对国土空间开发与保护权衡政策进行优选，推动国土空间治理由局部最优转化全局最优，规避局部治理政策可能存在的风险。

2. 国土空间政策评估框架

面向"双碳"目标下国土空间管理政策工具与支撑体系效应评估存在如下科学问题亟待解决。其一，如何在"双碳"目标下耦合国土空间发展潜力与发展架构从社会经济全系统进行国土空间管理政策模拟，建构高质量的政策支撑体系。其二，如何规避单一类型国土空间政策的不足，有效衔接管理决策微调所带来的不确定性。从方法论层面来看，投入产出分析模型是能够揭示区域间和行业间经济联系的经济数学模型，通过建立产业结构、技术差异等宏观社会经济要素联系，被广泛用于投资、消费等因素对经济增长和产业结构变化的影响分析。CGE 模型作为投入产出模型的拓展方法，能够模拟政策变动对经济系统冲击，多运用于资源经济、生态环境、气候变化等相关领域。完善与深化投入产出模型与经典 CGE 模型，丰富其关于国土空间与碳排放的政策模拟模块，能够实现管理政策由单类型国土空间的局部最优效用转化为全类型国土空间的全局最优效用。其具体实现策略为：在传统投入产出分析和 CGE 政策模拟框架下嵌入国土空间碳排放约束、发展潜力综合评价以及管理政策约束，并评估其对社会经济系统关键表征指标的具体影响，优化完善国土管理政策支撑体系。

1）多区域投入产出表的编制

（1）编制方案与规则。投入产出表是一个比较全面的社会经济数据库，能够反映政府-居民-企业、生产-消费等复杂联系和平衡关系。在实际研究中，为解决权威数据库仅发布全球、国家或省级投入产出表，丰富多尺度研究案例的差异分析，可借助反映地区贸易关系的铁路货物流量数据来估算商品流量，通过区位商法或引力模型编制不同尺度的多区域投入产出表。

目前，国际通用的投入产出表行业分类规则比较多样，通常结合实际研究对象可分为 8 行业、27 行业、42 行业、122 个行业等，行业划分越精细，基础数据需求量越大。因而多区域投入产出表的行业划分需要充分考虑基础数据的可获取情况和具体对象的研究目标，既要具备理论层面的探讨意义和实践层面的应用价值，又要保证模型实证分析中行业数据口径维持统一。基于如上考虑，结合《2012 年全国铁路统计摘要》中行业产品流量数据特征，最终建立 27 行业与 42 行业的投入产出表用于研究（Fu et al.，2021）。投入产出表的行业对应关系见表 3.4。

表 3.4 27 行业与 42 行业对应关系表

行业编号	行业名称（27 行业）	行业编号	行业名称（42 行业）
1	农林牧渔产品和服务	1	农林牧渔产品和服务
2	煤炭采选产品	2	煤炭采选产品
3	石油和天然气开采产品	3	石油和天然气开采产品
4	金属矿采选产品	4	金属矿采选产品
5	非金属矿和其他矿采选产品	5	非金属矿和其他矿采选产品
6	石油、炼焦产品和核燃料加工品	6	石油、炼焦产品和核燃料加工品
7	非金属矿物制品	7	非金属矿物制品
8	金属冶炼和压延加工品	8	金属冶炼和压延加工品
9	食品和烟草	9	食品和烟草
10	纺织品	10	纺织品
11	纺织服装鞋帽皮革羽绒及其制品	11	纺织服装鞋帽皮革羽绒及其制品
12	木材加工品和家具	12	木材加工品和家具
13	造纸印刷和文教体育用品	13	造纸印刷和文教体育用品
14	化学产品	14	化学产品
15	金属制品	15	金属制品
16	通用、专用设备	16	通用设备
		17	专用设备
17	交通运输设备	18	交通运输设备
18	电气机械和器材	19	电气机械和器材
19	通信设备、计算机和其他电子设备	20	通信设备、计算机和其他电子设备
20	仪器仪表	21	仪器仪表

行业编号	行业名称（27行业）	行业编号	行业名称（42行业）
21	其他制造产品	22	其他制造产品
		23	废品废料
22	电力、热力的生产和供应	24	电力、热力的生产和供应
23	燃气、水生产和供应	25	燃气生产和供应
		26	水的生产和供应
24	建筑	27	建筑
25	批发和零售	28	批发和零售
26	交通运输、仓储和邮政	29	交通运输、仓储和邮政
27	其他服务业	30	金属制品、机械和设备修理服务
		31	住宿和餐饮
		32	信息传输、软件和信息技术服务
		33	金融
		34	房地产
		35	租赁和商务服务
		36	水利、环境和公共设施管理
		37	居民服务、修理和其他服务
		38	公共管理、社会保障和社会组织
		39	科学研究和技术服务
		40	教育
		41	卫生和社会工作
		42	文化、体育和娱乐

　　借鉴井原健雄（1996）以典型产品运输量代替相应行业运输量的处理方式计算贸易系数矩阵，分别统一将《2012年全国铁路统计摘要》中列出的主要物资（煤、石油等）铁路运输量与27个行业对应，并采用物资运输量近似计算省际的贸易系数。多区域投入产出表的编制首先需要将各地区42个行业的投入产出表数据归并为27个行业的投入产出表，包括中间投入、增加值和最终使用。以上数据归并依据原则为：最终消费＝开明消费＋政府消费，资本＝固定资本＋存货增加，使用＝消费＋资本＋调出＋出口。由于各省的投入产出表中总产出之和与中国投入产出表中总产出可能不完全一致，这也需要以中国投入产出表的相关数据为基准对各省数据进行调整。

　　由于中国投入产出表多为竞争型投入产出表，一般未包含国内调入和调出数据，目前计算地方投入产出表数据主要包括求差法和求和法。其中，求和法的数据量和运算量大，因此通常采用更加便捷的求差法。由于求差法的结果可能会出现不合理的负值，一般采取将负值统一变为0的方式处理，并对整个投入产出表做出统一调整。同时，对于各省投入产出表存在进出口数据及调入调出数据缺失的情况,主要通过海关数据进行补充和调整。对于进出口数据来说,多区域投入产出模型的生产行业的进出口数据以《海关统计月报》为基础进行整理,但加工贸易使得部分省进出口数据偏大,需要按照如下原则消除转口贸易对进出口的影响:如果 i 行业原料加工贸易进口后,在 j 行业的出口量为 A,那么则剔除投入产出表中 i 行业原料加工贸易进口数和 j 行业的出口数为 A。

由多区域投入产出表的性质可知,一个地区的调出源自于本地的产出,调入则源于本地的需求。然而,在单区域投入产出表中调入产品除了本地的产出外,还有本地的进口;调入产品除了本地的中间需求与最终需求,还包含本地的调出,这导致投入产出表的调入与调出值大于实际调入与调出值,因此需要对各个省投入产出表的调入、调出值进行校正。常用校正方法为:对原本调入、调出数值与调整系数相乘进行修正,修正调出值=原本调出值×[产出/(产出+进口)],修正调入值=原本调入值×[本地需求/(本地需求+进口)]。

(2)多区域投入产出表的编制。首先根据引力模型对省际间商品的流量进行初步估算,据此求解省际间贸易矩阵。首先计算贸易摩擦系数,公式如下:

$$Q_i^{RS} = \frac{h_i^{RS}}{\dfrac{h_i^{R\cdot} \cdot h_i^{\cdot S}}{h_i^{\cdot\cdot}}} \qquad (3.54)$$

式中: h_i^{RS} 为地区 R 到地区 S 对行业 i 产品的运输量; $h_i^{R\cdot}$ 为地区 R 到行业 i 产品的总输出量; $h_i^{\cdot S}$ 为地区 S 对行业 i 产品的总输入量; $h_i^{\cdot\cdot}$ 为全部地区对行业 i 产品的总输入量。

进一步计算省际间各产品的贸易量:

$$t_i^{RS} = \frac{x_i^R d_i^S}{\sum\limits_R x_i^R} Q_i^{RS} \qquad (3.55)$$

式中: x_i^R 为地区 R 对行业 i 的总产出; d_i^S 为地区 S 对行业 i 的总需求; $\sum\limits_R x_i^R$ 为全部地区对行业 i 的总产出; Q_i^{RS} 为行业 i 从地区 R 到地区 S 的贸易系数。

估算出 27 个省际间产品流量后,计算省际间贸易系数矩阵。根据铁路运输行业获取的省际间大宗商品流量,即可得到省际间的初始产品流量矩阵,其中行列控制数为多区域投入产出表中的总流出和总流入量,并利用双比例平衡法(biproportional scaling method)对初始矩阵进行调整使之行列平衡。具体流程如下。

先对初始贸易矩阵的行进行加总,得到流出列向量 X_1,但通常与实际总流出量 X_r 并不相等。为消除行的差值,需计算第一个行系数 $R_1=X_r/X_1$;逐一将初始矩阵的行系数与各行的行系数 R_1 相乘。同理,对贸易矩阵进行列加总,得到总流入行向量 Y_1,若出现与各省实际总流入量 Y_r 不相等的情况,则计算第一个列乘数 $S_1=Y_r/Y_1$,根据上述步骤再次将贸易系数矩阵的每列与第一个列乘数相乘,然后按行相加,得到一个列向量 X_2,且与实际流出量 X_r 不相等,需计算第二个行乘数 $R_2=X_r/X_2$;同上步骤,求出的贸易系数矩阵的每行与第二个列乘数相乘,然后按列相加得到第二个行向量 Y_2,若与实际流入量 Y_r 不等,继续计算第二个列乘数 $S_2=Y_r/Y_2$。循环以上步骤,直到贸易矩阵的行列和与总控制量的误差控制在可控范围内,即可视为达到平衡状态,此时即为贸易流量的最终矩阵。最后根据列系数模型公式，编制多区域投入产出表：

$$CAX + CF + E - M = X \tag{3.56}$$

式中：X 为行业总产出；F 为各省域的最终需求；E 和 M 分别为各省域的出口和进口；A 为所有省域的消耗系数矩阵；C 为省域间贸易系数矩阵。X、F、E、M 的矩阵形式为

$$X = \begin{bmatrix} X^1 \\ X^2 \\ X^3 \\ X^4 \end{bmatrix}, \quad F = \begin{bmatrix} F^1 \\ F^2 \\ F^3 \\ F^4 \end{bmatrix}, \quad E = \begin{bmatrix} E^1 \\ E^2 \\ E^3 \\ E^4 \end{bmatrix}, \quad M = \begin{bmatrix} M^1 \\ M^2 \\ M^3 \\ M^4 \end{bmatrix} \tag{3.57}$$

CAX 是省际间的中间投入，因此需要将 C、A、X、F 转化为方阵的形式：

$$X = \begin{bmatrix} X^1 & 0 & \cdots & 0 \\ 0 & X^2 & \cdots & 0 \\ \vdots & \vdots & & \vdots \\ 0 & 0 & \cdots & X^{22} \end{bmatrix} \tag{3.58}$$

式中：X 均为对角矩阵，其对角线上的数据为省域 R 各行业的产出。

$$F = \begin{bmatrix} F^1 & 0 & \cdots & 0 \\ 0 & F^2 & \cdots & 0 \\ \vdots & \vdots & & \vdots \\ 0 & 0 & \cdots & F^{22} \end{bmatrix} \tag{3.59}$$

式中：F 为省际 R 的最终消费矩阵。

系数矩阵 A 和 C 根据矩阵定义表示如下：

$$A = \begin{bmatrix} A^1 & 0 & \cdots & 0 \\ 0 & A^2 & \cdots & 0 \\ \vdots & \vdots & & \vdots \\ 0 & 0 & \cdots & A^{22} \end{bmatrix} \tag{3.60}$$

$$C = \begin{bmatrix} C^{11} & C^{12} & \cdots & C^{22} \\ C^{11} & C^{12} & \cdots & C^{22} \\ \vdots & \vdots & & \vdots \\ C^{11} & C^{12} & \cdots & C^{22} \end{bmatrix} \tag{3.61}$$

式中：每个 A^R 都是行列相等的方阵：

$$A^R = \begin{bmatrix} a_{1,1}^R & a_{1,2}^R & a_{1,3}^R & \cdots & a_{1,22}^R \\ a_{2,1}^R & a_{2,2}^R & a_{2,3}^R & \cdots & a_{2,22}^R \\ \vdots & \vdots & \vdots & & \vdots \\ a_{22,1}^R & a_{22,2}^R & a_{22,3}^R & \cdots & a_{22,22}^R \end{bmatrix} \tag{3.62}$$

每个 C^{RS} 都是对角矩阵：

$$C^{RS} = \begin{bmatrix} c_1^{RS} & 0 & \cdots & 0 \\ 0 & c_2^{RS} & \cdots & 0 \\ \vdots & \vdots & & \vdots \\ 0 & 0 & \cdots & c_{22}^{RS} \end{bmatrix} \tag{3.63}$$

C^{RS} 对角线上的元素为总流入的比例，公式如下：

$$c_i^{RS} = \frac{t_i^{RS}}{\sum t_i^{RS}} \tag{3.64}$$

式中：t_i^{RS} 由引力模型计算得到。经过如上计算可得出完整的矩阵，并根据多区域投入产出模型得出多区域投入产出表。

2）CGE 模型的构建

国土空间开发保护的生态环境响应机制嵌入自然资源的 CGE 模型框架主要涉及包括生产、收入分配、贸易、均衡和宏观闭合等模块（图 3.7）。其中，碳账户、自然资源账户的嵌入具体体现在 CGE 模型的生产模块。生产者行为模块中假定土地、资本和劳动力采用不变替代弹性嵌套进生产活动，此时增加值函数可由劳动、土地、资本依次分解，公式如下：

$$PX_i = [\alpha_i^{im} PIM_i^{1-\sigma_i^x} + \alpha_i^v PV_i^{1-\sigma_i^x}]^{1/(1-\sigma_i^x)} \tag{3.65}$$

式中：im、v 和 x 分别表示中间投入、增加值和无土地产出；PX、PIM 和 PV 分别为总产出、中间投入和增加值的价格；α 为份额参数；σ 为替代弹性。该函数决定中间投入和增加值的需求。

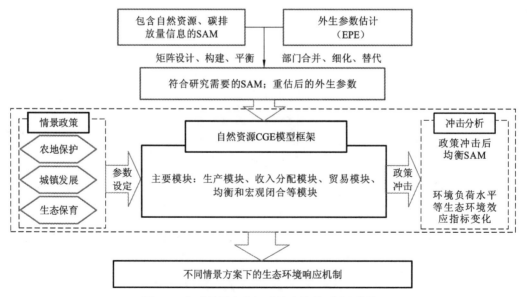

图 3.7　高质量国土空间政策支撑体系分析框架

$$PV_i = \left[\alpha_i^1 \left(\frac{PL}{\lambda_i^1} \right)^{1-\sigma_i^y} + \alpha_i^{kz} PKZ_i^{1-\sigma_i^y} \right]^{1/(1-\sigma_i^y)} \tag{3.66}$$

式中：l 和 kz 分别表示劳动力和资本-土地复合要素；PL、PKZ 分别为劳动力的价格和资本-土地复合要素的价格；λ 为要素的产出效率。该函数决定劳动力和资本-土地复合要素的需求。

$$PKZ_i = \left[\alpha_i^k \left(\frac{PK_i}{\lambda_i^k} \right)^{1-\sigma_i^k} + \alpha_i^z \left(\frac{PZ_i}{\lambda_i^z} \right)^{1-\sigma_i^k} \right]^{1/(1-\sigma_i^k)} \tag{3.67}$$

式中：k 和 z 分别表示资本要素和土地要素；PK 和 PZ 分别为资本和土地的价格。该函数决定资本和土地要素的需求，也即资本-土地复合要素的分解公式。

参 考 文 献

陈明星, 2015. 城市化领域的研究进展和科学问题. 地理研究, 34(4): 614-630.

邓祥征, 金贵, 何书金, 等, 2020. 发展地理学研究进展与展望. 地理学报, 75(2): 226-239.

董祚继, 2018. 优化国土空间布局, 推动城市低碳发展. 环境经济(13): 50-51.

樊纲, 苏铭, 曹静, 2010. 最终消费与碳减排责任的经济学分析. 经济研究, 45(1): 4-14.

樊杰, 2020. 我国"十四五"时期高质量发展的国土空间治理与区域经济布局. 中国科学院院刊, 35(7): 796-805.

樊杰, 梁博, 郭锐, 2018. 新时代完善区域协调发展格局的战略重点. 经济地理, 38(1): 1-10.

樊杰, 王亚飞, 梁博, 2019. 中国区域发展格局演变过程与调控. 地理学报, 74(12): 2437-2454.

方创琳, 崔学刚, 梁龙武, 2019. 城镇化与生态环境耦合圈理论及耦合器调控. 地理学报, 74(12): 2529-2546.

方创琳, 贾克敬, 李广东, 等, 2017. 市县土地生态-生产-生活承载力测度指标体系及核算模型解析. 生态学报, 37(15): 5198-5209.

封志明, 杨艳昭, 张晶, 2008. 中国基于人粮关系的土地资源承载力研究: 从分县到全国. 自然资源学报(5): 865-875.

葛全胜, 方创琳, 江东, 2020. 美丽中国建设的地理学使命与人地系统耦合路径. 地理学报, 75(6): 1109-1119.

郭仁忠, 罗婷文, 2019. 土地资源智能管控. 科学通报, 64(21): 2166-2171.

韩书成, 濮励杰, 2009. 江苏土地综合承载能力空间分异研究. 水土保持通报, 29(5): 146-150.

黄金川, 林浩曦, 漆潇潇, 2017. 面向国土空间优化的三生空间研究进展. 地理科学进展, 36(3): 378-391.

黄宁生, 匡耀求, 2000. 广东相对资源承载力与可持续发展问题. 经济地理, 20(2): 52-56.

黄贤金, 2017. 基于资源环境承载力的长江经济带战略空间构建. 环境保护, 45(15): 25-26.

黄征学, 蒋仁开, 吴九兴, 2019. 国土空间用途管制的演进历程、发展趋势与政策创新. 中国土地科学, 33(6): 1-9.

贾克敬, 何鸿飞, 张辉, 等, 2020. 基于"双评价"的国土空间格局优化. 中国土地科学, 34(5): 43-51.

金贵, 2020. 国土空间优化利用与管理. 北京: 科学出版社.

金贵, 郭柏枢, 成金华, 等, 2022. 基于资源效率的国土空间布局及支撑体系框架. 地理学报, 77(3): 534-546.

井原健雄, 1996. 地域的经济分析. 东京: 中央经济社.

柯新利, 杨柏寒, 刘适, 等, 2014. 基于土地利用效率区域差异的建设用地区际优化配置: 以武汉城市圈为例. 长江流域资源与环境, 23(11): 1502-1509.

匡文慧, 2019. 新时代国土空间格局变化和美丽愿景规划实施的若干问题探讨. 资源科学, 41(1): 23-32.

林坦, 宁俊飞, 2011. 基于零和 DEA 模型的欧盟国家碳排放权分配效率研究. 数量经济技术经济研究, 28(3): 36-50.

刘焱序, 彭建, 韩忆楠, 等, 2014. 基于 OWA 的低丘缓坡建设开发适宜性评价: 以云南大理白族自治州为例. 生态学报, 34(12): 3188-3197.

龙花楼, 戈大专, 王介勇, 2019. 土地利用转型与乡村转型发展耦合研究进展及展望. 地理学报, 74(12): 2547-2559.

陆大道, 2011. 中国地理学的发展与全球变化研究. 地理学报, 66(2): 147-156.

陆大道, 2019. 对我国"十四五"规划若干领域发展的初步认识. 中国科学院院刊, 34(10): 1143-1146.

陆大道, 刘彦随, 方创琳, 等, 2020. 人文与经济地理学的发展和展望. 地理学报, 75(12): 2570-2592.

孙敬水, 叶晓佳, 2013. 分配公平、经济效率与社会稳定的协调性研究: 一个文献综述. 财贸研究, 24(2): 60-68.

王倩, 高翠云, 王硕, 2014. 基于不同原则下的碳权分配与中国的选择. 当代经济研究(4): 30-36.

王亚飞, 樊杰, 周侃, 2019. 基于"双评价"集成的国土空间地域功能优化分区. 地理研究, 38(10): 2415-2429.

王勇, 贾雯, 毕莹, 2017. 效率视角下中国 2030 年二氧化碳排放峰值目标的省区分解: 基于零和收益 DEA 模型的研究. 环境科学学报, 37(11): 4399-4408.

魏权龄, 2000. 数据包络分析(DEA). 科学通报(17): 1793-1808.

严金明, 陈昊, 夏方舟, 2017. "多规合一"与空间规划: 认知、导向与路径. 中国土地科学, 31(1): 21-27.

严金明, 王晓莉, 夏方舟, 2018. 重塑自然资源管理新格局: 目标定位, 价值导向与战略选择. 中国土地科学, 32(4): 1-7.

叶晓佳, 孙敬水, 2015. 分配公平、经济效率与社会稳定的协调性测度研究. 经济学家(2): 5-15.

岳文泽, 王田雨, 2019. 资源环境承载力评价与国土空间规划的逻辑问题. 中国土地科学, 33(3): 1-8.

张洪, 王安琦, 宋贝扬, 2017. 基于 OWA 的大理市土地生态安全评价研究. 地理科学, 37(11): 1778-1784.

张正昱, 金贵, 郭柏枢, 等, 2020. 基于多准则决策的长江经济带国土空间脆弱性与恢复力研究. 自然资源学报, 35(1): 95-105.

郑立群, 2012. 中国各省区碳减排责任分摊: 基于零和收益 DEA 模型的研究. 资源科学, 34(11): 2087-2096.

郑新奇, 胡业翠, 张春晓, 等, 2018. 中国土地信息学 30 年发展研究. 中国土地科学, 32(1): 90-96.

郑玉琳, 翟晓东, 马晨晨, 2017. 从典型碳排放权分配方案探析"气候公平"的发展方向. 中国环境管理,

9(4): 92-97.

朱道林, 张立新, 杜挺, 2017. 论土地管理学的学科内涵与研究范式. 中国土地科学, 31(9): 7-14.

CAVES D W, CHRISTENSEN L R, DIEWERT W, 1982. The economic theory of index numbers and the measurement of input, output and productivity. Econometrica, 50(6): 1393-1414.

FÄRE R, GROSSKOPF S, 1992. Malmquist productivity indexes and ideal indexes. Economic Journal, 102: 158-160.

FÄRE R, GROSSKOPF S, LOVELL C A K, et al., 1989. Multilateral productivity comparisons when some outputs are undesirable: A nonparametric approach. Review of Economics and Stats, 71: 90-98.

FÄRE R, GROSSKOPF S, NOH D W, et al., 2005. Characteristics of a polluting technology: Theory and practice. Journal of Econometrics, 126(2): 469-492.

FRIED H O, LOVELL C A K, SCH MIDT S S, et al., 2002. Accounting for environmental effects and statistical noise in data envelopment analysis. Journal of Productivity Analysis, 17: 157-174.

FU R, JIN G, CHEN J Y, YE Y Y, 2021. The effects of poverty alleviation investment on carbon emissions in China based on the multiregional input-output model. Technological Forecasting and Social Change, 162, 160344.

LINS M P E, GOMES E G, JOAO CARLOS C B, et al., 2003. Olympic ranking based on a zero-sum gains DEA model. European Journal of Operational Research, 148(2): 312-322.

LIU Y, LONG H, CHEN Y, et al., 2016. Progress of research on urban-rural transformation and rural development in China in the past decade and future prospects. Journal of Geographical Sciences, 26(8): 1117-1132.

MALMQUIST S, 1953. Index numbers and indifference surfaces. Trabajos de Estadistica, 4(2): 209-242.

RAY S, DESLI E, 1997. Productivity growth, technical progress, and efficiency change in industrialized countries: Comment. American Economic Review, 87(5): 1033-1039.

YAGER R R, 1998. On ordered weighted averaging aggregation operators in multicriteria decisionmaking. IEEE Transactions on Systems, Man, and Cybernetics, 18(1): 183-190.

ZHANG F, JIN G, Li J L, et al., 2020. Study on dynamic total factor carbon emission efficiency in China's urban agglomerations. Sustainability, 12(7): 1-17.

第4章
农业空间低碳发展路径

2023 年的联合国可持续发展高级别政治论坛上，联合国秘书长古特雷斯指出：世界"严重偏离"了实现 2030 年可持续发展目标的轨道。并在其后的联合国粮食体系峰会阶段成果总结推进大会上称，全球粮食体系"已崩溃"，必须改变粮食生产和消费方式。据外交部发布信息，中国是世界第一大粮食生产国，以不足全球 9% 的耕地生产出约占世界 1/4 的粮食，解决了 14 亿多人的吃饭问题，这是对世界粮食安全的重大贡献。对于全球粮食安全问题，中国也提出了中国方案，做出了中国行动，这其中既包括同 140 多个国家和地区开展农业合作，向发展中国家推广 1 000 多项农业技术，为 80 多个发展中国家培训超过 1.4 万名杂交水稻专业技术人才，在非洲启动建设 13 个农业发展与减贫示范村项目等，帮助发展中国家提升农业生产和保障粮食安全能力的具体措施；也在《强化应对气候变化行动——中国国家自主贡献》中强调农产品主产区要加强开发强度管制，限制进行大规模工业化、城镇化开发，加强中小城镇规划建设，鼓励人口适度集中，积极推进农业适度规模化、产业化发展。然而，本书关注到直至 2021 年，我国农业生产仍面临着"减碳"与"减贫"双重挑战，甚至涉及潜在的多方面政策风险。现阶段我国面临着进一步巩固脱贫攻坚成果，推动乡村振兴的重要任务，农业生产和生活空间承载着"双碳"目标下的减排压力。如何实现"双碳"目标与乡村振兴的协同推进，充分发挥农业空间减排增汇潜力，是当前农业生产空间优化配置面临的关键问题。可见，亟须开展乡村振兴背景下的碳排放研究，在定量核算我国农业生产空间碳排放时空特征的基础上，厘清减贫与减碳的交互影响机制，开展减贫投资的产业碳减排效应研究，探索既能实现绿色低碳发展又能推动可持续减贫的农业生产"双赢"方案，为统筹协调减贫与减碳、推动乡村振兴提供支撑。农业空间低碳发展不仅是实施乡村振兴战略的主要动力，也是确保"双碳"目标顺利实现的重要支撑。

4.1　近 40 年我国农业生产空间碳排放核算

温室气体，是大气中能把太阳辐射"截留"在地球表面的气体，包括 CO_2、CH_4、臭氧及水蒸气等，其中最主要的气体是 CO_2。农业部门（包括整个农食系统）温室气体排放总量大约是全球温室气体排放总量的 34%，动物肠道发酵和化肥施用是农业生产活动温室气体排放的前两大排放源，占农业系统总排放的 40%。农业部门排放类型主要是 CH_4（来自家畜反刍消化的肠道发酵、畜禽粪便和稻田等）和 N_2O（来自化肥施用、秸秆还田、动物粪便等）等非 CO_2 温室气体和来自能源消耗的 CO_2（Crippa et al.，2021）。为了计算便捷，本节核算农业空间温室气体排放总量时将 CH_4 和 N_2O 的排放按照全球增温潜能值统一换算为 CO_2 排放量。

农业生产空间温室气体排放相关研究结论具有显著的区域性和综合性特征。缺失农业生产空间碳排放数据将难以分析全国尺度的农业碳排放时空演变规律，无法科学指导农业系统温室气体减排工作。本章基于排放因子法构建了包含种植业和牲畜养殖业的农业生产空间温室气体排放核算体系，系统核算 1980～2020 年我国（缺乏港澳台地区数据）的农业生产空间温室气体排放。为了进一步揭示农业碳排放的时空格局特征，对 1980 年、1990 年、2000 年、2010 年和 2020 年的中国农业生产空间的温室气体排放量进行核算，分析我国农业生产空间碳排放的空间差异和结构特征，对比不同时间阶段农业生产空间碳排放变化的时空异质性规律，为我国农业生产空间温室气体减排政策提供科学参考，从农业减排角度为实现"双碳"目标提供理论与案例支撑。

4.1.1　农业空间温室气体排放时序特征

我国 1980～2020 年以 10 年为间隔的农业生产空间温室气体排放量呈先增后降的态势（图 4.1）。整体来看，1980～2020 年我国农业温室气体排放量呈现波动增长的趋势，其中 1980～2010 年保持正增长，2010～2020 年出现负增长。1980～2000 年的 20 年间，我国农业系统温室气体总排放量由 66 536.21 万 t CO_2-e 升高到 85 613.82 万 t CO_2-e。2000～2010 年农业系统温室气体排放的年均增长率为 1.34%，该时期农业系统温室气体排放量年均增长率比 1980～2000 年的平均增长率降低了约 0.1 个百分点。2020 年农业系统温室气体排放总量为 97 041 万 t CO_2-e，相比 2010 年略有下降，说明我国农业结构转型与减排政策已初见成效，可以推测未来我国农业温室气体排放总量将呈现逐步下降趋势。

从农业生产空间温室气体排放的结构来看（图 4.1），农业生产空间排放的温室气体中 CH_4 排放的贡献明显高于其他气体，且随时间呈波动变化趋势。1980～1990 年的 CH_4 排放量增长 22.44%，2000 年 CH_4 排放量相较于 1990 年减少 9.23%，2000 年之后，CH_4 排放量的变化幅度不大，2000～2010 年恢复增长趋势，增长 3.7%，而 2020 年相比于 2010 年 CH_4 排放量下降 6.45%。1980～2020 年我国农业系统 CH_4 的排放量呈先增长后下降趋

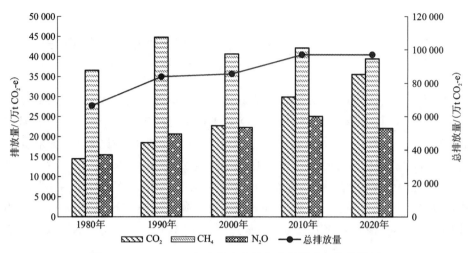

图 4.1　1980～2020 年中国农业生产空间温室气体排放量

注：图及文中 CO_2-e 表示 CO_2 当量，CH_4 和 N_2O 的 CO_2-e 核算结果根据《气候变化 2007：联合国政府间气候

变化专门委员会第四次评估报告》，按 1 t CH_4、N_2O 所引发的温室效应分别相当于 25 t、298 t CO_2 计算。

势，其中 1980～2010 年 N_2O 排放量一直稳定增长，而 2020 年比 2010 年降低 11.97%。1980 年我国农业系统 N_2O 的排放量为 15 465.31 万 t CO_2-e，略高于同年 CO_2 的排放量，而 2000 年后，CO_2 的排放量超过 N_2O 成为我国农业系统温室气体排放贡献第二大的气体。2000 年 N_2O 的排放量为 22 291.42 万 t CO_2-e，比同年 CO_2 的排放量低 1.76%。2000～2020 年，CO_2 排放量呈持续增长趋势，年均增长率为 2.83%。1980～2020 年农业系统 CH_4、CO_2、N_2O 的排放量年均增长率分别为 0.2%、3.62%、1.07%，CH_4 虽然是农业系统温室气体排放贡献最大的气体，但年均增长率较低，变化幅度比较平稳，CO_2、N_2O 两种气体排放量年均增长率较高，其中 CO_2 最高，排放量增幅较大。

4.1.2　农业空间温室气体排放结构特征

从农业生产空间中的种植业和养殖业来看，1980 年、2000 年和 2020 年种植业温室气体排放占比呈现先降低后升高的变化趋势，2000 年相比 1980 年有所降低，但依旧比养殖业高 24 个百分点。1980～2020 年全国种植业和养殖业产生的温室气体排放量平均占比分别为 67.33% 和 32.67%（图 4.2）。

我国种植业产生的主要温室气体有 CO_2、CH_4、N_2O，其中最主要的来源是稻田种植产生的 CH_4、秸秆焚烧产生的 CO_2 及氮肥施用产生的 N_2O（图 4.3）。1980 年，种植业 51.07% 的温室气体排放来源于稻田种植。2000 年前后受"三农"相关政策影响，水稻种植面积缩减，其产生的温室气体排放量占比也随之减少，导致 1980～2000 年 CH_4 排放量出现大幅下降。而 2000～2020 年由于废弃秸秆被大量露天焚烧，种植业 CO_2 排放量明显升高，CH_4 排放量也有所上升。同时，我国农业化肥及农药投入引起的温室气体排

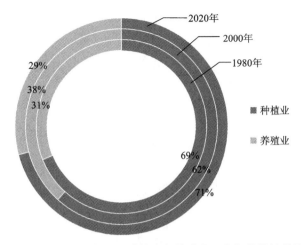

图 4.2 1980~2020 年我国种植业和养殖业温室气体排放量比例

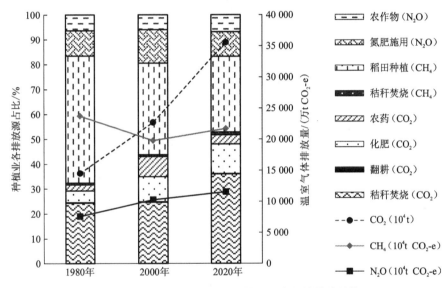

图 4.3 1980~2020 年我国种植业温室气体排放结构

放呈现先增长后减少的趋势。2000 年前后由于农药的过量滥用严重污染环境并影响农业生态系统，农业管理部门提出调整农业投入结构，减少农药使用量等政策，到 2020 年因农药使用造成的温室气体排放已有一定减少。

牲畜养殖业产生的温室气体主要是 CH_4 和 N_2O，大部分来源于大型牲畜特别是反刍动物的肠道发酵，以及动物粪便的综合利用过程（图 4.4）。动物肠道发酵产生的 CH_4 是牲畜养殖业最大的温室气体排放源，在牲畜养殖业的所有温室气体排放中平均占比 47.66%。粪便产生的 N_2O 是养殖业第二大排放气体，平均占比为 37.30%，同时粪便管理也会产生一定量的 CH_4 排放，占养殖业温室气体排放总量的 15.03%。1980~2020 年我国养殖业不同时间段的不同排放来源温室气体占比几乎未发生结构性变化，但 1980~2000 年养殖业产生的 CH_4 和 N_2O 的排放总量都随时间变化快速增长，特别是 CH_4 的排

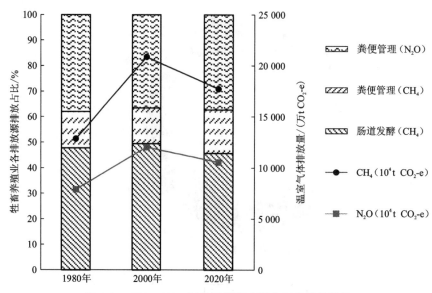

图 4.4   1980～2020 年我国养殖业温室气体排放结构

放量增幅较大。而由于大型牲畜养殖导致的温室气体排放是牲畜养殖排放的主要来源，近年来由于受到牲畜疫病特别是猪瘟影响，2020 年 CH_4 和 N_2O 排放量相比于 2000 年均有明显降低。

从我国农业生产空间不同温室气体排放构成来看，CH_4 是排放量占比最高的温室气体，1980 年、2000 年、2020 年占总排放量比例分别为 55%、47%、40%，占比呈下降趋势。CO_2 的排放量占比逐年升高，N_2O 占比则不断波动，2020 年 CO_2 和 N_2O 的排放量占比分别达到 37%、23%（图 4.5）。

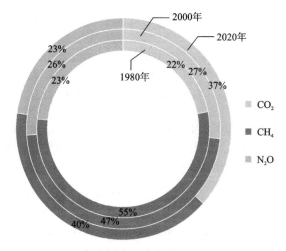

图 4.5   1980～2020 年我国农业生产空间不同温室气体排放比例

CH_4 是农业温室气体排放中占比最大的气体，排放源有水稻种植、秸秆焚烧，以及动物的肠道发酵和粪便管理（图 4.6）。其中，稻田种植是最主要的 CH_4 排放源，1980

年其排放量占整个农业系统的 64%，2000 年有所下降，占比为 47.74%，1980～2020 年平均占比为 54.96%，表示农业系统有一半 CH_4 排放来源于稻田淹水厌氧发酵。牲畜的肠道发酵是农业系统 CH_4 排放第二大来源，其排放量占农业系统所有 CH_4 排放的比例由 1980 年的 27.8% 升高至 2000 年的 40.04%，2020 年比 2000 年下降 7.26%。另外，肠道发酵和粪便管理的 CH_4 排放平均占比分别为 33.3%、10.50%，秸秆焚烧产生的 CH_4 平均占比最低为 1.25%。

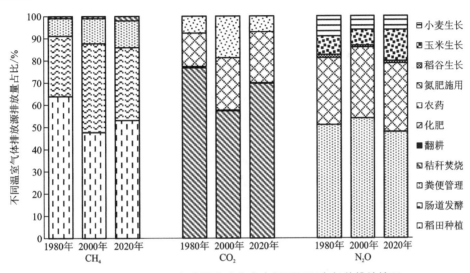

图 4.6　1980～2020 年我国农业生产空间不同温室气体排放情况

CO_2 是农业系统中温室气体排放占比第二大的气体，最主要的即为秸秆焚烧产生的 CO_2，平均占比达到 67.90%，其次是化肥、农药的农产品投入间接产生的 CO_2，平均占比分别为 20.50% 和 11.17%，翻耕造成的土壤有机碳流失产生的 CO_2 相对较少，平均占比不足 0.5%。

N_2O 的农业系统排放来源按贡献由大到小为：动物的粪便管理、氮肥施用、农作物生长导致的土壤 N_2O 排放。动物的粪便管理是我国农业系统 N_2O 排放的最主要来源，平均占比为 50.89%，其次是氮肥施用产生的 N_2O 排放，平均占比为 31.05%。我国主要三大农作物小麦、玉米、稻谷生长产生的 N_2O 排放平均占比为 18.07%，其中小麦、玉米作为旱生作物生长时土壤排放的 N_2O 排放量多于稻谷，平均占比分别为 7.14% 和 9.87%。

4.1.3　农业空间温室气体排放空间特征

1980～2011 年我国农业生产空间温室气体排放量呈现出较为显著的区域分布差异。从时间变化来看，1980 年我国农业生产空间温室气体排放量较高的县区主要集中在长江流域东南部及南方沿海地区，高排放县区集中在江苏、江西、广东、广西、湖北和湖南等地。2000 年我国东北部分地区农业生产空间温室气体排放量明显升高，特别是在陕西、吉林和黑龙江等地的部分县区，而我国北部、西部和西北部的农业系统温室气体排放量相对来说有所下降,东南部地区农业排放量依旧很高,西北地区由于农业系统温室气体排放水平总体较低。由于农业经济发展和农民收入水平提高,农业技术进步和农业投入不断增加,新疆西部、北部及宁夏等县区农业系统温室气体排放水平相较于 2000 年有明显提高,东北部地区农业系统温室气体排放量也进一步增长,特别是处于吉林、黑龙江和辽宁的部分县区。长江流域和南部沿海地区的农业系统温室气体排放水平较稳定,这些地区高投入、高消耗、高排放的农业生产方式一直是我国农业系统温室气体排放的重要来源。总体而言,1980~2011 年我国农业生产空间温室气体排放总量一直不断升高,不同地区的农业系统温室气体排放量水平与其农业生产规模成正比,区域分布呈现出不断集中的特点。

1. 农业温室气体排放空间分布

对于 CH_4 排放,我国农业生产空间 CH_4 排放主要分布在秦岭—淮河以南地区。由于水稻种植是我国农业系统 CH_4 排放的最主要来源,因此我国的一些水稻主产区如长江中下游平原、珠江流域的河谷平原和三角洲地带的 CH_4 的排放量较高。1980~2011 年我国西部及东北部 CH_4 排放量逐渐增长,特别是新疆、青海、内蒙古等地区的部分县区。这些地区具有地广人稀、降水量少等特点,虽然不宜种植业发展,但适宜牧草生长,是我国畜牧业的主要分布地区,多养殖大型牲畜和反刍类动物,其肠道发酵和粪便管理是这些地区 CH_4 排放高的主要原因。

对于 CO_2 排放,我国农业生产空间 CO_2 高排放量的县区主要分布于东北地区、长江下游及东部沿海地区,西北也有少量地区存在较高的 CO_2 排放。秸秆露天焚烧是最主要的农业系统 CO_2 排放来源,我国东北地区和西部部分地区是地广人稀的产粮区,主要种植旱地作物,秸秆剩余量较大,秸秆资源利用率低,因此 CO_2 排放量大。华东地区的农村经济较发达,农业经济发展水平领先,农民生活用能商品化程度高,因此也存在大量的废弃秸秆剩余,露天焚烧的秸秆量大,从而使得这些地区的 CO_2 排放量也普遍较高。1980~2000 年,东北地区的 CO_2 排放逐渐向吉林、辽宁北部和内蒙古东部集中,西北地区的排放量也有一定增加,而我国西南部和云贵高原地区的 CO_2 排放整体有所减少。2000~2011 年,东北地区的 CO_2 排放进一步加深,西北特别是新疆南部 CO_2 排放量有明显增长。

对于 N_2O 排放,农业生产空间的排放主要来自于动物特别是役畜的养殖,青藏高原地区、内蒙古高原的丰水地及新疆天山两侧的高山牧场都是我国主要牲畜的饲养区,因此具有较高的 N_2O 排放。而位于我国东北部和东南部的主要粮食产区由于农业投入量高,因此氮肥施用量也随之增加,而氮肥施用也是农业系统 N_2O 排放的重要来源,因此 N_2O 的排放水平高。1980~2000 年,我国东北地区、长江流域和珠江流域的 N_2O 排放有一定增长,2000~2011 年我国西部地区特别是新疆西部地区 N_2O 排放增加,东北和华中地区 N_2O 排放也进一步增长。总体来说,1980~2011 年 N_2O 排放的分布情况较为稳定,空间结构随时间变化不大。

2. 农业温室气体排放变化情况

从我国农业生产空间温室气体排放量变化情况的空间分布来看,1980~2011 年间我国农业生产空间温室气体排放量有明显增长的区域包括东北地区，特别是内蒙古东部及吉林西部等地区，西部特别是新疆及青藏高原地区，北部主要是宁夏北部地区，另外，华中、华南地区的部分县区排放量也有一定增长。而我国东南沿海、南部沿海地区由于农业经济较发达，农业结构不断完善，农业系统温室气体排放量有明显减少。统计我国不同区域的县区农业系统温室气体增减排情况发现，我国东北、华北、西南地区 80%以上的县区都存在排放量增长情况，其中东北地区排放有增长的县区占比最高达到98.01%。华东地区 48.46%的县区的农业系统温室气体排放量有所下降，是我国减排程度最高的地区。

1980～2020 年我国的农业生产空间温室气体排放总量从 6.65 亿 t CO_2-e 增长至 9.70亿 t CO_2-e，呈波动增长趋势，增长了近 46%。近 40 年增长速率在不同时段也存在差异，1980～2000 年增长（28.67%）高于 2000～2020 年的增长水平（13.35%）。据 2014 年国家温室气体排放清单的结果显示，我国农业温室气体 2014 年排放量比 1980 年增长了约25%，比 2010 年降低了约 15%。因此，研究推测我国农业系统温室气体排放的峰值在2010 年左右。1980～2020 年我国农业系统中种植业的温室气体平均排放总量（占比67.33%）高于牲畜养殖业（占比 32.67%），CH_4、CO_2 和 N_2O 是农业系统排放的主要温室气体，其中 CH_4 排放贡献最大（平均占比 47.33%）。

研究发现我国农业生产空间温室气体排放与地区农业经济发展水平、人口密度和城镇化水平存在显著相关关系。我国农业温室气体排放结构和分布情况与不同地区的农业生产方式有关，CH_4 放源主要是稻田种植和农作物秸秆燃烧（56.20%），同时 CH_4 排放量高的地区多位于我国主要的粮食产区，CO_2 排放量主要源于秸秆的露天焚烧（67.91%），因此我国粮食产量高又地广人稀的东北、西北等地区，以及农民收入水平高、农用能源商品率高的华东地区是农业 CO_2 的主要排放地区。农业 N_2O 的排放主要由于畜牧养殖（50.89%）和氮肥施用（31.05%），N_2O 排放量较高的县区与我国主要畜牧养殖地区的空间分布情况相符，如青藏高原、内蒙古和新疆等地，以及我国农业经济发展水平较高的长江流域以及珠江三角洲地区。

4.2 减贫与减碳的协同治理

4.2.1 生态文明战略下的社会经济发展转型要求

随着人类社会对自然的改造程度不断加深，人与自然的矛盾日益加剧，资源短缺和生态退化等问题凸显。为此，必须牢固树立生态文明理念，尊重、顺应和保护自然环境，推动绿色发展，促进人与自然和谐共生。在生态文明转型的政策背景下，对体制机制健全、环保技术提升、转型模式探索等提出了更高的要求。"十四五"规划将加快推动绿色低碳发展作为一个重要方面开展工作部署。而对于农村地区而言，推动生态文明建设，实现农业低碳绿色发展需要在减排固碳、惠民增收等方面开展模式探索，同时要结合脱贫攻坚与乡村振兴战略做更深入的思考。脱贫攻坚、巩固脱贫成果、持续推进乡村振兴战略与"双碳"目标的实现总体上仍存在内部冲突，如何在实现减碳的同时增加农民收入是全面建设社会主义现代化国家必须考虑的问题，可以从政府"看得见的手"到市场化、资本化方式用以协调上述两大目标的耦合协同。

4.2.2 基于 SDGs 的减贫与减碳

在推进联合国可持续发展目标（sustainable development goals，SDGs）的背景下，以 CO_2、CH_4 为主的温室气体排放与贫困成为阻碍区域可持续发展、威胁人类生存发展的全球性问题。面对减碳和减贫的双重压力，低碳发展和消除贫困越来越受到世界各国跨领域学者的关注。全球气候变化问题是世界各国政府及社会公众最关心的重要环境问题之一（Broto et al.，2017；Lei et al.，2017；康蕾 等，2015；Shaw et al.，2015；Rogelj et al.，2013；Liu et al.，2011）。尽管科学上仍存在很大的不确定性，但学术界已经基本认可温室效应存在及其对全球气候变化的影响，并已达成"一段时间内将大气 CO_2 浓度控制在某个适当水平内"的政治共识（Kosaka et al.，2013；Meinshausen et al.，2009）。基于"共同但有区别的责任"原则，中国在巴黎气候大会上提出四大行动目标。目前学术界普遍认为控制温室气体只有通过降低能源使用总量、调节能源结构、控制人口增长等举措实现（Liu et al.，2016；Guan et al.，2014；Wang et al.，2013），而现阶段保障能源消耗是提高居民收入和改善生活质量的重要途径（Wang et al.，2017；Wang et al.，2014；Pasten et al.，2012；Mazur，2011），因而基于限制能源消费的节能减排和需确保能源消费的减贫之间矛盾日益凸显，如何协调两者关系逐渐成为国家战略决策关注重点。因此，在中国社会高速发展与产业结构转型的过程中，全面建成社会主义现代化强国必需补齐民生保障和生态环境两大短板。

基于此，中国政府致力于控制 CO_2 排放与减贫方案的制订与执行，颁布了《人类减贫的中国实践》白皮书、《"十四五"节能减排综合工作方案》等一系列政策法规。在过去十年里，以投资驱动型为主减贫战略的实施在推进区域发展中发挥了重要的作用，随着中国脱贫攻坚工程的深入推进，政府对贫困地区的政策倾斜体现在集中减贫投资力度不断加大和投资产业领域不断拓宽。一方面，新能源开发利用是贫困地区经济发展的重要途径，减贫投资带动贫困地区基础设施不断完善、贫困家庭收入持续增加，居民为提高生活水平而产生了更多消费和支出，进一步产生了区域 CO_2 的排放。另一方面，区域贫困程度与当地自然环境密切相关，贫困地区生态系统稳定性与抵抗因灾致贫风险能力较差；同时，传统的能源消费结构、以高碳排放行业为主的产业结构等也会成为区域贫困地区彻底摆脱贫困、改善人民生活质量和提高社会福利水平的阻碍，减碳与减贫的冲突愈加凸显。

2020 年底，中国成为了目前全球唯一一个全面脱贫的国家，彰显了国家制度的优越性。脱贫攻坚后乡村振兴与社会主义生态文明建设理念的深入贯彻与实施将为未来的乡村绿色与低碳发展注入活力。尽管中国在减缓气候变化与减少贫困方面做出了不懈努力，也已取得阶段性胜利，但仍处于产业结构转型、能源发展方式转变与脱贫攻坚成果巩固期的中国未来仍面临着严峻挑战。巩固脱贫成果是全面建成小康社会之后需要考虑的重大问题。贫困产生原因复杂，在自然禀赋、区位发展、思想观念、经济环境、自然灾害等致贫因素的影响之下，脱贫攻坚的成果容易存在颠覆的风险。一方面，由于中国各区域在发展水平、自然资源禀赋、人口总量及结构与能源利用效率等方面的不同，区域碳排放总量具有较大的区域差别特征；另一方面，不同地区的贫困状况、减贫投资力度、减贫产业结构不尽相同，不同区域的碳排放措施产生的碳减排效果也存在很大的差异，尤其是以高耗能、高排放产业为主的中西部地区贫困水平相对较深，由于自身发展能力不足，区域脱贫代价高、困难大。目前学术界普遍认为巩固脱贫攻坚成果需要继续坚持"精准化"帮扶政策，保证帮扶政策的连续性和持续性，积极促进巩固脱贫与乡村振兴战略的内在衔接（王介勇 等，2020），要建立对潜在返贫对象动态监测的机制（汪三贵 等，2021），在教育、医疗、分配、发展等方面明确制定新的考核标准（孙久文 等，2021）。

如何确保在减碳与减贫任务顺利完成的前提下，最大限度地推进各地区均衡与可持续发展，不断提升区域社会福利水平成为目前研究中亟须解决的科学问题。通过数字化路径——数字普惠金融能够推动农业"双碳"目标的实现（程秋旺 等，2022），发展低碳绿色金融符合乡村振兴战略的内在要求，也是未来解决"三农"问题的必由之路（董春晓 等，2022）。另外，将农业碳交易逐步纳入中国碳市场，既可为农民增加收入，又可以减少农村碳排放（丁彩霞，2022）。通过扩大生产生态产品、加大生态资本投资、完善生态产品交易市场、根据碳配额创造生态产品需求、合理规划农业生态产业空间布局，能够协同推进农业空间减排固碳与乡村振兴战略目标（何寿奎 等，2022）。

4.2.3　经济欠发达地区实施低碳减贫的挑战

推进农业绿色发展，保证农业发展与环境承载相匹配，保障农产品有效供应，在此基础上协同实现碳减排目标，是实现低碳农业发展的必然要求。而对于经济欠发达地区而言，发展低碳经济存在生存压力、技术落后、教育程度不高等明显短板和挑战，这些挑战意味着要想在经济欠发达地区实现低碳发展还需经历一个相对长的过程（朱俊杰，2015）。经济欠发达地区实施低碳帮扶的挑战主要表现在两个方面。

一是经济欠发达地区传统的"高碳"生产方式短期内难以转变。经济欠发达地区由于存在原有生产要素投资收益率低的问题，需要引入新生产要素的投入来获得收入流的增长，这些新的生产要素将带来经济的不断增长，这也是改造传统农业的出路。然而，农业生产过程的新的生产要素如农业机械、化肥、农药等的投入等都产生了大量的碳排放，传统的"高碳"生产方式短期内难以改变。

二是经济欠发达地区居民的"低碳理念"意识较薄弱。教育水平较落后、文化水平不高等客观原因导致经济欠发达地区居民的低碳环保意识较为欠缺，仍然按照传统的"高碳"方式进行生产生活，尚未形成节能减排的生活习惯和生产方式，存在追求经济发展而忽视环境保护的现象。因此，经济欠发达地区发展低碳经济亟须加强低碳环保的宣传教育，培训具有低碳知识和观念的农业操作人员，普及低碳理念，促进当地居民从思想和行为上为减碳作出改变。

4.2.4 经济欠发达地区低碳发展思路

经济欠发达地区的低碳发展要始终以生态文明理念的指导，在充分遵循国家总体发展战略布局的基础上进行，既要考虑经济社会发展全局，又要兼顾地方发展实际，做到因地制宜提出发展方案，满足不同区域差异化的发展需求。在国家战略上，需结合国土空间规划对区域的功能定位谋划区域发展，不能突破生态底线。我国经济欠发达地区分布在自然环境、经济条件等方面均表现出较大的地域差异。因此，在制定这些区域的低碳发展方案的时候也需要考虑这些方面的因素。对于交通闭塞的山区，需要在改善道路等基础设施条件的基础上，利用当地丰富的自然资源适当发展低碳的绿色产业，延伸产业链，提高产业的竞争力和可持续性；对于地势平坦的平原地区，要进一步提高农业综合生产能力，并加强低碳技术在农业生产过程中的运用，如推动有机肥代替化肥、秸秆还田，促进资源高效循环利用；推广节能技术，发展数字化农业，减少化肥、农药用量，提升农业生产效率，逐步降低农业生产环节的碳排放。

在经济欠发达地区的低碳发展中，发展低碳特色产业是提升区域可持续发展能力的一个重要途径，因此，可以通过打造绿色低碳农业产业链，推动农业绿色发展、低碳发展、循环发展，全链条拓展农业绿色发展空间，培育绿色低碳新增长点，加快形成经济欠发达地区发展新动能。对于具有生态环境优势禀赋的经济欠发达地区，生态旅游、生态农业等生态经济的发展模式也符合当前经济欠发达地区的低碳发展需要。此外，减少碳排放量之外，增加碳汇也是低碳发展的一个重要方面，可以将碳排放交易平台引入经济欠发达地区的碳汇模式中（图 4.7），加强区域之间的联系与合作，根据经济欠发达地区实际情况建立碳汇项目，开展碳排放的交易，以获得相应的资金补偿等，实现区域的绿色低碳发展。

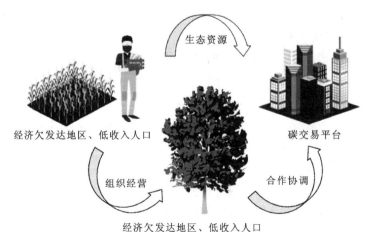

图 4.7 经济欠发达地区参与碳汇模式示意图

农业机械化等带来的能源消耗是农业产业发展碳排放的主要来源之一，种植业、养殖业是农业碳排放的另一主要来源。因此，农业产业体系的低碳规划可以从能源和产业着手。

能源方面，促进能源替代和低能源消耗产业发展。可以考虑对农业机械化等过程消耗的能源进行替代，如适当增加新能源、生物质能的应用等，调整优化农业的能源消费结构。农村实现"双碳"目标，关键在于建立完善的农村清洁能源体系，充分利用农村的可再生资源（太阳能、沼气、风能、地热能等），提升农村电气化水平，以降低农业空间用于生产生活的 CO_2 排放。我国农村地区的生物质能源非常丰富，尚未利用的畜禽粪便有 8 亿 t，拥有巨大的秸秆资源产量以及 7 000 万 t 的生活垃圾，这些生物质能源不仅能提高土壤固碳能力，避免农村空气、水源、田地污染，还能提高地力、增加农业产出，为农民开辟新的增收道路（任荣，2021）。有害投入品减量替代也是农业产业体系低碳规划的有效路径之一，人类过度依赖化肥、农药、农用薄膜的使用，它们虽然能够明显促进农业增产，但是对环境的负外部性不能忽视，这些投入要素的使用有可能污染生产出来的农产品和农业面源，还有可能使土壤退化，影响农业可持续发展。目前，以农家肥、生物农药、生物治虫方法、可降解农膜等为代表的绿色生产要素正在推广使用，可有效实现农业低碳生产目标。

产业方面，发展绿色产业是农业空间实现"双碳"目标的必然选择（薛苏鹏，2018）。种植业需基于市场导向优化调整农作物种植结构，控制和减少生产周期中温室气体排放较高的作物种植，扩大生产低碳作物种植面积，推进种植业供给侧改革（伍国勇 等，2020）。农产品加工业可将废弃物循环利用，比如稻米加工企业可以将品质良好的稻米生产成精制米、米淀粉等，剩余的稻壳可以用来做燃料，产生的米浆水可以提取出淀粉，淀粉里可以提取出葡萄糖，滤水可作为食物运送至养猪场，而养猪场产生的有机肥又能为稻米加工企业提供优质稻米生产要素。随着我国城镇居民生活水平不断提高，农村观光休闲产业近年来得到快速发展，农村天然景观、历史人文遗迹、农村娱乐园区、农村特色产业园、直销农产品基地等成为了城镇居民休闲、娱乐、购物的新选择。

此外，贫困地区需科学开展国土绿化，实施增绿提质工程，提升森林碳汇总量。加强农村地区森林、湿地、山体、绿地等生态空间保护，减少生态碳汇损耗。大力开展地区园林绿化建设，持续推进屋顶、墙面、桥体等立体绿化，推广超低能耗建筑、装配式建筑建设，以及既有建筑节能改造、太阳能集中供热、屋面光伏、空气源热泵、浅层地热等可再生能源技术在区域建筑中的应用。

4.3 我国减贫投资的产业碳减排效应案例

4.3.1 减碳与减贫关联研究的背景与进展

贫困问题与气候变化是世界各国长期关注的重要议题，减贫与减排也是中国"十三五"期间实施和落实推进的两大战略任务。随着中国脱贫攻坚工程的深入推进，不断巩固拓展脱贫攻坚成果，以投资驱动型为主减贫战略的实施在推进区域发展中发挥了重要的作用。据统计，2012～2020年，我国中央财政专项扶贫资金投入 6 896 亿元，集中用于对产业扶贫、就业扶贫的支持，着力解决"两不愁三保障"突出问题。政府对广大贫困地区的扶贫投资促进了我国产业结构、能源消费结构及消费总量的协同变化。然而，这种由减贫投资所引起的变化必然导致 CO_2 排放问题。特别是中国省域间在经济增长、化石能源消费和科技水平等方面均存在较大差别，省域间的减贫投资深度、广度及帮扶产业规模存在很大差异，产业间的减碳措施差异大等因素造成省域间碳排放效果差异很大。因此，定量衡量这种区域与产业间的差异对我国减贫和减碳措施的制定和实现减贫与减碳的协同发展意义重大（付娆，2019）。

国外学者围绕减贫与碳减排开展了大量研究（Jin et al.，2018；Callander et al.，2012；Alkire，2002）。在减贫与碳排放的影响方面，Byrne 等（2013）通过研究发现减贫与低碳技术之间存在协同效应。包容性发展与低碳发展这两者间存在矛盾，贫困国家要从低碳技术中受益，就必须加大低碳技术研发投入。斯里兰卡学者 Murthy 等（2004）探讨了电气化、高效技术渗透和城市化对居住行业能源需求和 CO_2 排放的影响，发现在渗透情景下 CO_2 排放减少了 10.8%。国际农业碳市场项目在实现温室气体减排目标方面困难重重，同时也寻求为减轻贫困提供额外收益，研究表明，如果要实现减贫和减缓气候变化的双赢，开发商必须克服自身局限，向农民提供一定的非货币利益或者直接货币援助（Ferreira et al.，2008；Filho et al.，2008）。在减贫与碳排放的实证研究方面，学界将重点聚焦于情景模拟下的减贫与碳排放情景间影响探讨。Jayatilaka 等（2014）通过情景设置和投入产出模型分析了印度不同行业能源消耗产生的 CO_2 排放量，并提出针对性的减贫方案。另外，有学者在一般均衡模型中引入气体模块，发现征收碳税易导致粮食价格上涨，进而对扶贫产生负向影响（Lee et al.，2016）。

目前国内大部分学者主要关注贫困和碳减排，研究成果逐渐增多（周扬 等，2018；王小林 等，2009）；有学者将减贫与产业碳排放的影响结合起来开展研究，但从贫困的角度分析减贫投资对碳减排影响的研究仍较欠缺。国内学者多从投资角度出发来探讨贫困对社会经济系统的影响。由于投入产出模型能系统反映各区域、各行业间的经济联系，研究者们多将投入产出模型作为此类研究的重要工具。张亚雄等（2008）利用多区域投入产出分析 2008 年奥运前期投资对京津冀和我国其他地区之间的经济影响，发现奥运会前期建设投资带动北京年均 GDP 增长约 2 个百分点。叶子菀等（2018）利用电力投资历史数据测算了电力投资对国民经济产业的影响。

我国正处于经济结构转型关键时期（袁一帆，2016），从现有文献来看，我国关于产业结构转型对碳排放及碳减排影响的研究相较国外而言更多。虞义华等（2011）指出碳强度与我国人均 GDP 之间存在"N"形关系，与第二产业比重间存在显著的正相关关系。邓晓兰等（2014）引入产业结构合理化和高级化两个指标，用来分析产业结构变化与碳排放强度之间的关系，发现产业结构变化对碳排放强度变动有显著影响。郭朝先（2012）研究发现产业结构效应对碳排放量增长的贡献率高达 10.7%。刘建翠（2013）研究认为科技进步是导致我国碳排放强度下降的主要因素。刘红光等（2010）利用多区域投入产出分析了产业结构调整的碳减排效果，发现我国东北地区、中部地区减排效率最高。

综上所述，国外学者对减贫投资与碳减排的影响开展了大量研究，国内更多基于减贫投资或碳减排效率开展单独研究，对于减贫工作对碳排放影响的研究较为缺乏。国外研究从不同学科、不同专业视角研究减贫对碳减排效果的影响，同时提出了差异化的政策建议。国内研究形成了丰富的研究成果，但从减贫影响角度出发的研究较少，减贫和碳减排效果的关联研究亟待开展。因此，本书以中国 30 个省、自治区、直辖市（西藏、港澳台地区未收集到数据除外）作为研究区，分析 2010～2017 年省域减贫投资对产业结构变动的碳减排效应，为我国减贫投资方向、产业结构优化和低碳扶贫提供决策分析框架，为政府制定适合当地的减贫投资和碳减排政策提供参考。

4.3.2　理论基础与模型方法

1. 多区域投入产出模型

多区域投入产出模型的优势是能系统全面地展现不同区域各产业间的投入产出关联，这要求确定省际间产品交流量，并确定各行业产品的流向。同时在区际间贸易中还需区分中间投入和最终消费。因此，编制多区域投入产出表需要大量的数据支撑。目前，除了日本等少数统计资料齐全的国家外，大多数国家统计系统难以满足多区域投入产出表对数据的要求（Zhao et al.，2016；Mitsuo，2015）。因此，多区域投入产出表的编制存在相当大的难度，在这种情况下，简化的多区域投入产出表的方法得到广泛应用（杨念，2008）。

1）区域间行系数模型式

在区域间模型中行系数是最早被提出的模型，也是最基础的多区域投入产出模型（Hartwick，2010；市村真一 等，2007；Bon，1984）。区域间投入产出模型通过分别列项的方式处理各区域间的产业贸易与区域内部的产业间贸易。从另一方面来看，即假若是同一行业生产的产品，但区域不同，在此模型中便作为不同的产品对待。因此，即便投入的产品相同，区域内投入和区域外投入的投入系数也可能不同。模型将某一个地区从生产的某一产品输送全国各地区（包括本地）的占比称为区域分配系数（刘卫东，2012；刘起运 等，2010；高敏雪 等，2006）。用 h_i^{RS} 表示，公式如下：

$$h_i^{RS} = \frac{t_i^{RS}}{X_i^R} \ (R = 1, 2, \cdots, m; \ S = 1, 2, \cdots, n) \tag{4.1}$$

$$\sum_{S=1}^{m} t_i^{RS} = X_i^R \ (R = 1, 2, \cdots, m; \ S = 1, 2, \cdots, n) \tag{4.2}$$

式中：t_i^{RS} 为 R 地区与 S 地区之间 i 产品的贸易量；X_i^R 为 R 地区 i 行业的产量。

$$\sum_{S=1}^{m} h_i^{RS} = 1 \ (R = 1, 2, \cdots, m; \ S = 1, 2, \cdots, n) \tag{4.3}$$

得到了分配系数后，若已知某地区的一产品产量，便能够计算它与所有地区之间的货物贸易量。

$$t_i^{RS} = h_i^{RS} X_i^R \ (R=1,2,\cdots,m; \ S=1,2,\cdots,n) \tag{4.4}$$

则 S 地区 i 行业产品的供应总量为

$$\sum_{S=1}^m t_i^{RS} = \sum_{S=1}^m h_i^{RS} X_i^R \ (S=1,2,\cdots,m; \ i=1,2,\cdots,n) \tag{4.5}$$

而 S 地区对 i 行业的需求量为

$$t_i^S = \sum_{j=1}^n \alpha_{ij}^S X_j^S + Y_i^S \ (S=1,2,\cdots,m; \ i=1,2,\cdots,n) \tag{4.6}$$

式中：α_{ij}^S 为投入系数，表示生产 S 地区 j 行业单位产出所需要的 i 行业总投入。

根据 S 地区供需平衡原则，有

$$\sum_{R=1}^m h_i^{RS} X_i^R = \sum_{j=1}^n \alpha_{ij}^S X_j^S + Y_i^S \ (S=1,2,\cdots,m; i=1,2,\cdots,n) \tag{4.7}$$

改为矩阵，则有

$$\sum_{R=1}^m \boldsymbol{H}^{RS} \boldsymbol{X}^R = \boldsymbol{A}^S \boldsymbol{X}^S + \boldsymbol{Y}^S \tag{4.8}$$

相较于区间投入产出（inter-regional input-output，IRIO）模型，区域间行系数模型利用区域分配系数简化了多区域投入产出的编制程序，且降低了对基础数据的要求（Halkos et al.，2015；Zhang et al.，2012；Dollar，2007）。但问题在于某一产业行业内部难以区分来自区域内部产品和来自区域外部的产品，且比例不定，因此当投入系数发生变化时，很难区分是生产技术革新带来的变化还是区域间贸易条件变化所致。此外，区域间行系数模型要求将所有产业按照区域划分，这就要求编制的时候计算各区域每个行业的投入、产出结构，这势必增加了基础数据的要求。此模型分配系数的误差和数据精度要求在很大程度上影响了模型的普及运用（石敏俊 等，2012；李雪梅，2004）。

2）区域间列系数模型

为克服行系数模型的系数不稳定和数据需求量大的缺点，美国经济学家 Moses 在区域间行系数模型基础上提出了 Chenery-Moses 模型，也称列系数模型。列系数模型最核心、最关键的是贸易系数，它指 S 区域 i 产品的总需求中，S 区域的中间和最终需求行业分别从 R 区域调入的 i 产品的占比，即需求地从各个生产地所取得所需产品的比例。设 c_i^{RS} 表示为 R 地区对 S 地区间的第 i 种产品区域间交易系数，公式表示为

$$c_i^{RS} = \frac{N_i^{RS}}{\sum_{j=1}^n \alpha_{ij}^S X_j^S + F_i^S} \tag{4.9}$$

$$N_i^{SS} = \left(\sum_{j=1}^n \alpha_{ij}^S X_j^S + F_i^S\right) - \sum_r N_i^{RS} \tag{4.10}$$

式中：N_i^{RS} 为 S 区的各产业中间以及最终需求行业从 R 区域调入的 i 产品的总额；F_i^S 为

S 区的各产业最终需求行业从 R 区域调入的 i 产品的总额；$\sum \alpha_{ij}^{S} X_{j}^{S}$ 为 S 区的各产业中间需求行业从 R 区域调入的 i 产品的总额；本区域内部 i 产品的供给量 N_i^{SS} 为 S 区域 i 产品总需求去除掉各区域 i 产品的调入总额。

可以看出，贸易系数可以反映产品的区域内自给率及各个区域之间的产品交易形式。通过贸易系数，各个区域产业行业之间的产品交易额为

$$x_{ij}^{RS} = c_i^{RS} \alpha_{ij}^{S} X_j^{S} \qquad (4.11)$$

各区域最终需求行业贸易额为

$$F_i^{RS} = c_i^{RS} F_i^{S} \qquad (4.12)$$

可以得到 Chenery-Moses 模型的基本方程式为

$$CAX + CF + E = X + M \qquad (4.13)$$

反映在多区域投入产出模型中，表示为

$$A^{RS} X^R + F^{RS} + E^R = X^R + M^R \qquad (4.14)$$

$$A^{RS} = CA \qquad (4.15)$$

$$F^{RS} = CF \qquad (4.16)$$

式中：C 为交易系数矩阵；A^{RS} 为投入系数矩阵；F^{RS} 为最终需求矩阵；E^R 为出口列阵；M^R 为进口列阵；X^R 为产出列阵。Chenery-Moses 模型相较于区域间行系数模型，降低了对基础数据的要求，从而极大地降低了多区域投入产出表的编制难度。此外，Chenery-Moses 模型还将投入系数 α_{ij}^{S} 和交易系数 c_i^{RS} 区别开来，从而将生产技术和贸易影响区别开来。因此，衡量产出技术升级和贸易结构转变所产生的不同影响是本模型的优势所在。

3）区域间引力模型

1963 年列昂惕夫（Leontief）和斯特劳特（Strout）提出了区域间引力模型（balanced multiregional model），它与以上两个模型的最大的不同点主要表现为在任意一个国家的经济体系中，此模型可以将市场分级，并将不同级别市场作为基础，将商品分为三类，即国家商品、区域商品以及本地商品。这样划分的好处是可以分析任意一个国家经济体系中不同级商品市场的贸易情况（Vasil'ev et al.，2010）。模型的数学表达式为

$$X_i^{S} = \sum_{j=1}^{n} \alpha_{ij}^{S} X_j^{S} + F_i^{S} \ (S=1,2,\cdots,m; \ i=1,2,\cdots,n) \qquad (4.17)$$

式中：X_j^{S} 为 S 地区 j 产品的总产量；α_{ij}^{S} 为 S 地区生产产品 j 时投入 i 产品的占比；F_i^{S} 为 S 地区生产产品 j 时投入 i 产品的最终产量。

$$X_i^{R} = \sum_{S=1}^{m} X_i^{R} \ (R=1,2,\cdots,m; \ i=1,2,\cdots,n) \qquad (4.18)$$

表示 R 地生产的产品 i 调出到全国所有地区的产量与 R 地区 i 产品的产量相等。结合：

$$X_i^{S} = \sum_{S=1}^{m} X_i^{RS} \ (S=1,2,\cdots,m; \ i=1,2,\cdots,n) \qquad (4.19)$$

得到：

$$\sum_{R=1}^{m} \sum_{S=1}^{m} X_i^{RS} = \sum_{R=1}^{m} X_i^{R} = \sum_{S=1}^{m} X_i^{S} = X_i^{OO} \qquad (4.20)$$

式中：X_i^{OO} 为 i 产品全国产量，公式中 i 产品供应量之和等于该产品的总使用量，即全国内本产品产销量相等。

因此，假设 i 产品的流量由以下方程决定：

$$X_i^{RS} = \frac{X_i^R X_i^S}{X_i^{OO}} Q_i^{RS} \ (R, S = 1, 2, \cdots, m; \ i = 1, 2, \cdots, n) \tag{4.21}$$

系数 Q_i^{RS} 是常数，由以下四个数决定：

$$Q_i^{RS} = (c_i^R + k_i^S) d_i^{RS} \delta_i^{RS} \ (R, S = 1, 2, \cdots, m; \ i = 1, 2, \cdots, n) \tag{4.22}$$

式中：d_i^{RS} 为 i 产品由一地运输到另一地运费的倒数，它可以被计算出来；δ_i^{RS} 为 0 或 1 的常数，若地区 R 不能向地区 S 运输产品 i，则 $\delta_i^{RS} = 0$，否则为 1；c_i^R 和 k_i^S 是根据最小二乘法在统计资料的基础上所估算的两个参数。

2. 区域间流量的估算方法

区域间商品或服务价值流量的估算是多区域投入产出模型编表最为关键的步骤。当前，许多学者利用有效数据模型，研究各种模型估算交易量。日本、芬兰、俄罗斯、美国、西班牙等国是目前世界上对如何更好利用统计数据等研究比较深入成熟的国家（王勇 等，2015）。通过对他们的计算方法的学习，以下介绍三种最为常见的区域间商品流量估算方法，分别是区位商法、回归方程和引力模型法（孙林，2011）。

1）区位熵法

估算中间流量是编制多区域投入产出表最为关键的步骤，美国学者构建了一种最简单易行的熵方法，即简单区位熵法（张华 等，2004）。比较经济活动对当地的贡献与上一级别区域贡献度的相对大小是区位商的主要目的，反映产业集中度，即专业化生产产业的发展水平。其原理为

$$LQ_i^R = \frac{x_i^r / x^r}{x_i^N / x^N} \tag{4.23}$$

式中：上标是地区，下标是行业；x_i^r 为产出，x^r 为总产出，x_i^N 为全国的产出，x^N 为全国总产出。分子为 i 行业对研究区经济的贡献率，分母为 i 行业对全国经济的贡献率，由此可得 LQ^R 表示当地一个行业产出占当地总产出的比重与全国相对应行业比重之比。当 $LQ_i^R > 1$ 时，表示产业相对集中程度和专业化水平较全国平均水平高，对本地的发展更为有利；相反，$LQ_i^R < 1$ 时，则表示行业的产出水平低于全国平均水平，对本地的影响较小。根据本公式可知地区聚集程度较全国水平高的产业是哪些，这有助于对地区产业发展模式的理解。

利用区位熵法可将全国直接消耗系数区域化。通常将具有某种代表性的某产业直接消耗系数直接作为本产业的全国层面的投入系数矩阵，即用全国 IO 表中的直接消耗参数代表本产业的平均水平。因此，可以通过全国的投入系数和相应的地区有用数据推算得到这一产业的地区投入系数。区位熵法中 LQ 即调整系数，反映各个地区的信息。

区位熵反映了一个地区贸易模式，若某地某一产业区位商大于 1，即该地产业不需

要从别的地区调入产品，本地产出不仅可以自给自足还能满足其他地区对该产品的部分需求。反之，若某地某一产业区位熵小于1，则意味着该地区该产业的产出难以满足当地的需求，需要从其他多个地区调入该产品。据此可以假定某地某产业区位熵大于1时，全国其投入系数就是该产业投入系数，当某地某产业的区位熵小于1时，全国投入产出表中投入产出系数与区位熵的积等于其投入系数 α_{ij}^N，用公式表示为

$$\alpha_{ij}^r = \begin{cases} LQ_i^r \alpha_{ij}^N, & LQ_i^r < 1 \\ \alpha_{ij}^N, & LQ_i^r > 1 \end{cases} \quad (4.24)$$

估计出地区内部投入系数之后需对区域间投入系数加以估算。我们先假设某一区域只有 r 和 s 两个子地区，用 α_{ij}^{rr} 和 α_{ij}^{ss} 分别表示两地投入系数，用 t_i^r 和 t_i^s 分别表示自给系数，即本地区生产所需的原料或初级产品能在本地直接获取的比例。由此可以根据全国的投入系数估计各地区内部投入系数：

$$\alpha_{ij}^{rr} = t_i^r \alpha_{ij}^N$$
$$\alpha_{ij}^{ss} = t_i^s \alpha_{ij}^N \quad (4.25)$$

若将区位熵作为各区自给系数，则有：

$$t_i^k = \begin{cases} LQ_i^k, & LQ_i^k < 1 \\ 1, & LQ_i^k \geqslant 1 \end{cases} \quad (k = r, s) \quad (4.26)$$

两地区模型中，当某一地区无法满足另一地区投入需要的时候，则需要从第三个地区进口，从而便分离出第三地区的产品向第二地区流动的数据。

$$\alpha_{ij}^{sr} = (1 - t_i^r) \alpha_{ij}^N \quad (4.27)$$

$$\alpha_{ij}^{rs} = (1 - t_i^s) \alpha_{ij}^N \quad (4.28)$$

根据这个公式从而得出完整的两地区间的系数矩阵。同理，区位熵法在三个及以上的地区同样可以用以估计区域间投入系数。其中，Hulu 等（1993）将区位熵模型推广至5地区 IO 表，Bonet（2005）将其延伸至 7 地区间 IO 表。随着研究的深入和应用的日益广泛，学者均运用区位熵系数、RAS 平衡方法以及两地区模型将区位熵法推广至估算多地区 IO 表。但是经过数次检验发现，区位熵法自身还是存在一定的不足，它在计算贸易量时并未考虑产品的双向流动，因为投入系数被低估从而导致数据估算并不是特别精确，但利用区位熵法所计算区域内部结果要好于区域间表部分。

2）引力模型

Leontief 等（1963）提出的引力模型是我们经过对比之后发现最为好用的，该模型也被广大学者广泛地应用于计算各行业产品的贸易量，其公式为

$$t_i^{rs} = \frac{x_i^R d_i^S}{\sum_R x_i^R} Q_i^{RS} \quad (4.29)$$

式中：t_i^{rs} 为流出量；x_i^R 为总产出；d_i^S 为总需求；$\sum_R x_i^R$ 为全部地区的总产出；Q_i^{RS} 为贸易参数，也叫摩擦系数。

选择何种贸易参数估算方法计算各地区分行业的产出、需求数据是决定使用引力模型计算各行业产品贸易量的主要因素。而摩擦系数 Q_i^{RS} 的估计是引力模型的关键之所在。针对不同基础数据，Leontief 等（1963）提出了不同的摩擦系数估算方法。其中井原健雄在 1996 年提出了运输量分布系数法。该方法基于运输量存在近似性，假设从某一地向其他地区的货物输送量的占比与货物中重要产品占比相同，因而产品流动的摩擦系数 Q_i^{RS} 即为分配系数，其公式为

$$Q_i^{RS} = \frac{h_i^{rs}}{\dfrac{h_i^{r\bullet} h_i^{\bullet s}}{h_i^{\bullet\bullet}}} \qquad (4.30)$$

式中：h_i^{rs} 为产品输送量，$h_i^{r\bullet}$ 为产品总调出量，$h_i^{\bullet s}$ 为产品总调入量，$h_i^{\bullet\bullet}$ 为全部地区产品总调出量。因此，产品的贸易系数越大，那么区域间经济联系越强。

3）模型检验

根据以上所述可知，在多区域投入产出表中，最为主要的是确定投入产出系数，这需要计算生产一个单位的产品所需其他地区的投入量及其占比，就需要区域间详细的贸易数据，既包括供应商品数据还应包括需求数据。因此，我们有必要对估算的投入产出系数做检验，确定数据具有稳定性和可靠性。不同的模型中系数需满足以下数量关系：

$$t_i^{RS} \alpha_{ij}^S = \alpha_{ij}^{RS} \qquad (4.31)$$

式中：t_i^{RS} 表示产品的总量；α_{ij}^S 为生产 j 行业产品需要 i 行业的投入量；α_{ij}^{RS} 表示投入系数，也就是 S 地生产 j 行业产品需要 R 地区 i 行业的投入量。

3. 减贫投资分类与归并

根据《中国农村贫困监测报告》（2019）的数据记载和行业分类，发现减贫投资主要集中在 6 个行业，分别是农业，农产品加工业，电气、机械及器材制造业，通信设备、电子计算机制造业，建筑业和其他服务业。其行业对应的投资项目见表 4.1。

表 4.1　减贫投资项目分类表

行业	对应项目
农业	农业
	林业
	畜牧业
农产品加工业	农产品加工业
电气、机械及器材制造业	农网完善及无线电力设施
通信设备、电子计算机制造业	村村通电话、互联网覆盖等农业信息化建设

行业	对应项目
建筑业	农村饮水工程
	小型农田水利及农村水电
	病险水库除险加固
	村村通公路（通畅、通达工程等）
	农村沼气等清洁能源建设
	农村危房改造
	乡镇卫生室、卫生院建设
	易地扶贫搬迁
	农村中小学建设
其他服务业	卫生技术人员培训
	劳动力职业技能培训
	农村中小学营养餐计划

4. 减贫投资、经济增长和碳排放

1）减贫投资的拉动作用估算

最终需求拉动社会的生产和服务活动，居民以及政府消费、固定资产投资等最终需求通过国民经济各部门间的技术、经济联系传导至整个经济体，从而影响国民经济增长的规模和速度。省际区域间投入产出模型可通过生产诱发来度量各个行业需求增加对其他行业产出增长的拉动作用。若最终需求变为

$$F^* = \begin{bmatrix} F^{1*} \\ F^{2*} \\ F^{3*} \end{bmatrix} \tag{4.32}$$

则产出的拉动作用为

$$X^* = (I - A)^{-1} F^* \tag{4.33}$$

减贫投资作为最终需求的一种，是本书议题中的研究对象，用以探讨减贫资金对国民经济结构和规模的拉动影响。

2）产业结构调整的碳减排模型

不同地区各行业的产业结构调整系数 u_j^s 指 s 省 j 行业的产能调整幅度，即减贫投资的拉动作用估算得出的减贫投资产能调整幅度。国民经济结构以及生产技术在短期内是

相对稳定的，因此，假设各行业直接消耗系数在 2010～2017 年保持不变。根据区域间投入产出模型的内在联系可知，若 s 省 j 行业的产能增长或降低，必定带来其中间投入的增加或减少，从而带来其他省或行业总产出的增加或减少。假设 s 省 j 行业总产出变化 u_j^s，则引起自身及其他省各行业总产出的变化量 ΔIX_j^s 和 s 省 j 行业总产出的增加或降低引起的 CO_2 排放量增加或减少量 ΔIC_j^s 分别为

$$\Delta IX_j^s = X_j^s u_j^s + \sum_r \sum_i \alpha_{ij}^{rs} X_j^s u_j^s \ (r=1,2,\cdots,27, i=1,2,\cdots,30, 且 r,i 不同时等于 s,j) \quad (4.34)$$

$$\Delta IC_j^s = X_j^s u_j^s C_j^s + \sum_r \sum_i \alpha_{ij}^{rs} X_j^s u_j^s C_i^r \quad (4.35)$$

其中，能源利用水平指各省各行业的 CO_2 排放系数 C_i^r，即中国碳核算数据库（Carbon Emission Accounts & Datasets，CEADs）所提供的各省各行业碳排放量与所在区域行业总产出的比值。

则 s 省 j 行业减贫投资诱发的产业结构调整的碳排放强度 IC_j^s 为 CO_2 排放变化量带来的自身及其他省各行业总产出变化量的比值，即

$$IC_j^s = \frac{\Delta IC_j^s}{\Delta IX_j^s} = \frac{X_j^s u_j^s C_j^s + \sum_r \sum_i \alpha_{ij}^{rs} X_j^s u_j^s C_i^r}{X_j^s u_j^s + \sum_r \sum_i \alpha_{ij}^{rs} X_j^s u_j^s} = \frac{C_j^s + \sum_r \sum_i \alpha_{ij}^{rs} C_i^r}{1 + \sum_r \sum_i \alpha_{ij}^{rs}} \quad (4.36)$$

其中，IC_j^s 越小，表示减贫投资的碳排放强度越高。

5. 数据来源与处理

减贫既是一项社会工作，更是一项经济工作，与之相关的地区经济行业之间联系紧密。因此，借助能够反映我国省域间经济联系及影响的多区域投入产出模型对我国省域间的经济联系进行分析，测算社会减贫投资对各个省域各产业的结构影响。另外，各产业帮扶工程所产生的碳排放量不同，本研究根据区域间的产业关联系数和碳排放系数，建立省际间在产业结构调整的情况下 CO_2 减排效率模型，以分析各省各行业的减排效果。

多区域投入产出表的编制需要大量的数据，包括各省单独的投入产出表、区域间货物贸易量等数据。

（1）各省投入产出表。我国投入产出表编制始于 1987 年，各省（区、市）投入产出表每 5 年编制一次（中间年份部分省份可能会编制投入产出表的延长表）；1997～2017年各省投入产出表包含 31 省（区、市）42 部门，其中 2012 年全国各省（区、市）投入产出表广泛应用于各个领域，具有较强的可验证性和可重复性，因此本节基于 2012 年各省（区、市）投入产出表进行实证。各省（市）的投入产出表源于省（市）统计局官网。

（2）省际间贸易数据。各省（市）与其他省际间的贸易数据是多区域投入产出表中最为关键的部分。根据前文所述的引力模型可知，需要省际内部流入和流出数据以及省际间的流入和流出数据，来估算省际间的贸易矩阵。中国商品贸易主要由公路、铁路、空运和水运等组成，考虑数据获取问题，采用记载最为全面的铁路运输数据为基础，借助 2011～2016 年《全国铁路统计摘要》（铁道部统计中心编制）及《中国交通年鉴》等

获取省际间贸易数据。

（3）社会经济数据。本研究涉及的社会经济数据包括：各省（市）减贫投资数据和低收入人口数据，均源于 2011~2016 年《中国农村贫困监测报告》的附录。

（4）各行业碳排放数据。各省（市）分行业碳排放系数主要基于中国碳核算数据库（CEADs）所计算的全行业的碳排放量，根据各省统计局公布的各行业 GDP 或工业增加值合并最终得到 27 个行业的 GDP 数据。计算获取各省各年份各行业 CO_2 排放系数。

4.3.3　中国省域减贫投资的产业碳减排效应

1. 减贫投资对经济的影响

通过模型计算减贫投资对经济的影响，从总体来看，研究期内减贫投资拉动中国经济总量增长了 19 157.39 亿元。减贫资金诱发的经济增量呈现波动上升的趋势，8 年间减贫拉动的经济增量保持了 39% 的平均增速。2010~2012 年对我国北方经济的拉动稍弱于南方；2013 年之后，南北方经济出现了快速增长的现象，但北方经济拉动速度明显低于南方。从地域上来看，拉动作用最为明显的地区为云南和贵州，研究期内云南经济增长 1 977 亿元，贵州经济增长 1 652 亿元。其次是广西、甘肃、四川、湖南，分别拉动经济增长 1 470 亿元、1 316 亿元、1 254 亿元和 1 168 亿元。另外，在山西、河北、江西、安徽、陕西、河南等地区减贫投资拉动经济增长在 600~1 000 亿元，可见减贫投资对深度贫困地区经济的拉动作用显著。

对拉动作用最明显的贵州省和云南省开展进一步分析。从行业来看，研究期内减贫投资对两省经济的拉动作用差异显著，贵州增长速率在各行业间差异大，研究期内平均增长 64 亿元。贵州建筑业增长量最大，增长了 238 亿元，非金属产品增长了 170 亿元，非金属采矿增长了 138 亿元，此外，金属制品、金属采矿和交通设备制造增速也相对较快，相比 2010 年增加了 16~17 倍。云南各行业经济增长较为均衡，研究期内年平均增长为 76 亿元；其中投资对云南建筑业的拉动增量最大，增加了 233 亿元，再次是非金属，产品增量为 202 亿元，非金属采矿 150 亿元，金属产品 148 亿元。云南和贵州增加值较突出的行业集中在建筑业、非金属产品制造业、非金属采矿和其他服务业，可见，深度贫困地区基础设施建设和教育投资的投资力度最大。而非金属产品制造业和非金属采矿增加值出现较大增幅可能是由于当地资源禀赋较好，在帮扶行动中增强了对自然资源的开发力度，矿产资源加工制造业也得到了快速发展，但仍需关注这些产业的环境影响，坚持扶贫致富奔小康与绿色发展、特色发展、转型发展相协同。

从不同行业来看（图 4.8），非金属产品、非金属矿和其他矿采选业 2010~2017 年减贫投资对经济拉动累计增长了 4 976 亿元、4 744 亿元；减贫投资对冶金、金属制品、金属采矿、木材加工和家具的拉动增速较明显。但减贫投资对农业、食品加工业和其他制造业的拉动作用小，表明虽然减贫投资对农业及其衍生产业带来了一定的拉动作用，但其反馈的经济效益低，从事该类活动不能显著地降低贫困，这与已有研究结果一致（Jin et al.，2018）。因而应根据各地实际情况来优化扶贫资金等在行业间的分配，进一步促进农村产业结构升级。

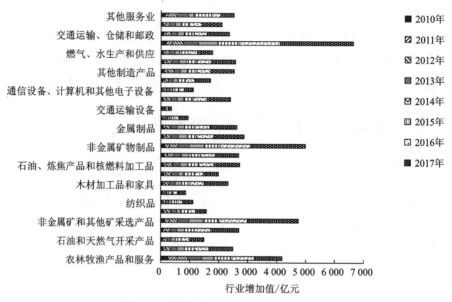

图4.8　减贫投资对各行业增加值的拉动

2. 省际产业结构变化的碳排放强度分析

由上述方法得到 2010～2017 年各省各行业碳排放强度，结果表明，全国扶贫带来产业结构调整的碳排放强度总体呈现下降趋势，差异逐步缩小。除内蒙古、黑龙江、浙江、湖南四省（自治区）外，北京、上海、广东、辽宁、吉林等 26 个省（直辖市、自治区）减贫投资对碳排放强度一直属于逐年降低型。其中，碳排放强度变化最为明显的有新疆、贵州、甘肃和宁夏，下降幅度在 50%～60%；碳排放强度逐年增长的四省，尤其是内蒙古和湖南，减贫投资产业结构调整的碳排放强度分别增长了 23.7% 和 15.5%，这些省份应加强技术和研发投入，提升技术水平，调整能源结构。在空间上，碳排放强度呈西北高东南低的态势，这与碳排放量变化趋势相一致。减贫投资的碳排放强度高值区主要分布在新疆、甘肃、宁夏、山西等中西部资源富集区，这些省份的煤炭、天然气、有色金属等矿产资源丰富，经济以资源型工业和传统农业为主，城市化发展过度依赖自然资源、能源结构和产业结构，亟待调整优化发展模式。

聚焦碳排放强度变化最不明显的内蒙古和最明显的新疆地区。结果表明：内蒙古各行业碳减排强度变化非常小，其主要原因是碳排放强度最差的电力、热力的生产和供应行业还处于波动增长中。新疆煤炭开采及洗选业，电力、热力的生产和供应，其他制造业，非金属矿采选业等产业碳排放强度变化不明显，且还有增长的趋势，但新疆在金属矿采选业、冶金、非金属产品制造、运输和仓存行业的减排变化效果最为明显，且碳排放强度表现为持续减小趋势，其他行业效果不明显。总体来看，我国减贫投资减排效果在能源生产和开采行业的贡献不够，需要改进能源生产和开采技术，并开发绿色新能源。

从行业角度来看，研究期内减贫投资的产业结构调整碳排放强度最高的是电力、热力的生产和供应行业；其次是煤炭开采及洗选业，这可能与我国能源生产行业仍处在转型阶段有关；另外，制造业中非金属产品制造、冶金、石油产品等行业碳排放强度也相对较高，说明我国能源相关制造业结构亟须转型升级，未来应加大绿色能源的研发和使用。整个研究期内，大部分行业的碳排放强度不断减小。

减贫投资的碳排放强度最高行业为电力、热力的生产和供应行业，该行业碳排放强度整体呈现北高南低的趋势。从行政区划上来看，该行业高碳排放强度主要分布在宁夏、新疆、内蒙古、吉林、辽宁等地，表明帮扶资金在该行业的需求量较大，这是由于该类地区冬季时间长，供暖需求量大，其供暖以电力和煤炭等传统热力生产和供应为主。该行业碳强度较低的省份分布在北京、山西、福建和青海等新能源资源发达的省（或直辖市）。其中，北京市作为我国高新技术发展的重心，积极推进新能源产业发展和碳交易试点，其电力、热力的生产和供应行业的碳排放强度逐渐降低。随着煤炭等传统资源经济的下滑，山西注重新能源产业的发展，2017年成为我国光伏建设投入最高的省份，电力、热力的生产和供应行业的碳排放强度降低。福建作为清洁核电的代表省份之一，2013年宁德核电站的投产极大地提高了清洁能源的比重，改善了该地区的能源结构，扭转了电力、热力的生产和供应行业增长的趋势。青海地处青藏高原腹地，水电、光伏和风电等新能源丰富，新能源建设位居我国首位，并逐渐成为世界级的新能源基地，其电力、热力的生产和供应行业的碳排放强度一直处于较低水平。值得注意的是，自2013年碳交易政策实施以来，湖北省的碳强度在2012年达到了峰值，由上升转为连续下降的趋势；北京市的碳强度下降趋势则呈现逐渐加大趋势。综上所述，光伏、核电站等新能源产业发展和碳交易政策的实施是电力、热力的生产和供应行业碳排放降低的主要原因；而电力、热力的生产和供应行业的高碳排放强度则主要发生在我国北部以传统能源为主的供暖地区。

4.3.4　中国减贫投资的碳减排效应启示

本小节基于区域间投入产出模型核算减贫投资对各行业的经济拉动，并针对减贫投资的经济拉动计算减贫投资的碳排放强度变化，主要结论如下。

2010～2017年的减贫投资在中国经济方面产生了显著影响。该投资从2010年的国民经济总量0.62%增长到2017年的2.62%，促进经济总量增长了19 157.39亿元，呈现出明显的增长趋势。尤其在深度贫困地区，减贫投资的作用尤为明显，云南和贵州是其中带动经济增长最为显著的地区，其次是广西、甘肃、四川和湖南。减贫投资拉动作用主要体现在建筑业、非金属产品制造业、非金属采矿和其他服务业等行业，而农业、食品加工业和其他制造业的增长相对较慢。此外，全国扶贫还引发了产业结构的调整，导致碳排放强度整体下降，以逐年降低为主，特别是新疆、贵州、甘肃和宁夏四地区的下降幅度最为显著，降低了50%～60%。尽管各省碳排放强度存在差异，但这一差距逐渐缩小。高碳排放主要分布在北部传统能源供暖地区，如宁夏、新疆和辽宁等，而低碳排放则在资源丰富的光伏、核电站和风力等新能源发达的省（区、市），如北京、福建和青海。虽然一些行业的碳排放强度仍不理想，但呈现出不断优化的趋势。

中国政府高度重视脱贫攻坚和碳减排工作，已经出台了相关政策和指导方针，并投入了大量的人力和物力资源。然而，目前仍然缺乏关于扶贫投资对工业碳减排效果的综合研究，因此需要进行科学研究，以为制定和实施绿色扶贫政策提供见解。研究结果表明，我国扶贫投资整体上对碳排放水平有正面影响，但不同省份和行业之间存在显著差异。

基于这些研究结果，可以提出以下政策建议以完善扶贫碳减排政策。首先，解决经济欠发达地区可持续发展的主要途径是通过调整产业结构。扶贫政策在经济欠发达地区，如云南、贵州、广西、甘肃、四川和湖南等，可以产生显著影响，尤其在非金属制品、非金属采矿和建筑业领域。然而，需要特别关注农业、食品加工和制造业等贫困地区的支柱产业，以促进它们的发展。

为了帮助经济欠发达地区充分挖掘可持续发展潜力，必须采取适应当地条件的措施，认可当地产业和经济来源的特点。此外，经济欠发达地区的低碳发展面临着低碳产业规模的制约。为减少建筑业、非金属制造业和非金属采矿业对化石能源和资源的过度消耗，应推动绿色低碳循环发展思路，并增加扶贫资金投入核电站、光伏、水电、风能等新能源技术，以促进它们在适宜地区的实施。

研究还表明，帮扶措施对不同地区的经济发展和减排效果存在显著的差异。因此，政策应当重点关注这些差异明显的领域和行业，为实现低碳减贫提供适当指导。这将有助于建立可持续减贫的长效机制，并有助于降低碳排放水平，实现减贫和减碳的双重目标。

未来研究工作仍有改进潜力。首先，区域间贸易数据对区域间投入产出表至关重要，多元化交通方式的数据采集和细致的调查数据可提高准确性。尽管我们采用广泛覆盖的铁路运输数据，但未来大数据技术有望进一步提高数据精准度。其次，铁路数据主要涉及制造业，缺乏详细贸易数据支持。未来研究可寻求更多制造业贸易数据支持，根据距离衰减曲线等方法进行参数调整。最后，本节关注帮扶资金的碳排放强度，但帮扶资金对社会有多方面影响。未来研究应综合多角度分析帮扶资金的社会影响。

4.4 农业空间低碳发展路径

4.4.1 农业空间温室气体减排措施

根据农业生产空间温室气体排放情况及不同地区的排放特点，给出以下减排措施建议。

一是减少稻田种植区 CH_4 排放。CH_4 是最主要的农业排放温室气体，CH_4 排放平均占农业生产空间温室气体排放总量的 47.33%，同时 CH_4 排放是仅次于 CO_2 的导致全球变暖的第二大原因，而 CH_4 在大气中的寿命比 CO_2 短，因此相比于 CO_2，减少 CH_4 排放在限制全球升温方面有更立竿见影的效果。从 CH_4 排放量的空间分布来看,应对华中平原和长江、珠江等主要河流流域的主要稻田种植区域进行合理土壤水分管理和有机肥施用,以达到减少 CH_4 排放的目标。

二是提高农作物秸秆等废弃物的综合利用率。秸秆的露天焚烧是农业生产空间温室气体排放的重要来源,我国农业 CO_2 排放中 65% 以上是来自秸秆的露天焚烧,造成了资源的严重浪费和环境污染。近年来禁止秸秆露天焚烧政策使得农业系统温室气体排放量有所减少。然而,以旱地农作物为主要粮食作物的东北地区和西北地区的农作物秸秆产量和 CO_2 排放仍较高。因此,需重点提升该类地区的秸秆综合利用效率,降低温室气体减排量。

三是合理施用化肥和有机肥,避免过量施肥。农用化肥产品的投入,特别是氮肥的施用是农业生产空间温室气体排放的重要来源,施用化肥会产生 CO_2、CH_4 等温室气体。我国农业经济发达、农产品商品率高的华中地区,需制定精准施肥策略,综合考虑种植业和养殖业协同管理,合理分配和使用农作物种植和牲畜养殖资源,减少氮肥、增加有机肥和动物粪肥的施用,进一步深化农业施肥现代化,以减少 N_2O 的排放。

四是发展低碳牲畜养殖。我国近一半的 CH_4 和 N_2O 排放来自于牲畜的肠道发酵和粪便管理,在我国青藏高原地区、内蒙古高原的丰水地及新疆天山两侧的高山牧场等主要畜牧养殖地,应推广在牲畜养殖过程中控制饲养和粪便管理措施,如通过改变饲料成分提高饲能比,将粪便废弃物资源集中处理循环利用,以减少环境污染和碳氮排放。

五是清晰认识我国农业生产空间温室气体排放的区域和结构差异,科学规划种植业和养殖业的农业资源分配。制定农业生产政策时应考虑不同地区的资源禀赋及技术水平等方面的差异。例如,对于我国东北地区应控制小麦玉米等旱地作物的种植和提高农副产品利用率,而对长江流域以及珠江三角洲地区则应精准控制水稻的种植生长过程及土壤管理,对于我国西北地区和内蒙古地区,则应合理规划牲畜养殖规模,促进农业生产智能化、精准化、绿色化,从而减少我国总体农业系统温室气体排放,实现农业资源充分利用、生态环境保护及农业经济可持续发展。

4.4.2　农业空间减排路径

"双碳"工作与生态文明建设是辩证统一的。生态文明建设是实现"双碳"目标的根本前提;深度减排,实现碳达峰、碳中和,又是生态文明建设的重要抓手。而农业农村作为我国国民经济稳定发展的"压舱石",是实现中国式现代化的重要基础。因此,在乡村振兴与可持续减贫的同时,推进农业空间的"双碳"工作是社会主义生态文明建设的重要组成部分。

"三农"问题是中国政府最重视的工作之一,近年来,我国的脱贫攻坚战取得了全面胜利,但农业农村发展的基础还不稳固,城乡区域发展和居民收入差距仍然较大,乡村振兴仍然面临巨大挑战。同时,农业是重要的温室气体排放源,农业空间减排增汇既是我国碳达峰、碳中和的重要组成部分,也是潜力所在。因此,在农业与乡村中实行减碳,必须与乡村振兴、可持续减贫相结合,做好谋划设计,正确处理发展和减排的关系,使减排增汇措施落到实处的同时也助力乡村振兴目标的实现。而相较于传统农业,应该支持和发展肩负有生态保护与乡村振兴双重使命的生态农业产业集成创新,探索一条产业生态化、生态产业化的人与自然和谐共生"双赢"之路。

生态农业,属于能获得较高的经济、生态和社会效益的现代化高效农业,符合"双碳"目标和乡村振兴战略的要求,是未来农业发展的重要方向之一,走可持续的生态农业之路,是全球农业发展的共同选择。生态农业已经形成多种发展模式,如减量化模式、生态产业园模式、废弃物再利用模式。在这些模式的形成和探索中有许多值得借鉴的国际经验,减量化模式中比较典型的是美国精准农业、以色列节水农业等;生态产业园模式中,菲律宾玛雅农场是一个典型案例;废弃物再利用模式中,德国"绿色能源"农业、英国"永久农业"和中国生态农业(农业废弃物沼气发电)是比较经典的案例。

农村地区的乡村生态旅游。生态脆弱地区往往与贫困地区重叠。我国 14 个集中连片特困地区虽已实现脱贫摘帽,但产业基础薄弱,生态环境约束突出。生态旅游是促进此类地区产业结构调整,实现生态资产和乡村闲置资产增值的必然选择。高质量生态旅游可通过社区参与能力提升、生态旅游产品创新及治理体系现代化等措施,形成生态产业化、产业生态化的发展格局,助推绿水青山变成金山银山,形成整个区域生态资产增值、社会福祉提升的有效途径。旅游业是乡村碳足迹的主要贡献者。生态旅游不是指生态地区的旅游活动,而是一种恪守生态环境保护伦理的负责任的旅游方式。高质量的生态旅游能够采取积极的政策和行动保护生态系统和环境,培育绿色低碳的生活方式,引领产业绿色化、生态化转型发展,推进全社会形成绿色消费新风尚,助力中国加快实现"双碳"目标。

山水林田湖草沙生态系统价值转化是打通农村地区绿色发展与收入持续增长的关键环节。探索生态系统服务价值核算机制,让绿水青山价值"看得见",是为了更好地保护生态环境,发展经济方式更理性。也只有让绿水青山价值"看得见",实现土地经济向生态经济发展的升级转型,破坏生态环境的损失算得清清楚楚,生态环境才会被珍惜,也才能撑好生态环境保护屏障,让生态环境得到更好的保护。

4.4.3 农业空间低碳发展模式构建

1. 优化农业生产要素投入,聚焦"源头降碳"

第一,调整优化农业生产要素投入结构。以有机肥料代替化肥,推进化肥减量化。与畜禽业节能减排相呼应,采取积极有效的措施收集处理畜禽养殖过程中产生的不同种类的废弃物,通过微生物发酵等技术手段将其制作成沼液沼渣等优质有机肥料后,再次施用到农业作物中,既能提高畜禽粪污利用率和肥料利用率,也能减少化肥使用量,降低其碳排放量。同时也可研发减缓或稀释肥料的作物新品种,从顶端直接减少碳排放量。积极扶持并开展针对农民的生产技术培训,通过专业教学引导正确使用化肥、农用塑料薄膜等投入要素，兼顾提高粮食产量和绿色生产。根据具体种植的农作物所需要的肥料规律与该农作物所处土壤环境的供应肥料能力，在充分发挥有机肥效用的基础上，为此农作物制定最合适的肥料配方和施用时期等具体内容，为企业、农户等按方生产，以精细化的管理手段减少农用化肥施用量。

第二，改进农业生产要素投入方式。加大农业机械化的研发与推广，推进农机与农艺的有效衔接融合，大力推广水肥一体化等机械施肥方式，节约人力与肥料成本，持续不断地消除人工在施肥时面施、撒施、浅施的现象，控制施用总量，提升肥料真正利用率。进一步优化农药喷洒技术，如通过无人机采集农田作为数据，结合人工智能分析，及时反馈农田害虫及杂草出现的情况，做到及时精准施肥，有效防止漏喷重喷的情况发生。同时，发展轮作休耕或稻鱼循环种养模式等绿色生态的农业模式，以通过在同一片土壤上轮作不同的农作物或者通过减少消耗肥料较大的作物的播种面积，来增加消耗肥料较少的播种面积，达到减少肥料施用量的效果。

2. 增强农业空间碳汇能力，增强固碳能力

第一，提高农业生产效率。通过提升农作物的现代化种植技术，加强高标准农田建设，不断提高农作物生产作业的条件，提高农作物产出效率，加强农作物自身固碳作用。同时推进农作物使用更加节能的技术，科学选择农作物类型，示范推广需要更少翻耕及更低耗能、排放的农作物品种，通过减少农业生产空间农业资源的投入来减少作物生产的直接碳排放。

第二，提升农业空间固碳能力。其核心是提高土壤的有机质含量，这是由于土壤碳是衡量土壤肥力水平的重要指标，经过长期耕种的土地，其碳汇变化动态很大程度上受轮耕、耕作、施肥、秸秆还田等农事活动的影响。其一，采用轮作休耕、土壤修复改良等耕作保护措施减少土壤 CO_2 净排放，稳定甚至增加土壤碳储量；其二，通过增加秸秆粉碎翻压还田、有机肥施用、研发并使用新型肥料等措施改善土壤环境，实现增加稻田土壤中的有机碳容量的目标；其三，推广农作物生态循环种养结合模式，提升农作物资源利用率，减少稻田病虫草害的防治成本，缩减化肥农药用量。

第三，建立长效激励机制，促使农业生态系统由碳源转化为碳汇。探索建立以企业、农村专业合作组织、农民与碳交易机构为主体的多方利益共享机制，拓展农业资本市场，用于碳排放的收购交易，推动农业碳汇项目的开展，增加农民碳汇收入，激励农民减少农业碳排放。通过碳交易实现碳汇资源变资产，利用市场机制，以较低的成本和较高的效率，进行生态建设与环境保护。根据"谁污染，谁付费"的原则，将 CO_2 排放的外部性成本由社会成本转变为以企业为主体的私人成本。

3. 提升农业空间减碳效益，推进"劫碳济贫"

第一，用好财政手段推广低碳农业技术。一方面，发展构建智慧农业生态体系，科学助力农业低碳发展。采用集合了人工智能、云计算和物联网传感器等各项技术的智慧农业生态体系能够通过数字化平台将农田情况进行全面监控，在作物种植的整个生命周

期中指导、服务农户,并通过人工智能和云计算等技术及时为农户提出耕作意见和解决方案,让农户更及时全面地掌握土壤退化情况,从而为农业生产减碳增收提供助力。另一方面,建立健全以绿色为导向的农业补贴制度和农村金融制度。推广土壤少耕、免耕技术,增加土壤有机碳储量,通过减少农地耕作幅度与强度,尽力减轻土壤的物理性扰动,提高稳定性,增进土壤结构中稳固的土壤有机质比例。在农机购置补贴目录中,增加对农机节能的性能要求,支持节能农机的研发和推广。

第二,积极发展农业碳市场。作为重要的市场化减排工具,中国碳市场发展潜力巨大,全国统一的碳排放权交易市场(火电行业)于 2017 年底正式建立,2021 年 1 月 1日首个履约周期正式启动。但农业尚未纳入碳市场范围,要充分利用农业减排成本相对较低的优势,将农业碳减排纳入碳交易市场。初期可在农业绿色发展基础较好、营商环境优良、改革动力足的地方,以县为单位,选择村集体经济组织、专业大户、合作社、农垦、社会化服务组织等规模较大、组织程度较高、市场意识强的主体,率先开展试点。

第三,通过碳交易实现碳汇资源变资产,利用市场机制,以较低的成本和较高的效率,进行生态建设与环境保护。进一步地,将碳交易收益作为低收入人口可行能力培育的资金,用于生态修复、环境保护和农民的可持续性生计。通过支持低收入人口的教育培训,就业创业,提升获取非农收益的能力。部分资金用于经济欠发达地区基础设施建设,低收入农户生活环境的改善,提升公共服务水平(如乡镇卫生院建设、技能培训等),提升低收入群众的可行能力(如掌握非农就业技能、身体健康、思维与眼界开阔)。

参 考 文 献

程秋旺, 许安心, 陈钦, 2022. "双碳"目标背景下农业碳减排的实现路径: 基于数字普惠金融之验证. 西南民族大学学报(人文社会科学版), 43(2): 115-126.

邓晓兰, 陈宝东, 2014. 碳减排约束下我国产业结构变迁路径选择. 北京理工大学学报(社会科学版), 16(6): 1-6.

丁彩霞, 2022. 理论·实践·政策: 我国农村实现"双碳"目标的三维视角. 广西社会科学(4): 1-7.

董春晓, 徐晟, 2022. "双碳"目标下的绿色金融赋能乡村振兴研究. 社会科学动态(3): 45-49.

付娆, 2019. 中国扶贫投资的产业碳减排效率分析. 武汉: 湖北大学.

高敏雪, 李静萍, 许健, 2006. 国民经济核算原理与中国实践. 北京: 中国人民大学出版社.

郭朝先, 2012. 产业结构变动对中国碳排放的影响. 中国人口·资源与环境, 22(7): 17-22.

何寿奎, 徐建卿, 2022. 乡村振兴与生态资本价值实现融合的内在逻辑、机制与路径研究. 云南民族大学学报(哲学社会科学版), 39(5): 117-124.

井原健雄, 1996. 地域的经济分析. 东京: 中央经济社.

康蕾, 马丽, 刘毅, 2015. 珠江三角洲地区未来海平面上升及风暴潮增水的耕地损失预测. 地理学报, 70(9): 1375-1389.

李雪梅, 2004. 投入产出技术发展与应用. 技术经济(11): 51-53.

刘红光, 刘卫东, 唐志鹏, 等, 2010. 中国区域产业结构调整的 CO_2 减排效果分析: 基于区域间投入产出表的分析. 地域研究与开发, 29(3): 129-135.

刘建翠, 2013. 产业结构变动、技术进步与碳排放. 首都经济贸易大学学报, 15(5): 14-20.

刘起运, 彭志龙, 2010. 中国 1992—2005 年可比价投入产出序列表及分析. 北京: 中国统计出版社.

刘卫东, 2012. 中国 2007 年 30 省区市区域间投入产出表编制理论与实践. 北京: 中国统计出版社.

任荣, 2021. 农业农村实现"碳达峰""碳中和"的具体做法和措施. 农家参谋(23): 193-194.

石敏俊, 张卓颖, 2012. 中国省区间投入产出模型与区际经济联系. 北京: 科学出版社.

市村真一, 王慧炯, 2007. 中国经济区域间投入产出表. 北京: 化学工业出版社.

孙林, 2011. 贸易流量零值情况下引力模型估计方法的优化选择: 来自蒙特卡罗模拟的证据. 数量经济技术经济研究(3): 152-160.

孙久文, 李方方, 张静, 2021. 巩固拓展脱贫攻坚成果 加快落后地区乡村振兴. 西北师范大学学报(社会科学版), 58(3): 5-15.

汪三贵, 郭建兵, 胡骏, 2021. 巩固拓展脱贫攻坚成果的若干思考. 西北师范大学学报(社会科学版), 58(3): 16-25.

王介勇, 戴纯, 刘正佳, 等, 2020. 巩固脱贫攻坚成果, 推动乡村振兴的政策思考及建议. 中国科学院院刊, 35(10): 1273-1281.

王小林, ALKIRE S, 2009. 中国多维贫困测量: 估计和政策含义. 中国农村经济(12): 4-10.

王勇, 艾伟强, 2015. 大数据背景下中国投入产出核算的机遇与挑战. 统计研究, 32(9): 11-18.

伍国勇, 孙小钧, 于福波, 等, 2020. 中国种植业碳生产率空间关联格局及影响因素分析. 中国人口·资源与环境, 30(5): 46-57.

习近平, 2020. 在打好精准脱贫攻坚战座谈会上的讲话. 奋斗(9): 4-15.

薛苏鹏, 2018. 发展绿色产业 引领乡村振兴. 新西部(27): 87-88.

杨念, 2008. 区域间投入产出表的编制及其应用. 上海: 华东师范大学.

叶子菀, 易超, 张健, 等, 2018. 电力投资对国民经济影响的量化分析. 中国电力企业管理(18): 74-75.

虞义华, 郑新业, 张莉, 2011. 经济发展水平、产业结构与碳排放强度: 中国省级面板数据分析. 经济理论与经济管理, 3(3): 72-81.

袁一帆, 2016. 产业结构变迁的碳排放效应研究. 广州: 暨南大学.

张华, 梁进社, 2004. 北京"基本部分"测算的经验研究: 以区位商法和投入产出分析为基础. 经济地理, 24(6): 816-819.

张亚雄, 赵坤, 2008. 北京奥运会投资对中国经济的拉动影响: 基于区域间投入产出模型的分析. 经济研究(3): 4-15.

周扬, 郭远智, 刘彦随, 2018. 中国县域贫困综合测度及 2020 年后减贫瞄准. 地理学报, 73(8): 1478-1493.

朱俊杰, 2015. 基于 SWOT 分析的贫困地区低碳扶贫模式探索. 改革与战略, 31(2): 96-100.

ALKIRE S, 2002. Dimensions of human development. World Development, 30(2): 181-205.

BON R, 1984. Comparative stability analysis of multiregional input-output models: Column, row, and leontief-strout gravity coefficient models. The Quarterly Journal of Economics, 99(4): 791-815.

BONET J, 2005. Regional structural changes in Colombia: An input-output approach. Centro de Estudios Econmicos Regionales, Cartagena Colombia.

BROTO V C, COOMES O T, 2017. Urban governance and the politics of climate change. World

Development, 93: 1-15.

BYRNE R, OCKWELL D, 2013. Low carbon development, poverty reduction and innovation system building. Economics, Environmental Science, Engineering. [2013-04-01].

CALLANDER E J, SCHOFIELD D J, SHRESTHA R N, 2012. Capacity for freedom-using a new poverty measure to look at multiregional differences in living standards within Australia. Geographical Research, 50(4): 411-420.

CRIPPA M, SOLAZZO E, GUIZZARDI D, et al., 2021. Food systems are responsible for a third of global anthropogenic GHG emissions. Nat Food, 2: 198-209.

DOLLAR D, 2007. Globalization, inequality, and poverty since 1980. Washington World Bank Working Paper, Washington D.C..

FERREIRA FILHO J B D S, ROCHA M T, 2008. Economic evaluation of public policies aiming the reduction of greenhouse gas emissions in Brazil. Journal of Economic Integration, 23(3): 709-736.

FILHO J B D S F , ROCHA M T, 2008 . Economic evaluation of public policies aiming the reduction of greenhouse gas emissions in Brazil. Journal of Economic Integration, 23(3): 709-733.

GUAN D, KLASEN S, HUBACEK K, et al., 2014. Determinants of stagnating carbon intensity in China. Nature Climate Change, 4: 1017-1023.

HALKOS G E, TSILIKA K D, 2015. A Dynamic interface for trade pattern formation in multi-regional multi-sectoral input-output modeling. Computational Economics, 46(4): 671-681.

HARTWICK J M, 2010. Notes on the isard and chenery-moses interregional input-output models. Journal of Regional Science, 11(1): 73-86.

HULU E, HEWINGS G J D, 1993. The development and use of interregional input-output models for Indonesia under conditions of limited information. Review of Urban and Regional Development Studies, 5(2): 135-153.

JAYATILAKA P, LIMMEECHOKCHAI B, 2014. Impact of energy poverty alleviation actions on energy demand and CO_2 emission: A case study of SriLanka//Green Energy for Sustainable Development (ICUE) International Conference and Utility Exhibition on IEEE.

JIN G, FU R, LI Z, et al., 2018. CO_2 Emissions and poverty alleviation in China: An empirical study based on municipal panel data. Journal of Cleaner Production, 202: 883-891.

KOSAKA Y, XIE S, 2013. Recent global-warming hiatus tied to equatorial Pacific surface cooling. Nature, 501: 403-407.

LEE J, INGALLS M, ERICKSON J D, et al., 2016. Bridging organizations in agricultural carbon markets and poverty alleviation: An analysis of pro-poor carbon market projects in East Africa. Global Environmental Change, 39: 98-107.

LEI L, VOSS H, CLEGG L J, et al., 2017. Climate change strategies of multinational enterprises in China. Journal of Cleaner Production, 160: 98-108.

LEONTIEF W, STROUT A, 1963. Multiregional input-output analysis//Structural Interdependence and Economic Development: Proceedings of an International Conference on Input-Output Techniques, Geneva, September 1961. London: Palgrave Macmillan UK.

LIU J, DENG X, 2011. Impacts and mitigation of climate change on Chinese cities. Current Opinion in Environmental Sustainability, 3: 188-192.

LIU Y, YAN B, ZHOU Y, 2016. Urbanization, economic growth, and carbon dioxide emissions in China: A panel cointegration and causality analysis. Journal of Geographical Sciences, 26(2): 131-152.

MAZUR A, 2011. Does increasing energy or electricity consumption improve quality of life in industrial nations?. Energy Policy, 39: 2568-2572.

MEINSHAUSEN M, MEINSHAUSEN N, HARE W, et al., 2009. Greenhouse-gas emission targets for limiting global warming to 2 ℃. Nature, 458: 1158-1162.

MITSUO Y, 2015. Construction of a multi-regional input-output table for Nagoya metropolitan area, Japan. Journal of Economic Structures, 4(1): 11.

MURTHY N S, PANDA M, PARIKH J, 2004. Economic development, poverty reduction and carbon emissions in India. Energy Economics, 19(3): 327-354.

PARIKH J, PARIKH K, 2011. India's energy needs and low carbon options. Energy, 36(6): 3650-3658.

PASTEN C, SANTAMARINA J C, 2012. Energy and quality of life. Energy Policy, 49: 468-476.

ROBINSON M, SHINE T, 2018. Achieving a climate justice pathway to 1.5 ℃. Nature Climate Change, 8(7): 564.

ROGELJ J, MCCOLLUM D L, REISINGER A, et al., 2013. Probabilistic cost estimates for climate change mitigation. Nature, 493: 79-83.

SHAW C, NERLICH B, 2015. Metaphor as a mechanism of global climate change governance: A study of international policies, 1992-2012. Ecological Economics, 109: 34-40.

VASIL'EV V A, SUSLOV V I, 2010. On the unblockable states of multiregional economic systems. Journal of Applied and Industrial Mathematics, 4(4): 578-587.

WANG S, FANG C, GUAN X, et al., 2014. Urbanisation, energy consumption, and carbon dioxide emissions in China: A panel data analysis of China's provinces. Applied Energy, 136: 738-749.

WANG Y, ZHAO H, LI L, et al., 2013. Carbon dioxide emission drivers for a typical metropolis using input-output structural decomposition analysis. Energ Policy, 58: 312-318.

WANG Z, DENG X, 2017. The energy policy outlets for community acceptance of ecological investment in China. Energy Policy, 107: 669-677.

ZHANG Y, LIU Y, LI J, 2012. The methodology and compilation of China multi-regional input-output model. Statistical Research, 29(5): 3-9.

ZHAO X, JACKSON R W, 2016. China's multiregional trade of virtual water: A multi-regional input-output table based analysis. Water Economics and Policy, 2(2): 1650016.

第5章

绿色低碳的城镇空间治理路径

　　以人为核心的新型城镇化战略实施以来，我国城镇化水平和质量大幅提升。《2022年国民经济和社会发展统计公报》显示，2022年末中国常住人口城镇化率为 65.22%，城镇背负着人类梦想和高质量发展的伟大使命，承载着蓬勃与希望。在"十四五"期间，中国仍然行走在城镇化的快车道上，城市发展的轮盘继续旋转。城镇化发展浪潮中，人们也发现了一些脆弱之处：城市韧性与抗风险能力仍有不足之处，基本公共服务尚未全面覆盖，城乡融合仍不够协调。亚里士多德说："人们来到城市是为了生活，人们居住在城市是为了生活得更好。"如何在面对灾害风险时坚强如铁，如何让城市成为更宜居的家园引发学界思考。城镇空间作为重要的能源消费端和温室气体的主要排放来源，需尽快转变利用方式，优化空间布局，促进发展方式从"高碳"向"低碳"转变（王金南，2023；诸大建，2010）。低碳之路，韧性之策，宜居之愿，三者有机共生将是未来城市空间最理想的前景。只有更深刻地理解低碳、韧性和宜居性之间的辩证关系，才能实现三者的有机统一。

5.1　中国城镇化发展分析

5.1.1　城镇化内涵与现状

1. 城镇化的内涵

城镇化是中国推进"五位一体"战略布局建设过程中的一个关键环节，是推动国家或地区现代化的重要路径（徐礼志，2016），也是实现经济、政治、社会、文化和生态现代化的必经阶段（冯俊华 等，2021）。城镇化包含人口迁移和社会变迁、经济增长和现代化、基础设施和公共服务、土地利用和城市规划、环境和资源管理、农村和城市融合等方面的丰富内涵，它不仅是人口的地理迁移，也是经济、社会和环境各方面的综合变革。

城镇化过程涵盖了人口聚集、经济增长及土地利用类型的转变。城市对富裕和贫困人口同样充满吸引，人口的涌入提供的人力资本使得城市充满活力（格莱泽，2012）。人口流动是中国城镇化较为直观的表现，产业经济的扩大推动了人口的聚居，这也催生了户籍制度的优化以解决城市流动人口的社会福利问题。人口的聚集进一步助长了经济的增长和产业结构的深化与多样化，引发了土地利用类型的改变和用地需求的增加（刘淑茹 等，2021；金贵 等，2017）。城市的扩张为城镇化提供了更多发展空间。城镇化的进程是人口、经济和土地利用三者之间相互作用的正向反馈结果（图5.1）。其中，产业的发展是主导力量，它拉动了劳动力需求，使人口逐渐从农村向城市迁移。随着人口的逐渐集聚，城市生活空间需求不断扩大，以满足城市产业的用人和用地需求。产业、人口和城市的集聚发展模式相互促进，不仅提高了各要素的生产效率，还有效促进了整个"人口-土地-经济"耦合系统的效率。

图5.1　城镇化过程中"人口-土地-经济"耦合关系

2. 中国城镇化现状

近年来，中国城镇化以大城市化、都市圈化和城市群化为主要特征，超大城市和特大城市人口密度总体偏高。截至 2022 年末，全国常住人口城镇化率达 65.22%，城市数量 696 个，城镇常住人口超 9 亿，人口集聚效应更加显著，城镇化发展取得显著成就。同时，城镇化也成为驱动中国经济发展的重要动力。世界银行数据显示，中国 GDP 在 2000～2022 年从 1.21 万亿增长至 17.96 万亿（现价美元），GDP 排名居世界第二位，仅次于美国（2022 年为 25.46 万亿，现价美元）。经济的飞速发展使得城市发展的行政壁垒逐渐弱化，建成区扩张不再具有明显行政边界约束。《2022 年中国城市建设状况公报》显示，中国城市建成区面积在 2022 年末达 6.37 万 km^2，区域经济发展模式由传统的行政区经济逐步向城市群经济过渡。"十三五"时期，1 亿多农村迁移至城市的人口有序实现市民化，并享受到医疗、教育、养老、住房等城镇基本公共服务。建设用地的扩张为城市基础设施的完善提供空间基础，从而城镇居民具有充足的生存、生活、生产空间。完备的基础设施使得城镇居民大幅增加消费需求，促进地区经济发展，地区经济水平的发展也为新城镇居民提供了更多的就业机会，构成正反馈闭环（王凯 等，2020）。城镇化所产生的集聚、规模和分工合作效益，极大地推动了工业化进程，带动了城镇化的可持续发展，为产业结构调整升级增添了动力（卢园园，2021）。

然而，在城镇化快速发展的背后，人口不断向大城市、中心城市集聚，导致城市越来越不堪重负，交通拥堵、空气污染、房价高企，以及教育、医疗资源紧张等"城市病"日益严重。同时，土地城镇化快于人口城镇化，"摊大饼"式"圈地造城"等高消耗、高碳排放的城市发展模式依然存在。这种不协调、非健康的发展模式给城镇健康发展带来了严重的后果，浪费了本就稀缺的土地资源，环境保护与"双碳"目标实现面临着巨大挑战。因能源消耗而产生的全球 CO_2 排放中有 71%～76% 来自城市（Wang et al.，2019），因此城市被认为是减缓未来气候变化的关键领域。城镇化在中国碳排放影响因素中处于主导地位，城镇化率每提升 1 个百分点，CO_2 排放量增加 1.44～1.8 个百分点（吴旭晓，2023）。因此，走绿色低碳的新型城镇化发展道路是中国在推进"双碳"目标实现，同时保持中高速经济增长的必然选择。

5.1.2 快速城镇化效应

城镇化是经济发展的主要动力之一。城镇化过程中，城市产业发展带动生产要素快速流动和集聚，经济结构从"二元经济"向"三元经济"转型发展，带来规模经济效应和结构升级效应。同时，特大城市由于其在社会环境、福利政策和产业经济等方面的优势吸引了相对落后地区的劳动力，导致劳动力跨区域、跨产业流动。城镇化发展大大增加了对交通、通信、供电等城镇基础设施的需求，扩大了对教育、卫生、文体娱乐等城镇公共服务的新增供给，显著增加了城镇资本存量。城镇化在促进经济发展的同时，很多问题随之显现。例如，城镇化的快速发展往往伴随着"半城镇化"、土地利用粗放等问题（王春光，2006；张平宇，2004；陈书荣，2000）。根据产生来源可将城镇化影响因子分为外部冲击和内部扰动两类。外部冲击包括气候变化、自然灾害与全球化经济贸易政策等，内部扰动表现为不均衡的区域发展、人口流动和就业问题、资源与基础公共服务设施压力等（白立敏 等，2019；徐江 等，2015）。不同的城镇化发展路径的经济与社会效应具有较大差异。而且，城镇化发展过程也不可避免地导致了国土空间中土地利用类型的变化，进而产生不同的气候、生态与水文效应。

1. 外部冲击

城市面临的外部冲击主要表现为气候变化和自然灾害两大类。宏观来看，城市化、工业化导致的过量碳排放促进了全球变暖进程，导致频发的冰灾、暴雨等极端天气，严重损害城市基础设施，威胁到城市居民生命财产安全，阻碍城市健康发展（蔡云楠 等，2017）。城镇化进程过快使得城市用地无序蔓延、生态空间被严重侵吞，城市内部生态环境脆弱敏感，废气、废水的污染效应也辐射到周边地区的生态环境。气候变化是城市系统外部冲击产生潜在风险的重要源头之一。气候变化会加大诸多短期（如高温、强降雨等极端天气）和长期（如海平面上升、全球升温等）灾害风险，气候变化适应逐渐引起全球关注。有学者从社会碳成本（social cost of carbon，SCC）视角剖析气候变化经济影响，发现气候变暖造成的损失与折现的 GDP 成正比，2015 年中国、欧盟和美国的社会碳成本占全球总成本的比重分别为 3.02%、2.32%和 1.94%，气候变化对人类的影响不容忽视（Nordhaus，2014）。而城市作为碳排放的主要来源，增强其应对气候变化的韧性在可持续城市管理议题中理应占有一席之地。2018 年 IPCC 在《全球 1.5℃增暖特别报告》提出气候恢复力发展路径（climate-resilient development pathways，CRDPs）。IPCC 在《第六次气候变化评估报告》中，依然强调了适应和缓解气候变化行动中韧性提升的重要性。1950～2005 年，全球城市遭受的气象灾害事件整体呈现出波动上升的趋势，水文地质灾害虽然发生次数相对较少，但其产生的社会经济危害不容忽视（图 5.2）。2015 年，中国在全国范围内试点海绵城市、气候适应型城市建设工作，引导城市管理者关注城市环境变化和气候灾害风险，提升适应能力，取得了积极进展。

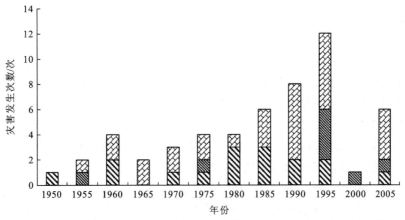

图 5.2　全球城市发生巨大自然灾害事件次数统计

2. 内部扰动

城镇化进程面临多方面的内部扰动，这些扰动可能影响城镇化的方向和速度，同时也需要政府和社会的应对措施。城镇化进程中，不同地区的发展不平衡是一个显著内部扰动。一些地区可能过度城市化，而其他地区可能滞后，这会导致资源分配和人口流动的不均衡。这种不均衡可能增加城市资源负担，同时限制农村地区的发展（Fan et al., 2008）。城镇化会引发土地资源的争夺问题，特别是在城市扩张和基础设施建设方面。这可能导致土地利益纠纷，以及对农村土地资源的不合理开发，进一步加大内部不稳定性。城镇化可能伴随着环境污染和资源过度消耗，对环境造成负担。这包括大气污染、水污染、土地沙漠化等环境问题，需要采取措施以减轻其影响。人口的大规模聚集可能导致城市面临社会服务不足的问题，如教育、医疗和住房。这可能加剧社会不平等和贫富差距，引发社会紧张局势。城镇化带来了大规模的人口流动，可能导致城市失业率上升和社会不安全问题。同时，城市需要提供更多的就业机会，以吸纳农村劳动力，这对城市政府构成挑战。城镇化可能引发农村和城市之间的文化和社会冲突。不同文化和价值观的碰撞可能导致社会不稳定，需要有效的社会调解和管理。城镇化进程中，政府政策和城市规划的不协调也是一个内部扰动因素。政策和规划的不一致可能导致资源浪费和城市发展的混乱，需要政府部门更好地协同合作。这些内部扰动是城镇化过程中需要认真考虑和解决的问题，以实现城镇化的可持续和协调发展。

5.2　低碳视角下的韧性城市治理

5.2.1　城市韧性的研究进展

1. 城市韧性概念演进

城市发展的诸多不确定风险，使得城市系统韧性研究成为城市管理研究与实践面临的重点与难点议题。2015年"联合国可持续发展目标"提出，应对气候变化与生态环境变化风险的可持续城市和社区建设的要求，是增强城市韧性的重要体现。此外，由于城市可持续性涵盖的内容太过繁杂，在满足当代和不损害后代的大原则下，对于城市"社会-经济-自然"复合生态系统进行综合评估难得要领。而韧性的概念源于自然生态系统，具有一定方向性，是系统在面对扰动时的变化、阈值、跃迁等一系列综合状态。将其应用于城市研究，赋予了城市可持续性研究的方向和顺序。城市可持续性，首先是面对风险能够应付、抵抗，以及不被风险吞噬，这也是韧性城市表达的第一层含义；面对风险或者扰动还可以恢复、能够适应，这是韧性城市更进一步的表现；再者，能够预知、预判、提前预防风险或扰动，这是韧性城市更高一级的表现。综上，韧性城市建设成为城市实现可持续发展的重要途径。

城市韧性的概念最初是在 2002 年美国生态会议上提出来的，经过近 20 年的发展，韧性城市研究已成为国内外城市管理者与学术界关注的重点与热点议题（郑艳，2013；Jha et al.，2013）。联合国《全球人类住区报告 2011》指出未来城市化与全球气候变化的协同交互作用将威胁人类社会的可持续性，难以实现在不损害提供资源和产品服务的生态系统健康的约束下满足当代与后代人需求的目标（UN-Habitat，2011）。对于生态学家和城市管理者而言，建立城市的可持续性评价是很困难的，于是他们引入"韧性（resilience）"这一概念。韧性一词起源于拉丁语"resilio"，意思是"恢复到初始状态"。随着韧性研究的不断发展，国内外研究者对韧性概念的内涵进行了拓展，赋予了韧性概念特定的社会内涵。韧性是指一个系统（如个人、城市、经济系统等）应对变化并继续发展的能力，它是关于人类如何利用自然或者灾害冲击和干扰（如气候变化、公共卫生事件、金融危机等）来激发更新和创新思维。韧性的出现方便了研究人员与城市管理者评估分析地区可持续发展的能力（汪辉，2019；象伟宁，2019）。城市韧性建设具有系统性、长效性，遵循城市系统的演变规律，强调城市系统自有的组织协调和适应能力。传统的应急措施更加注重短期的灾后重建规划，偏向于应急补救，基于传统的遭到破坏后在最短时间内将城市系统恢复到灾前状态的工程化思想，对利益相关者在城市系统调整过程中所扮演的角色考虑不足（吕悦风 等，2021）。城市韧性强调通过将城市规划技术、建设标准等物质层面与社会治理、公众参与等社会层面相结合的制度构建过程，全面提升城市系统的结构适应性，从而长期提升城市整体系统韧性（陈志端 等，2021）。两者之间基本思想的转变，体现了"授人以鱼"和"短期止痛"相比"授人以渔"和"长期治痛"的本质区别。

经济社会飞速发展与自然环境不断恶化的矛盾逐渐受到全球关注，人类社会正在不断调整发展方式和增强灾害风险意识，增强抵御和防范未知风险的能力。为解决城镇化进程中遗留的现实问题，国家全面推动构建包容、安全、可持续的城市和城市群，提高城市作为人类社会基础单元的稳定性。中国在"十四五"规划中首次提出了"建设韧性城市"的概念，城市发展不能只考虑规模经济效益，必须把生态和安全放在更加突出的位置。在建设韧性城市的过程中，需要在现有国土空间规划体系的基础上，考虑实现提高城市居民生活质量、管理有限的公共资源、保护环境、合理利用土地、平衡区域经济和社会发展的目标，并进一步将其纳入各级国土空间规划体系。面对日益严峻的生态环境和不断加快的城市化进程，城市的脆弱性不断显现，城市的基础设施、生态系统及社会系统等的转型的重要性和紧迫性日益凸显，城市的可持续发展面临巨大挑战。虽然近年来提出的绿色城市、生态城市、海绵城市等概念从城乡建设的角度提供了政策依据和规划指导，但仅凭这些概念无法承受规模和层次复杂的生态社会经济系统的变化（陈安 等，2018）。"韧性"理念的出现为破解城市可持续性发展这一难题提供了新的研究视角和思路。"韧性城市"也应运而生。因此，基于城市生态韧性、社会经济韧性、系统韧性等视角开展城市韧性建设，研究城市韧性的现状，提出城市韧性空间的优化策略，有助于提升城市应对潜在灾害风险的能力，创造具有韧性、人与自然和谐共处、更有活力的城市空间环境，从而实现城市的可持续发展。

2. 城市韧性评价

城市韧性既面向长期问题，又面向突发灾难。美国生态实践学者麦克哈格（1992）十分注重城市规划过程中的韧性评价，他主张基于"自然简朴原则"来构建生态韧性，通过合理的土地利用和巧妙的城市规划设计来减小洪水、飓风等灾害对城市的损害。开展城市韧性评价可以帮助城市规划者和政策制定者了解城市在面对各种挑战时的脆弱性，从而引导城市的发展方向。评价结果可以帮助城市更好地应对自然灾害、气候变化、经济震荡等问题，从而提高城市的可持续性和适应性。通过城市韧性评价，城市可以更好地了解其资源状况和脆弱性，以更有效地分配资源，降低风险。这有助于城市更好地应对紧急情况和危机，减少损失。韧性城市评价可以有助于改善城市的基础设施和社会服务，提高居民的生活质量。通过提前预防和减轻灾害影响，城市可以提供更安全和宜居的环境。通过降低对自然资源的依赖、减少碳排放和提高城市的环保性，城市可以更好地保护环境，实现可持续发展目标（Folke et al.，2002）。通过采用相应评价方法对城市韧性进行全面评估，科学、系统地评价城市韧性水平，反映城镇化过程中城市韧性的状态及存在的问题，对于开展基于提高韧性为基准的城市规划、推进新型城镇化建设具有重要理论及实践意义。

城市韧性评价维度。科学、系统、完备的城市韧性指标体系能够较好地衡量城市韧性。维度的选取需结合调查对象的实际情况，并基于评价的目的、评价尺度和评价方法进行调整。城市韧性指标体系主要以自然、生态建设等客观存在的硬环境指标和以社会人文等主观判断的软环境指标两个维度为主（图5.3）。在硬环境维度下，包括生态环境、基础设施、自然资源和人口等指标。在软环境下，包括公共服务水平、社区凝聚力、社会文化资本和领导与战略等指标。

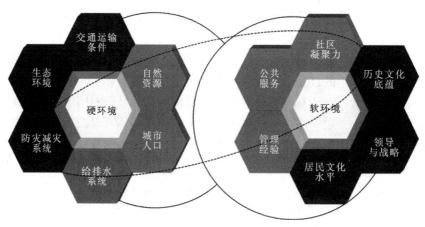

图5.3　韧性城市评价维度

城市韧性评价方向。城市韧性评价在完备的指标体系的基础上，还须有相应的评价准则。现有研究总结城市韧性评价的方向主要包括多样性、冗余性和协调性三个方面（臧鑫宇 等，2019）。首先，多样化的城市内部结构、城市功能，甚至多样化的产业经济等都会对增强城市抵御冲击的能力起到积极正向的作用。在面对冲击和扰动时，多样性代表了解决问题的方法多样、抵御冲击的方式多样、冲击后治理方式多样。因此，城市系统的多样性对城市韧性有正反馈。其次，冗余度即城市功能、结构、资源、设施等是否完备，在城市系统中的某个部分遭受毁灭性打击后是否有可替代系统来承担原本的功能，保障城市系统在遭受冲击后仍能维持正常的运转，提供基本的公共服务，从而避免城市崩溃，减少冲击过程给城市带来的损失。最后，协调性指的是城市各系统、各功能、各要素间相互配合作用的能力，可以整合资源，提高利用率，发挥最大效用。不仅是工程层面的配合协调度，也包括环境层面、社会层面。各层社会组织，如政府各部门、民间组织等如果具有互动协调能力，城市社会生态在应对冲击时就可以及时调整，灵活变通。

5.2.2　低碳城市与韧性城市的关系

低碳城市与韧性城市既相互区别又彼此联系。例如，低碳城市注重碳排放减少和气候变化问题，韧性城市注重应对各种压力和威胁，包括自然和社会方面的；低碳城市侧重于减少碳依赖性，韧性城市侧重于提高城市的弹性和适应性；低碳城市强调清洁能源和能源效率，韧性城市强调基础设施的稳定性和紧急响应计划；低碳城市通常关注长期减排目标，韧性城市更注重短期应对和紧急情况下的快速恢复；低碳城市的方法通常涉及能源政策和技术创新，而韧性城市的方法更广泛，包括社会、经济和环境因素。低碳和韧性城市之间的区别反映了不同的城市发展优先事项。在实践中，城市通常需要综合考虑这两个概念，以实现可持续、低碳和韧性的城市发展。具体可以从城市低碳和城市韧性之间的互补性、城市低碳和城市韧性之间潜在的冲突和城市低碳和城市韧性治理的共同需求三方面来分析两者之间的辩证关系。

1. 城市低碳和城市韧性之间的互补性

城市低碳和城市韧性都追求提高城市的可持续性和适应性。低碳目标旨在减少碳排放，减轻气候变化影响，而韧性目标旨在增强城市应对灾害和紧急情况的能力。这两个目标可以在某些方面相互支持，例如可再生能源的使用和更好的城市规划可以同时减少碳排放和增加城市韧性。采取低碳措施，如绿色建筑和可再生能源，可以增加城市的能源独立性，提高城市在紧急情况下的生存能力。这种互补性可以通过综合规划来实现，以促进可持续和韧性的城市发展（Ribeiro et al.，2019）。

2. 城市低碳和城市韧性之间潜在的冲突

在一些情况下，城市可能需要在低碳和韧性项目之间分配有限的资源。这可能会导致资源的竞争和权衡，投资于减少碳排放的项目可能会减少在应对自然灾害或其他紧急情况方面的资源。此外，一些低碳措施可能会增加城市的脆弱性。例如，在建设低碳基础设施时，可能会忽视抗震建筑，从而影响城市的韧性。而提高建筑的能源效率可能会增加建筑物的抗震能力，但也可能增加成本。这种冲突需要谨慎地规划和决策，以在不牺牲韧性的情况下实现低碳目标（Whitmarsh et al.，2010）。因此，城市管理者需要找到平衡点，以确保城市既低碳又具有较强的韧性。

3. 城市低碳和城市韧性治理的共同需求

社区参与对于城市低碳和城市韧性的实现都至关重要。社区的参与可以增加对灾害准备和气候变化适应措施的支持，同时也可以促进低碳行为，如可持续交通和废物减少。城市规划需要积极地纳入社区，以确保居民参与决策过程（Shaw et al.，2011）。

总之，城市低碳和城市韧性之间存在复杂的辩证关系。城市管理者需要考虑低碳和城市韧性这两个目标的共同点和差异，采用系统性方法来解决城市低碳和城市韧性之间的潜在冲突，综合考虑环境、社会、经济和技术因素，以便在资源分配和政策制定中取得平衡，并制定综合的城市规划和政策。这有助于避免单一领域的过度投资，确保城市在可持续性和紧急情况下都具备足够的能力，同时提高城市的整体可持续性。

在全球极端气候、自然灾害等突发性事件频发，气候变化减缓行动难以在短期内迅速奏效的情形下，将"双碳"目标与韧性建设紧密结合，构建协同考虑减缓温室气体排放的低碳城市建设和适应气候变化风险的韧性城市建设，能更有效地规避未来气候变化可能造成的损失，可为社会生态系统提供更高水平的安全环境，是推进城市可持续发展、助力实现碳中和的必经之路（鲁钰雯 等，2022）。低碳韧性城市是集多样性、适应性和稳定性于一体的综合性城市系统。低碳韧性的目标是在城市治理、规划设计中共同考虑温室气体减排和应对不同气候灾害风险，采用适应性管理的理念，实现生态完整和城市可持续发展。低碳韧性城市的目的是破除"先污染后治理、先破坏后恢复"的恶性循环，推动城市环境治理和生态保护。低碳韧性城市是协同考虑降低温室气体排放与应对气候灾害、公共卫生、公共安全等灾难险情的可持续城市建设目标，其概念是在低碳城市和韧性城市的基础上提出的。低碳城市是指以减少温室气体排放为目的的城市建设理念，韧性城市则着眼于通过灾害管理及科学规划以适应未来不确定的灾害风险。两者虽然各自具有不同的目标、途径和规划手段，但其共性都是为了实现经济社会发展和生态环境保护相协调的城市发展目标。

5.3 低碳视角下的宜居城市建设

5.3.1 城市宜居性研究进展

1. 宜居性城市概念演进

人类对城市宜居性进行了漫长的探讨。早在古希腊时期，哲学家柏拉图就在《理想国》一书中描绘了他理想中的城市。他认为城市首先应该是治理有效，且具有公平正义的。从 19 世纪末期开始，随着工业革命与城市化的快速发展，城市宜居性逐渐受到城市管理者和学者们的关注。19 世纪末逐渐兴起"田园城市"概念,提出城市需要具备舒适、便利且美观的条件。20 世纪末,宜居城市被认为是全民共享的、有可接近的生态绿地且可为居民提供健康生活的城市。随着"新城市主义"兴起,新城市主义再次强调城市的无序盲目扩张和建设会对城市的社会、经济、环境等造成巨大的负面影响,并提倡根据居民聚集区建设公共生活设施和交通网络。世界卫生组织也提出建设"健康城市"的战略,改善由于工业化、城镇化过快而破坏的生活环境,提高居民的居住环境及健康水平。中国对宜居城市的相关研究起步较晚。国内学者对于城市宜居性的内涵主要从居民需求和城市条件两个角度展开分析。居民需求即以人为本,解释城市需要满足居民需要哪些生活需求才是一个宜居城市。例如宜居城市需要有足够的住房保证、满足人与自然和谐发展、提供给居民充分的个人发展空间等。而从城市条件来看,城市需要遵从哪些发展路径,才能建设为一个宜居城市。

总的来说,城市宜居性是一个动态的概念,一个宜居的城市可以概括为基础设施完备、生产高效环保、居住舒适性高、生态环境良好、居民幸福感强的城市(张文忠,2016a;姜煜华 等,2009;李业锦 等,2008)。其中,生态环境建设是宜居城市建设的首要目标,在此基础上,经济、社会、文化、环境等方面的协调发展也是建立宜居城市的必经之路。无论人的思想追求如何发展,城市发展的最终目标就是为城市居民为提供更优良的物质和精神享受,即城市的宜居性是以人为本的。宜居城市建设要回归以人为本,以居民需求为方向,以居民反馈为鞭策,以居民根本利益为立足点,突出人在城市中的主导地位(张文忠,2016b)。城市规划、建设和管理的整个过程都要考虑居民的生活感受,以居民的幸福感作为衡量宜居城市的标准。

城市空间具有物理和社会属性,两者相互融合、相辅相成。从本质上讲,城市宜居性包含了对城市空间中居民的生活质量和福祉的思考。因此,城市宜居性的内涵从物理角度来讲,土地利用情况、基础设施完备度和建筑形式都是城市宜居性的一部分,将会影响居民生活在城市的质量。因此,通过科学的城市空间规划,合理布局城市功能区,完善的公共设施分布,创造和谐的居住环境,是建设宜居城市的基础。从社会属性来讲,城市是否宜居脱离不了城市的人文环境。宜居城市应是平等的、和睦的、人性化的城市,不仅有充足的各项物质、人文资源,也有合理的分配方式,同时为居民提供可持续的个人发展条件。一个稳定的、可持续发展的、人性化的城市社会环境是建设宜居城市的根本要求。

2. 低碳宜居性城市建设思想

城市建设对宜居的关注经历了从物质环境到人文关怀再到注重可持续性的演进过程。尽管缺乏理论直接指导宜居城市建设,但可持续发展理论、人居环境理论、人地关系理论和生态城市理论从各自角度为低碳宜居城市建设提供了理论基础。

(1)可持续发展理论。1987 年,世界环境与发展委员会向联合国提出了一份著名报告《我们共同的未来》,对可持续发展的内涵作了详尽的界定和理论阐述,基本形成了可持续发展理论体系。可持续发展是指既满足当代人的需要,又不对后代满足其自身需要的能力构成危害的发展。可持续发展的思想要求在处理好人与自然之间的关系的同时，也要处理好人与人之间的关系。在可持续发展理论的指导下，城市可持续发展应是一种实现城市经济、社会、环境协调持续发展的发展方式。建设低碳、宜居城市是城市可持续发展的客观要求。

（2）人居环境理论。人居环境是人类工作劳动、生活居住、休息游乐和社会交往的空间场所。人居环境科学是以包括乡村、城镇、城市等在内的所有人类聚居形式为研究对象的科学，它着重研究人与环境之间的相互关系，强调把人类聚居作为一个整体，从政治、社会、文化、技术等各个方面，全面地、系统地、综合地加以研究，其目的是要了解、掌握人类聚居发生、发展的客观规律，从而更好地建设符合于人类理想的聚居环境。吴良镛（2001）在其主编的《人居环境科学导论》中进一步丰富和充实了人居环境理论的内涵，他提出了创建和谐人居环境的五项原则：一是重视城市生态问题，提高居民生态意识；二是人居环境与经济发展的良性互动；三是科学技术发展原则，追求多层次、多样化的人居与经济发展方式；第四，以人为本，注重社会发展的整体利益；第五，科学追求与艺术创作相结合。

（3）人地关系理论。人地关系理论是有关人类及其各种社会活动与地理环境关系的理论。人类由于生存发展的需要，在整个系统中扮演着生产者与消费者的双重角色。在人类活动向自然地理环境索取与返还的相互作用形成了复杂的人地关系系统。随着人类社会生产力与生产方式的进步与发展，人地关系系统及其内涵也不断变化，但人类与自然环境的协调发展是人地关系理论发展的高级形式和必然选择。建设低碳宜居城市，能够有效缓解大量生态用地被占用、环境污染日益严重等愈发尖锐的人地矛盾。

（4）生态城市。生态的可持续性也可以提高城市的宜居性。联合国教科文组织发起的"人与生物圈计划（man and the biosphere programme，MAB）"研究引出了在城市发展中以社会、经济、自然系统的协调发展为核心的生态城市的概念。生态城市能够在满足人类生活基本需求的前提下最大化保障自然环境的可持续发展。以生态为导向的发展（ecology oriented development，EOD）模式符合中国生态发展建设道路。"天人合一"与"山水城市"都属于中国早期的 EOD 理论，都旨在建立自然与人类协调共存，互促发展的生态宜居环境。EOD 模式被运用于生态城市的建设中，例如"花园城市""城市绿地"等生态基础设施。

低碳宜居城市是可持续发展理论、人居环境理论、人地关系理论和生态城市理论的具体案例，也是在温室气体减排压力下城镇化健康发展的实现路径之一。通过以城市系统的能源生产和消费部门为重点，计算城市各种活动引起的碳排放，找出城市碳排放的重点部门，调控城市系统内的物质和能量流动，科学有效地降低城市系统的碳排放。在此基础上，融合城市宜居性的内涵，建设基础设施完备、生产高效环保、居住舒适性高、生态环境良好、居民幸福感强的低碳宜居城市。

3. 城市宜居性评价

西方国家对一个城市是否宜居的评价从最早的环境要素、居住位置等逐渐转变到以居民的生活质量为主的主观或客观评价。主观评价通过调查居民生活幸福感或满意度进行，来判断城市提供给居民的生活质量如何。客观评价则通过城市的自然、经济、社会环境等城市可为居民生活提供的客观条件进行。城市宜居性的评价标准主要包括城市环境、历史文化、公共服务、公民福利、城市规划、公平正义、公众参与等方面。《经济学人》发布的"世界最宜居城市调查"主要包括稳定性（stability）、医疗健康（healthcare）、文化和环境（culture&environment）、教育（education）、基础设施（infrastructure）5 个维度。基于以上评价标准，被评为 2021 年全球最宜居前 5 名城市依次为：新西兰的奥克兰（Auckland）、日本大阪（Osaka）、澳大利亚的阿德莱德（Adelaide）、新西兰惠林顿（Wellington）、日本东京（Tokyo）。

2007 年建设部发布了中国宜居城市评价准则（《宜居城市科学评价标准》），包括 6 个评分维度 34 个评价指标和 4 个综合否定条件。该评价标准的结果显示，中国城市宜居性的空间分布比较均匀。在中国的 7 个地理分区中，每个区域都有高宜居与低宜居的城市分布。但中国西北地区的城市宜居性相对较低，缺乏"非常高"等级评价结果的宜居性城市。在东北老牌的工业集群地区，沈阳市、长春市和哈尔滨市等省会城市的宜居性较高。而在华北地区，北京市、天津市和太原市的宜居性也相对较高。在华东地区，长江三角洲和山东半岛地区的城市整体更加宜居。而华中地区，郑州市、长沙市和武汉市等省会城市更加宜居。西南地区也是省会城市更加宜居。中部城市、省会城市和沿海经济发达地区的城市通常具有较高的城市宜居性，社会经济发展程度较高，对生态保护的投入相对较多，从而社会发展的负面影响较弱。在中国科学院发布的《中国宜居城市研究报告》中，2020 年中国十大宜居城市分别是青岛、昆明、三亚、大连、威海、苏州、珠海、厦门、深圳和重庆。《宜居城市科学评价标准》为国内城市宜居性的评价和研究提供了参考指标，在对城市宜居性进行实践评价时，应针对研究城市的发展阶段、地理位置、人文差异等特点，并兼顾数据的可获取性因地制宜地制定评价准则和指标体系。

从国土空间的生产、生活和生态功能视角开展城市宜居性评价相比传统宜居性评价具有相对优势。它有助于城市更全面、更平衡、更可持续地发展，对于现代城市规划和管理具有积极的意义。为了便于分析城市这个复杂系统，可以将城市分成若干个子系统，并将子系统分解成若干个要素，以帮助管理者更好地设计、规划和管理城市建设。城市系统可分解为生产、生活、生态三个子系统，分别从外部扰动、内部适应、城市基础三个方面分析城市宜居性的影响机制（图 5.4）。

城市的生产功能是城市在集聚资源要素、生产制造产品和提供配套服务等方面的经济多样性，可表征城市经济制度能否促进城市生产力发展与城市居民生活水平提升。人均 GDP、人均社会消费品零售额等经济要素是居民城市生活的基础，第二、第三产业与科学技术的投入是拉动经济系统内部增长与居民就业的主要动力。在生产功能方面，城市宜居性受到的扰动包括碳排放、污染物排放倒逼的产业转型压力与气候灾害造成的经济损失等。城市的生活功能是城市在社会制度方面能否满足城市居民自身生存和发展需要，在医疗、教育、就业等方面保障城市居民的物质与精神生活所起到的作用。市政公用设施建设固定资产投资等要素表征了社会基础，通过教育支出、医保覆盖等措施满足

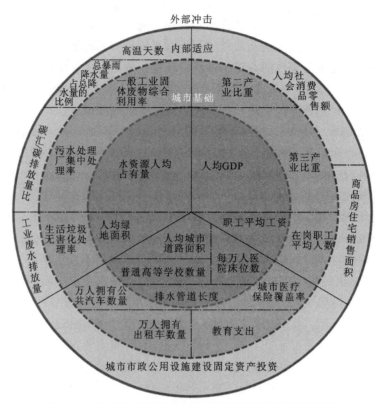

图 5.4 "三生"功能视角下的城市宜居性评价指标体系

包括教育、医疗服务在内的生活需求。人均城市道路面积、排水管道长度等要素衡量基础设施方面的城市基础，通过公共服务的提供（如万人拥有出租车与公共汽车数量、城市供水供气普及率）等内部适应策略，可以抵御如由物质供应保障度、城市市政公用设施服务能力、固定资产投资等要素表征的系统扰动。与基础设施的建成环境相对应的是自然生态环境，城市生态功能是在生态环境系统方面为城市提供关键服务、保护，并满足城市居民的生态需求。城市生态宜居性的增强需要人与自然和谐共处，节约资源、控制污染。人均绿地面积、水资源占有量等构成了城市生态的基础，通过生活垃圾无害化处理、污水处理、工业固体废物综合利用等节能减排适应措施，抵御如高温、暴雨等极端气候灾害带来的生态扰动。

开展城市"三生"功能的城市宜居性评价需要借助定量模型。"压力-状态-响应"模型由于其系统性、综合性和动态性等优点，能满足城市的宜居性评价模型需求。针对生产、生活、生态功能三个维度，基于致灾因子、孕灾环境与承灾体三个要素，通过"压力-状态-响应"基础模型，建立城市宜居性"外部影响/内部需求-内部适应措施-城市基础"评价模型。首先，对于城市生产功能，城市需求指标是商品和住房等产品需求，通过产业结构和就业人数的内部调整，形成 GDP 和收入的城市基础。其次，在城市生活功能方面，对基础设施的投资是满足城市需求的基本路径，通过交通、教育、医疗等方面的调整，实现"人均城市道路面积""普通高等院校数量""医院和卫生院床位数""城市污水管道长度"等公共设施和服务的城市基本民生功能。最后，在生态功能方面，外部影响是气候变化直接带来的极端天气和城市减排的需求，通过资源保护和污染控制的适应性，实现自然环境和资源供给的城市生态基础。

5.3.2　低碳城市与城市宜居性的关系

低碳城市和城市宜居性是两个不同但相关的城市发展概念。这两个概念旨在改善城市生活，但它们的侧重点和方法有时可能产生相互作用和冲突。例如，低碳城市侧重于气候变化和温室气体排放问题，而宜居性城市侧重于提高生活质量和城市居民的幸福感；低碳城市主要关注环境可持续性和减排目标，而宜居性城市更关注城市规划、社会福祉和文化生活；低碳城市的方法通常涉及能源政策和技术创新，而宜居性城市的方法包括城市规划、公共空间和社会服务的提供。低碳城市和宜居性城市之间的区别反映了它们各自的发展目标和方法。在实践中，城市通常需要综合考虑这两个概念，以实现可持续、低碳和宜居的城市发展。具体可以从低碳城市和城市宜居性的共同目标、低碳城市和城市宜居性两者之间的互补性和低碳城市和城市宜居性的共同作用因子三个方面来分析两者之间的辩证关系。

低碳城市和城市宜居性的共同目标。低碳城市和城市宜居性都追求可持续城市发展，致力于提供更好的生活质量。低碳城市关注减少碳排放，使用可再生能源和提高能源效率，以降低对环境的不良影响。城市宜居性强调改善基础设施、社会服务、住房和文化设施，以提高城市居民的生活质量。这两个目标的共同之处在于都试图提供更好、更健康、更可持续的城市环境。

低碳城市和城市宜居性两者之间的互补性。低碳城市需要优化资源使用，鼓励可再生能源和能源效率，以减少碳排放。这一过程可以提供更清洁、健康的城市环境，有助于城市宜居性和居民满意度的提高。低碳城市行动通常会促进城市宜居性的改善，因为它们旨在减少污染、提高环境质量和提供更可持续的生活方式。例如，引入高效的公共交通系统，如地铁、电车、公交车等，可以减少个人汽车使用，降低交通拥堵和空气污染，同时提供更便捷的出行方式，改善城市的宜居性；建设自行车道和行人步道，鼓励居民骑自行车或步行，不仅减少碳排放，还提供了更健康的出行方式，并改善了城市的空气质量；采用绿色城市规划原则，增加绿地、城市森林、公园和景观区域，提高城市的绿化率，改善空气质量、温度和居住环境。实施生态恢复项目，如河流修复、湿地保护和城市林业，以改善城市的生态平衡，提供更多的自然景观和休闲活动空间。

低碳城市和城市宜居性的共同作用因子。首先，城市规划在实现低碳和城市宜居性方面发挥关键作用。合理的城市规划可以改善交通流动、提供公共绿地和改善住房，从而提高城市宜居性，同时降低碳排放；第二，社区参与对于低碳城市和城市宜居性的实现至关重要。社区居民的参与可以推动可持续行为，如减少能源消耗和废物减少，同时促进社区的凝聚力，提高城市的宜居性；第三，技术创新在减少碳排放和提高城市宜居性方面发挥关键作用。新技术可以改善交通、建筑、能源和社会服务,同时降低城市的环境影响。

5.3.3 低碳宜居性城市建设展望

低碳宜居性城市建设过程中需要综合城市系统主体各种行为的气候变化响应措施,及时动态调整宜居城市建设的策略。城市系统碳排放量作为影响气候变化适应的指标,衍生了许多碳减排的措施,但减排作为气候变化适应的一部分,也在一定程度上影响着城市的宜居性。例如,能源结构优化升级作为碳减排的重要措施,也带来了生产和生活方式的转变,减少煤炭消费、稳定油气供应、大幅增加清洁能源比重等能源结构的调整与城市居民息息相关。同时,党的十八大以来,中国执行了严格的中央生态环境保护督察工作,淘汰在能耗、环保、安全、技术等方面达不到标准的落后产能企业,遏制"高耗能、高排放"项目盲目发展,这无疑会在短时期内影响企业发展和城镇居民就业。但从长远看,通过落实严格的环保标准,可以促进企业生产工艺升级,加快产品更新,倒逼行业优胜劣汰,提高整个行业竞争力,并催生节能环保产业发展,带来新的经济增长点。更重要的是,减少因污染造成的健康和经济损失。再比如,中国正大力发展新能源汽车,是中国应对气候变化、推动绿色发展的战略举措。从传统的油车转向电动车,在全国大部分城市得到了推广,充电桩等新能源基础设施产业迅速发展。然而,在部分城市,充电站的建设可能仍滞后于新能源汽车的发展,这影响着新能源汽车驾驶者的生活便利,并在一定程度上影响了宜居性。因此,城市的低碳宜居性是一个多方面的、不断变化的状态,城市系统需要根据外部环境的变化不断调整自我的适应措施,进而满足城市主体人的需求。

中国城市在地理位置、行政和经济发展层次上存在空间异质性导致其对低碳宜居性的需求也必然存在差异。生产和生活主导着城市的宜居性,而其处于不同的国家主体功能区,城市功能也不完全相同。这要求城市规划者和管理者注意加强城市生态功能,这也符合气候适应等技术创新和产业转型的需要。总的来讲,建设低碳宜居城市需因地制宜、以人为本、政府-企业-居民合作、生产-生活-生态结合、在综合物理和社会属性的基础上实现城市的可持续发展。"双碳"目标是中国在新的发展格局和发展形势下做出的重大战略部署,宜居城市集中体现了城市居民对美好生活的需要。因此,发展低碳宜居城市既是有效推进"双碳"目标的重要切入点,也是中国新型城镇化战略、推进生态文明建设、实现高质量可持续发展的内在要求。建设自然物质环境和社会人文环境相协调的低碳宜居城市是中国在国际上推动全球气候治理、推动城市和社区尺度时空数据体系建设、推动低碳技术创新应用、完善低碳宜居社区可持续发展模式、实现可持续发展理论在社区和城乡尺度综合示范应用的实际行动,将为应对气候变化、推进可持续发展提供中国经验。

5.4 城镇空间低碳发展路径

"双碳"目标是体现中国负责任大国担当的重大国家战略决策，对城镇发展模式与布局规划将有着深远影响。人类活动是导致土地利用与覆盖变化、影响自然环境的主要原因之一，城市建设用地作为人类活动的主要聚集区和碳排放的主要来源，是环境调控的重要空间载体（Mwangi et al.，2016）。在城市化进程中，由于区域经济的发展模式和城镇空间的无序扩张，部分城市土地资源利用低效，存在诸如"大城市病"、"半城市化"、自然灾害等问题（Lau et al.，2005）。在气候变化应对和碳减排的责任驱动下，未来城市应逐渐走向绿色、低碳、宜居与高质量的发展模式。进一步优化能源结构、产业结构，大力发展新产业、新技术，推进城市建设用地节约化、集约化发展，强化对城市周边的林地、草地及耕地等的生态保护（Li，2021b）。

城市土地承载着城市经济发展、社会进步、文化传承等各类活动，是城市发挥其主要功能的空间基础，城镇空间的合理利用是实现城市可持续发展的基本条件。通过城镇国土空间格局优化，可以协调城市的生产、生活与生态功能布局，促进总体碳排放与碳吸收均衡，促进区域整体的可持续发展。因此，从国土空间治理角度出发，测度城市规模、结构和格局等因素对人类活动碳排放的贡献，并进一步预测未来"双碳"目标情景下的城镇国土空间格局，成为国土空间规划向定量化与减碳增汇发展的必由之路。因此，本章通过建立"双碳"目标下的城市建设用地需求预测与空间格局模拟的集成模拟方法，并以广州市为案例，模拟并对比分析基准发展与"双碳"目标约束两种情景下2030年和2060年城市建设用地需求与空间格局演化差异，以评估"双碳"目标对未来土地利用变化的影响，为未来城镇国土空间规划及优化管理提供决策依据。

5.4.1 中国城镇低碳发展存在的问题

城镇化是一个复杂系统工程，系统各要素相互关联、相互影响，若贸然通过外力改变某一要素状态，往往容易牵一发而动全身，影响系统稳定性。因此，在城镇低碳发展策略制定之际，须先行展开更为深入的调查研究。并且，对于城镇低碳的正确描述不是来自于其应该是什么样的，而是来自于它实际上是什么样的（雅各布斯，2006），中国城镇低碳发展应避免照搬国际经验，需要基于批判性思维，来探查制约城镇低碳发展的瓶颈，并制定一系列符合中国国情的行动策略（尹稚，2010）。此处试图从能源结构和碳排放、能耗和资源、土地利用、交通和大气四方面来描述。

1. 能源结构和碳排放

中国仍然依赖大量的煤炭作为主要能源来源，导致高碳排放。中国城市居民能源消耗是碳排放的主要驱动因素之一，并且这些排放呈现地域差异。中国的城镇化和城市化进程导致了碳排放的显著增加。相关研究显示，中国城市的碳排放与城市化水平呈正相关关系，城市化进程导致碳排放增加，这一问题在不同城市之间表现出地域差异（Chen et al.，2019）。尽管已经采取了一些措施，能源结构转型和减少碳排放仍然是一个严重的问题。这些问题的解决需要采取一系列政策措施，包括推广可再生能源、提高能源效率、加强碳市场监管等，以实现城镇低碳发展和碳排放的减少。同时，继续监测和评估碳排放情况是非常重要的，以制定更有效的政策和措施来应对这一问题。

2. 能耗和资源

2022 年，中国单位 GDP 能耗已降至 0.447 t 标准煤/万元，比 2012 年下降 40%，但仍高出世界平均水平 0.5 倍，能源的投入产出效率有待提高（李玲，2023；马智胜 等，2023）。城市地区的工业、建筑和交通领域通常是高能耗的主要领域，这导致了大量的电力和能源消耗，加剧了碳排放问题。城市中的资源浪费，特别是在建筑、交通和食品领域（Huang et al.，2019），导致了能源的浪费和环境资源的耗竭，这些问题的解决需要采取一系列政策措施，包括促进能源效率、鼓励可再生能源使用、加强资源管理和减少浪费。监测和评估城市的能源消耗和浪费情况也是关键，以制定更有效的政策来解决这一问题（仇保兴，2010）。

3. 土地利用

城市是温室气体的主要来源，全球大约 78% 的 CO_2 来自城市，而城市约三分之一的 CO_2 来自土地利用变动（胡安焱 等，2023；Fath et al.，2023；Zhang et al.，2014）。中国城市的建设用地快速扩张，对土地资源造成了较大压力（Seto et al.，2012）。土地政策的变化和社会经济因素推动了城市扩张和土地利用的变化。城市土地资源利用低效也造成了土地资源的浪费，特别是在城市扩张和土地规划方面。城市化进程还导致了土地碎片化，土地利用不合理，使土地难以有效利用。不合理的土地利用和城市扩张模式导致农地和生态系统的破坏。这些问题的解决需要采取一系列政策措施，包括合理的土地规划、土地资源节约利用、土地政策的调整以及城市土地管理的改进。这些措施有助于减少土地资源浪费，提高土地利用效率，促进城市低碳发展。

4. 交通和大气

据估算，交通运输领域碳排放量约占我国碳排放总量的 10%，且随着经济总量的不断提升，还将面临持续增长的压力，交通碳减排亟须深化（王轶辰，2023）交通拥堵对居民的出行产生负面影响，大量的时间和燃料浪费导致了经济资源的浪费。大气污染对居民的健康产生严重影响，并导致医疗支出的增加。同时，污染也对城市经济产生负面影响（Fang et al.，2016）。汽车依赖和过度城市化可能导致是这些问题的原因，这些问题的解决需要采取一系列政策措施，包括发展公共交通、推广电动汽车、改善交通基础设施、加强空气质量监测和改进工业排放控制（Ibraeva et al.，2020）。这些措施有助于减轻交通拥堵、改善空气质量，提高城市低碳发展水平。

5.4.2　"双碳"目标下城镇空间布局优化案例

开展绿色低碳的城镇空间治理的关键在于实施碳约束下的国土空间布局优化。这意味着合理规划城市发展，优化土地利用和交通布局（黎夏，2013），以减少碳排放、提高能源效率，降低城市对自然资源的压力，从而实现城市可持续发展、环保和宜居性的提升。国土空间布局优化将有助于城市减少碳足迹，实现低碳发展目标，同时改善居民生活质量，推动城市向更可持续和环保的方向发展。广州是中国南方的大型城市，它经历了快速的城市化和工业化过程，面临着城市化与"双碳"双重挑战。因此，本小节选取广州作为案例区，开展"双碳"目标下城镇空间布局优化研究，以期为未来城市国土空间规划和低碳优化管理提供参考。

1. "双碳"目标下国土空间布局模拟框架

厘清"双碳"目标下的城市建设用地格局演化，不仅需要厘清现阶段碳排放与城市发展之间的关系，且需要揭示"双碳"目标下城市发展影响因素的变化规律。基于此，建立"双碳"目标下的城市建设用地需求预测与空间格局模拟综合模型。首先，通过对人口、财产、技术三个自变量和因变量之间的关系进行评估（stochastic impacts by regression on population，affluence and technology，STRIPAT）模型基于历史数据建立碳排放与城市建设用地的定量关系，并通过神经网络自回归（neural network autoregressive，NNAR）模型预测的碳排放量初步估算城市建设用地需求量。其次，从产业结构、能源消耗强度、土地利用的碳源与碳汇视角分析"双碳"目标下的城市建设用地发展趋势，对建设用地需求和格局演化影响模块和参数进行率定；最终，通过碳排放政策和土地利用模拟（the policy and land use simulator for carbon emissions，PoLUS-C）模型得到未来城市建设用地空间格局演化模拟结果。

2. 碳排放模拟与国土空间布局模拟方法

1）STIRPAT 模型

该模型是研究城市建设用地与碳排放关系的有效方法，源于被广泛认可的可分析人类活动对环境影响的环境压力模型（记为 IPAT 模型），即 $I = PAT$。20 世纪 70 年代初，IPAT 模型产生于关于人类活动对环境影响的主动驱动力的讨论中，其认为人类活动对环境的影响（I）来源于人口（P）、富裕程度（A）和技术（T）三个关键驱动力的乘积。其中人口主要以人口密度表示，富裕程度主要以人均 GDP 表示，技术程度主要以单位GDP 形成的影响表示。传统 IPAT 模型存在"各影响因素同比例影响环境压力"假设的不足，因此 York 等（2003）将 IPAT 模型拓展为随机模型，提出了人口、富裕度和技术的随机影响模型——STIRPAT 模型，表达式为

$$I = aP^b A^c T^d \varepsilon \qquad (5.1)$$

式中：常数 a 为模型系数；b、c、d 分别为人口、富裕度和技术驱动力的指数；ε 为误

差项。与 IPAT 不同，STIRPAT 模型可以用来进行实证检验假设（Xu et al.，2020；Zhang et al.，2019）。为了有利于估计和假设检验，其中，α 和 φ 分别为 a 和 ε 的对数值，b、c、d 分别代表碳排放对人口、富裕程度和技术的韧性系数，即人口、富裕程度和技术每变化 1%时分别引起环境变化 b%、c%和 d%。

$$\ln I = a + b\ln P + c\ln A + d\ln T + \varphi \tag{5.2}$$

本小节运用拓展的 STIRPAT 模型建立城市建设用地与碳排放关系分析模型。根据现有研究，将碳排放（C）作为因变量，城市建设用地面积（B）、人口密度（R）、人均 GDP（G）、单位 GDP 能耗（E）、第三产业占比（T）和碳排放滞后一期（C_{lag}）作为碳排放驱动因素，通过偏最小二乘回归法对系数进行求解，并用 jackknife 法估计回归系数方差以计算回归系数显著性。

$$\ln C = a + b\ln B + c\ln R + d\ln G + e\ln E + f\ln T + g\ln C_{\text{lag}} + \varphi \tag{5.3}$$

2）NNAR 模型

自回归模型是发现碳排放规律，预测碳排放趋势的有效方法，神经网络自回归（neural network auto-regressive，NNAR）是结合不同模型的一种混合方法，对非线性非平稳的时间序列模拟效果更好（Ji et al.，2011）。NNAR 模型类似于线性自回归模型，以滞后值作为自变量。时间序列数据和时间序列的滞后值也可以作为神经网络的输入。本书中使用 $C(t-1)$、$C(t-2)$、$\cdots$、$C(t-p)$ 为碳排放量的滞后项，p 为滞后时间参数。该网络创建和训练于一个开环中，使用真实值作为响应变量，使得训练结果更接近于真实值。网络在训练结束被转换为一个闭环，预测值被用来为网络提供新的响应输入[式（5.4）]。

$$C_t = h(C_{t-1}, C_{t-2}, \cdots, C_{t-p}) + \varepsilon_t \tag{5.4}$$

神经网络训练的目的是通过优化网络权重和神经元偏移来逼近函数 $h(\cdot)$。因此，NNAR 模型定义如下：

$$C_t = \alpha_0 + \sum_{j=1}^{k} \alpha_j \phi\left(\sum_{i=1}^{a} \beta_{ij} C_{t-i} + \beta_{0j}\right) + \varepsilon_t \tag{5.5}$$

式中：a 为输入变量个数；k 为具有激活函数 ϕ 的隐藏层数；β_{ij} 为对应于输入单元 i 和隐藏单元 j 之间连接的权重的参数；α_j 为隐藏单元 j 和输出单元之间的连接权重；β_{0j} 和 α_0 分别为隐藏单元 j 和输出单元的常数项。

3）PoLUS-C 模型

基于"双碳"目标下的城市建设用地空间格局演化影响因素解析，建立基于元胞自动机（cellular automata，CA）PoLUS-C 模型（图 5.5）。CA 模型将自动机的自我复制和随机性的数学理论与地理信息系统（geographic information system，GIS）栅格地图空间结合起来，能够有效体现不同土地栅格之间的作用关系（Tobler，1979）。结合现有研究，本书确立邻域影响（N）、可达性（A）、适宜性（S）、主体功能区（MFA）及随机性（v）6 个驱动力模块，模块相乘得到每个栅格上城市建设用地发展潜力指数[式（5.6）]。

$$P_{j,c}^t = N_{j,c}^t \cdot A_{j,c}^t \cdot S_{j,c}^t \cdot \text{MFA}_{j,c}^t \cdot v_{j,c}^t \tag{5.6}$$

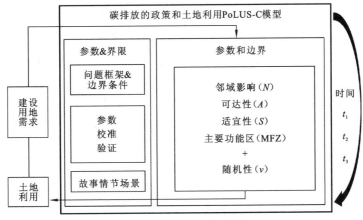

图 5.5　PoLUS-C 模型框架

邻域影响模块体现了历史时期城市建设用地对其他地类的侵占能力，体现了历史发展惯性的延伸，该模块需要设置影响范围及影响值。其中影响范围代表一个栅格上的土地类型的影响范围大小，影响值代表一个栅格上的土地类型对周围土地转换为该土地类型的吸引力大小。PoLUS-C 模型允许设置中心单元两侧 1～5 个单元格距离的影响值，对角线的值由毕达哥拉斯定理计算。

交通路网影响的可达性是城市建设用地空间格局演化的重要制约因素。可达性模块通过计算主要道路（国道、省道、乡道）、铁路和高速公路到每个栅格上的距离，体现了交通路网对建设用地发展的吸引力：

$$a_j = 1 + \left(\frac{D}{\delta_j}\right)^{-1} \tag{5.7}$$

式中：a 为栅格的可达性；D 为每个栅格到最近交通路网的欧几里得距离；δ_j 为不同交通路网的可达性系数。

"双碳"目标下，土地利用碳排、碳汇能力成为城市建设用地发展的重要影响因素，本书结合现有中国土地利用碳排、碳汇能力研究，开展土地利用碳排碳汇适宜性评价（evaluation on the suitability of carbon emissions and carbons sink in land use，ESCESLU），并结合考虑区位条件、社会经济潜力的资源环境承载能力和碳排碳汇适宜性评价（evaluation of carbon emissions and carbon sink suitability，ECECSS），确定城市建设用地适宜性因素。

主体功能区（MFA）是未来城市发展方向的重要依据，其确定了每个地域单元在不同尺度中的核心功能定位，是一幅规划未来国土空间的布局总图（Wang et al.，2014）。本书将其作为影响城市建设用地格局演化模拟的模块之一。随机模块展现了未考虑的不确定因素，通过一个随机数函数进行计算：

$$v_{j,c}^t = [-\ln(1-\text{ran})]^\alpha \tag{5.8}$$

式中：ran 为 0～1 内服从均匀分布的随机数；α 为随机效应规模。

3. 案例区概况

广州市位于广东省中南部，为西江、北江、东江三江汇合处，濒临南海，靠近珠江流域下游的入海口，地处东经 112°57′～114°03′，北纬 22°26′～23°56′，总面积约为 7 434.4 km²。广州市东北高西南低。其中，东北部是以林地为主的中低山区，中部是丘陵盆地，南部是沿海冲积平原。2020 年广州市实现地区生产总值 25 019.11 亿元，常住人口 1 867.66 万人，城镇化率达到 86.46%，相较于 2005 年提高 25% 以上。

本案例使用的数据包括：广州市社会经济和碳排放时间序列数据、交通路网数据、资源环境承载能力和国土空间开发适宜性评价（DES）、土地利用碳排碳汇适宜性评价（LUCES）和主体功能区（MFA）栅格数据。其中广州市人口密度、人均 GDP、单位 GDP 能耗、产业生产总值和城市建设用地面积数据来源于《广州市统计年鉴》（表 5.1）。土地利用数据来源于第二次全国土地调查及变更调查数据，选取广州市 2012 年、2015 年和 2018 年三期 100 m 栅格数据，根据其一级类型分为耕地、林地、草地、水域、城市建设用地、未利用用地和海洋 7 类用地。广州市主要道路、铁路和高速公路矢量数据来源于中国科学院资源环境与数据中心。广州市资源环境承载能力和国土空间开发适宜性评价与主体功能分区栅格数据来源于中国土地勘测规划院。城市碳排放数据来源于全球大气研究的排放数据库（emissions database for global atonspheric research，EDGAR），使用其全球范围内 0.1×0.1 分辨率的栅格图与广州市匹配，得到 1970～2018 年广州市历年城市碳排放量数据（图 5.6）。

表 5.1 主要数据描述性统计

项目	最小值	最大值	均值	方差
建筑面积/km²	735	1 300	1 017	31 200
常住人口密度/（人/km²）	1 227	2 005	1 639	62 289
人均 GDP/（元/人）	54 627	153 373	104 038	1 079 426 922
单位 GDP 能耗(百万 t 标准煤/十亿美元)	27	78	44	256
第三产业份额/%	58	70	63	16

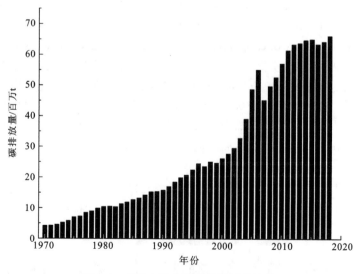

图 5.6 广州市城市碳排放量匹配结果

4. "双碳"目标下国土空间布局模拟结果

广州市土地利用变化分析。2018~2030 年广州市城市建设用地发展依然以扩张为主,同时兼顾内部格局优化与集约式发展,2030~2060 年则主要以内部空间格局优化为主。保护生态空间优美景观,保障农业空间质效,促进城市空间紧凑集约,是推进新型城镇化和生态文明建设的重要举措。广州是中国改革开放最早、经济发展最快的城市之一,是城市化进程快速发展的代表性地区。该地区土地利用变化显著,城市开发用地与生态系统用地的竞争日益突出,林地和耕地大面积减少,生态景观格局发生较大变化,生态风险持续加剧(Guo et al.,2021;Xu et al.,2016)。城市扩张导致的土地利用/覆盖变化是碳排放增长的主要原因之一。第二次全国土地调查显示,2012~2018 年广州市建设用地扩张11 402 hm²,林地、耕地面积分别减少 5 850 hm²、4 453 hm²(图 5.7)。因此,"双碳"目标下,土地利用碳排、碳汇能力是城市建设用地空间格局演化的重要影响因素。

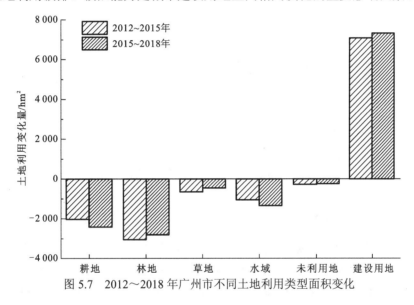

图 5.7　2012~2018 年广州市不同土地利用类型面积变化

广州市城市建设用地碳排放效应。"双碳"目标下,优化产业结构、降低能源消耗强度、集约式发展是未来广州市城市建设用地主要方向。对建立的 STRIPAT 模型标准化系数进行求解并得到回归系数显著性,其中各变量 P_t 值均小于 0.001,显著性结果较好(表 5.2)。原变量系数与标准化系数的关系得到 STRIPAT 模型中碳排放对各变量的韧性系数。城市建设用地碳排放效应系数为 0.1,表示广州市城市建设用地面积每增加 1%,碳排放增加 0.1%,结果与现有研究结果基本一致。同时,中国经济发展、能源消费和碳排放之间存在环境库兹涅茨曲线关系,即随着经济发展和能源消费的发展,碳排放呈现先上升后下降的倒"U"形曲线(Lv et al.,2021;Shen et al.,2016)。2009~2018 年广州市碳排放拟合曲线从低于实际碳排放到高于实际碳排放,说明广州市碳排放正处于环境库兹涅茨曲线拐点过度期(图 5.8)。因此,"双碳"目标下,广州市城市建设用地需求应在上述模型结果上进行修正。

表 5.2 标准化回归系数和显著性检验

变量	预测	标准	T 值	P_r（$>|t|$）
建成区	0.14	0.03	5.96	0.000 05
常住人口密度	0.16	0.04	5.07	0.000 2
人均国内生产总值	0.16	0.04	5.25	0.000 1
单位 GDP 能耗	−0.15	0.04	−5.34	0.000 1
第三产业份额	0.14	0.03	4.45	0.000 7
二氧化碳排放滞后	0.14	0.03	4.41	0.000 7

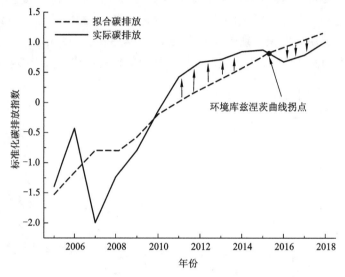

图 5.8 2005～2018 年广州市标准化碳排放拟合结果

广州市碳排放预测。根据广州市 1970～2018 年城市碳排放数据，运用 NNAR 模型对其 2019～2060 年城市碳排放量进行模拟预测，结果如图 5.9 所示。结果显示，2030 年广州市城市碳排放预测量为 69.8 百万 t，相较于 2018 年增长 5.36%。2060 年广州市城市碳排放预测量为 70.2 百万 t，与 2030 年结果基本一致。结合广州市建设用地碳排放结果，得到 2018～2030 年和 2030～2060 年广州市建设用地面积分别扩张 53.6% 和 6%。然而，上述结果只能反映在惯性发展情景下，广州市城市建设用地需求变化与空间格局演化方向。"双碳"目标约束下，广州市产业结构的升级调整将改变现阶段城市建设用地需求增长趋势，同时更严格的生态保护政策将倒逼城市建设用地的内部挖潜。因此，"双碳"目标下的广州市建设用地需求和格局演化影响因素需要进一步厘定。

广州市城市建设用地需求及格局演化参数设定。经济发展和能源消耗是影响碳排放的主要驱动力因素（Ma et al.，2019）。通过解析广州市城市建设用地与碳排放、产业结构、能源强度的发展规律，对上述广州市城市建设用地需求计算结果与空间格局发展参数进行率定，从而得到基准发展与"双碳"目标两种情景下广州市 2030 年与 2060 年城市建设用地需求和空间格局演化参数方案，以分析两种情景下建设用地发展差异。

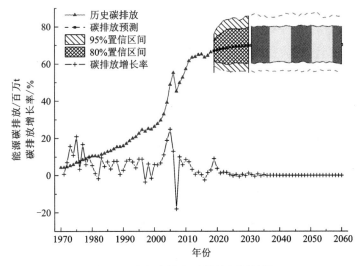

图 5.9　广州市城市碳排放预测结果

（实心方形部分为 2019～2030 年碳排放预测结果，空心方形部分为 2030～2060 年碳排放预测结果，

80%和 95%的预测区间由 bootstrap 法计算得到）

调整优化产业结构，控制第二产业，特别是高耗能产业规模是降低城市建设用地碳排放强度的有效手段之一。"双碳"目标下，广州市的金融业、物流业、信息服务业等低碳产业将得到进一步发展，原有钢铁、水泥厂等占高耗能产业逐步升级或被替代。广州市经济发展主要以第二、第三产业为主，随着低碳目标的逐渐重视与经济不断发展，第二产业占比不断降低，由 2000 年的 41%下降至 2018 年的 27%，其碳排放量占比也逐年减少。而第三产业在政策支持下不断发展，占比也不断升高，由 2000 年的 55%上升至 2018 年的 71%。因此，"双碳"目标下，广州市城市建设用地需求增长将逐步放缓，实际用地需求应低于惯性发展下需求结果。

能源利用效率及能源消耗强度是碳排放的主要驱动因素。"双碳"目标下，加强能源管控，推动工业领域清洁生产是广州市节能减排的重要抓手（Jiao et al.，2019）。近年来，广州市持续开展能源革命，加强固定资产投资项目的节能审查，推进光伏发电等清洁能源项目进程，保障了经济发展平稳发展的同时，不断降低能源消耗强度，提高能源利用效率与能源替代率（图 5.10）。因此，"双碳"目标下，广州市将摆脱以高投入和高消耗为主导的粗放式发展模式，减缓建设用地扩张，进一步优化建设用地布局，推进新能源项目进程，降低碳排放水平。

根据上述分析，形成基准发展和"双碳"目标两种情景下广州市城市建设用地格局演化参数方案（表 5.3）。其中基准发展情景下城市建设用地需求利用上述 STRIPAT 模型和 NNAR 模型结果得出，即 2018～2030 年和 2030～2060 年广州市城市建设用地面积分别增长 100 298 hm^2（53.6%）和 17 244 hm^2（6.0%），年均增长 4.46%和 0.5%。"双碳"目标情景下城市建设用地需求在上述年均增长基础上分别降低 0.94%和 0.25%，即 2018～2030 年与 2030～2060 年广州市城市建设用地面积分别增长 78 867 hm^2（42.2%）

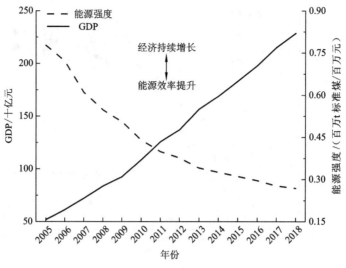

图 5.10 广州市能源消耗强度变化

和 7 980 hm^2（3.0%），年均增长 3.51%和 0.25%。适宜性中增加 CECSS 因素，考虑了土地利用碳排放、碳汇能力，并且在 2030～2060 年阶段增加了该因素权重。PoLUS-C 模型中邻域模块参数根据历史时期城市建设用地扩张和收缩带来的土地利用格局变化对邻域规则模块参数进行率定。

表 5.3　广州市城市建设用地格局演化模拟参数设定

范围类型		基准情景		"双碳"目标	
		2030 年	2060 年	2030 年	2060 年
建成区需求/hm^2		287 420	304 665	265 990	273 969
相邻区权重系数/%		20	20	20	20
可访问性	主要街道权重/%	5	5	5	5
	铁路权重/%	10	10	10	10
	高速公路权重/%	5	5	5	5
适宜性	DES 权重/%	20	20	10	7
	CECSS 权重/%	—	—	10	14
MFA 权重/%		20	20	20	20

广州市城市建设用地格局演化模拟。利用 2012 年和 2015 年广州市土地利用数据运行模型预测 2018 年土地利用情况，模拟得到 2018 年广州市土地利用格局。运用 Kappa 系数定量检验模型的模拟效果，得到 Kappa 系数为 0.97，总体准确度为 0.99，说明可以基于此开展土地利用模拟。二调数据显示，2012～2015 年广州市城市建设用地扩张面积

远大于减少面积，扩张处以占有林地、耕地为主，二者面积分别减少 3 048 hm² 和 1 995 hm²（图 5.11）。

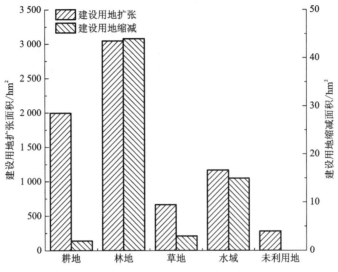

图 5.11　2012～2015 年广州市城市建设用地转变规律

2030 年广州市城市建设用地模拟结果。基准发展情景下，2030 年广州市城市建设用地面积为 287 421 hm²，较 2018 年增长了 53.6%。从区域分布上看，广州市城市建设用地发展过程以中部及南部地区为主，包括南沙区、番禺区、天河区、越秀区、荔湾区和海珠区大部分区域以及花都区、增城区南部、白云区西部区域，而广州市北部的生态保护区中增长较少（表 5.4）。从土地利用变化上看，广州市城市建设用地扩张依然以占用林地和水域为主，二者分别减少了 59 360 hm² 和 36 582 hm²。

表 5.4　2030 年广州市不同情景下城市建设用地扩张分区统计　　　（单位：hm²）

行政区	基准情景建设用地面积	"双碳"目标情景建设用地面积
荔湾区	5 550.83	5 768.38
越秀区	3 273.51	3 307.83
海珠区	7 592.38	7 570.37
天河区	11 185.92	10 940.45
白云区	38 631.06	36 563.86
黄浦区	25 579.14	22 541.46
番禺区	31 576.40	31 860.61
花都区	51 430.16	46 988.31
南沙区	43 086.36	42 322.20
从化区	3 905.54	8 874.43
增城区	65 609.69	49 252.09

在"双碳"目标发展情景下，2030 年广州市城市建设用地面积为 265 990 hm²，较 2018 年增长 42.15%。从区域分布上看，广州市城市建设用地发展依然以中部及南部地区为主，与基准发展情景模拟结果基本一致。从土地利用变化上看，广州市建成城区扩张下土地利用变化较为均匀，其中林地、耕地、水域分别减少 29 013 hm²、11 824 hm²、35 231 hm²（表 5.5）。比较而言，"双碳"目标发展情景下，广州市城市建设用地空间格局发展形成多中心发展的集约模式，耕地减少速度更慢，林地、草地保护效应更明显。

表 5.5　2030 年广州不同情景下各用地类型模拟结果对比　　（单位：hm²）

用地类型	2018 年	基线开发设想	增加/减少	"双碳"设想	增加/减少
农田	82 402	81 169	−1 233	70 578	−11 824
林地	357 307	297 947	−59 360	328 294	−29 013
草地	2 627	672	−1 955	921	−1 706
水域	95 206	58 624	−36 582	59 975	−35 231
未利用土地	1 680	471	−1 209	546	−1 134
建成区	187 123	287 421	100 298	265 990	78 867

2060 年广州市城市建设用地模拟结果。在基准发展情景下，2060 年广州市城市建设用地面积为 304 665 hm²，较 2030 年模拟结果增长 6%，该时期城市建设用地发展主要以优化空间格局为主。从区域分布上看，2030～2060 年城市建设用地发展更加集中，增城区东部、南沙区南部地区城市建设用地向中部地区发展。从土地利用变化上看，该时期林地和水域面积减少较大，分别减少 23 861 hm² 和 14 640 hm²，但减少速度明显降低（表 5.6）。

表 5.6　2060 年广州市不同情景下城市建设用地扩张分区统计　　（单位：hm²）

行政区	基准情景建设用地面积	"双碳"目标情景建设用地面积
荔湾区	5 628.10	5 533.84
越秀区	3 249.18	3 198.86
海珠区	7 766.11	7 228.24
天河区	11 272.25	10 551.38
白云区	43 345.48	42 209.54
黄浦区	29 501.58	22 938.61
番禺区	34 993.17	37 481.98
花都区	49 052.87	43 004.71
南沙区	45 713.35	45 430.63
从化区	4 262.98	5 488.37
增城区	69 879.94	50 903.84

在"双碳"目标情景下，2060 年广州市城市建设用地面积为 273 970 hm²，较 2030 年模拟结果增长了 3%，空间格局优化效果更为明显。从区域分布上看，该情景下城市建设用地格局演化更加集中，主要集中在花都区南部，白云区、番禺区等主城区以及南沙区北部（表 5.7）。

表 5.7　2060 年广州不同情景下各用地类型模拟结果对比　　　　　（单位：hm²）

用地类型	基线开发设想	增加/减少	"双碳"目标	增加/减少
农田	102 780	21 611	113 925	43 347
林地	274 086	-23 861	303 310	-24 984
草地	450	-222	334	-587
水域	43 984	-14 640	34 500	-25 475
未利用土地	339	-132	265	-281
建成区	304 665	17 244	273 970	7 980

广州市城镇空间绿色低碳发展建议。对比两种情景下的模拟结果发现，"双碳"目标发展情景下，广州市城市建设用地增长较为缓慢，2030 年形成了多中心的城市发展格局，2030~2060 年城市建设用地集中利用趋势更为明显；土地利用更加合理化，林地、草地面积减少速度明显得到抑制，耕地保护效应更为明显。结果说明，"双碳"目标对城市建设用地需求和空间格局演化存在显著影响，通过作用于产业结构、能源消耗等方面，最终影响国土空间格局发展。

首先，实现绿色低碳的城镇化发展，必须加快构建国土空间开发保护新格局，坚持底线思维、问题导向，科学划定"三区三线"，充分发挥国土空间规划的引领和管控作用。落实最严格的耕地保护制度，把耕地保护红线放在首要和优先位置。落实最严格的生态环境保护制度，完善生态保护红线划定成果。落实最严格的节约用地制度，合理划定城镇开发边界，提高城镇土地资源节约集约利用水平。落实最严格的水资源保护制度，强化水资源对城市和产业发展的刚性约束作用。

其次，大力推动传统产业绿色转型，全流程推进重点行业绿色化改造，加速推动生产方式数字化转型、能源消费低碳化转型、生产过程清洁化转型、资源利用循环化转型（潘家华 等，2023）。要培育壮大绿色新兴产业，聚焦智能网联新能源汽车、新型电子产品、先进材料、节能环保装备、清洁能源和储能、专业软件等重点领域，推动产业结构优化调整。

最后，实施全面节约战略，推进各类资源节约集约利用，加快构建废弃物循环利用体系。落实能源消费强度刚性约束，总量弹性管理，通过能源消耗总量和强度目标倒逼产业和高耗能企业转型升级，实现由能耗双控向碳排放双控转变。完善支持绿色发展的财税、金融、投资、价格政策和标准体系，健全资源环境要素市场化配置体系，加快节能降碳先进技术研发和推广应用，倡导绿色消费，推动形成绿色低碳的生产方式和生活方式。

5.4.3 城镇空间低碳发展路径构建

1. 低碳导向的城市韧性提升路径

基础设施和资源管理。提高韧性城市，可以通过投资和改进城市基础设施，包括水、电力、交通和通信系统。这包括采用可再生能源、提高资源利用效率，以确保城市在能源供应和自然灾害等方面具有更高的韧性。例如，通过更新和升级能源基础设施，包括电力分配网络和可再生能源发电设施，以提高能源效率和增加可再生能源的比重。这有助于减少对化石燃料的依赖，降低碳排放，提高城市韧性。此外，城市还需建立先进的环境监测和预警系统，以应对自然灾害和气候变化。这可以帮助城市做好灾害准备，提高城市的应急响应和恢复能力（Li et al.，2021）。

1）可持续城市规划

城市韧性可以通过可持续城市规划来提高。这包括建设城市绿地和公园、改善城市的空气质量和提供可持续的交通方式。韧性城市需要改进城市的交通系统使其符合可持续发展理念，包括促进低碳交通方式，如步行和骑自行车，以减少交通拥堵和碳排放。发展公共交通系统也是提高城市韧性的关键，因为它提供了可持续的交通方式。绿色城市规划不仅有助于减少碳排放，还有助于提高城市的宜居性和韧性（He et al.，2020）。

2）制度和政策支持

政府和城市管理者需要制定适当的政策和法规，以支持城市的低碳韧性发展。这包括促进可再生能源和绿色技术的采用，提供经济激励措施，并制定规划准则，以确保城市在碳减排和韧性方面取得进展（Lee，2005）。此外，政府和城市管理者需要推动建立强大的灾害准备和紧急响应体系，以应对自然灾害和紧急情况。这包括制订应急计划、培训城市工作人员和提供紧急服务，以确保城市在灾害发生时能够快速应对。

2. 低碳导向的城市宜居性提升方案

1）绿化和公共空间

提高城市绿化和公共空间的质量是提升宜居性的关键。这包括建设公园、花园和绿地，提供休闲和娱乐机会，同时改善城市的环境质量。绿化和公共空间有助于降低城市的温度、提高社区凝聚力和促进身心健康（Dadvand et al.，2015）。通过改善城市绿化能够促进植被吸收二氧化碳并释放氧气，有助于净化空气，降低空气污染水平，从而提高城市空气质量。植被可以降低城市的温度，减轻热岛效应，使城市更舒适，减少空调的使用，从而减少碳排放。

2）能源效率和智能建筑

能源效率和绿色建筑在低碳城市宜居性提升中发挥着关键作用。1.5℃和2℃温控目标将对中国能源结构产生重要影响，能源技术革新和效率提升有助于实现气候适应的多重目标（姜克隽，2022）。提高建筑、交通、工业等领域的能源效率可以降低碳排放，从而有助于减缓气候变化影响，提高空气质量。采用能源效率提升措施和绿色建筑标准有助于减少能源消耗，改善建筑的质量，提高居住舒适度，这对城市居民的生活质量至关重要（Kochhar，2010）。智能建筑可以提供更舒适的居住环境，包括智能照明、遮阳控制、智能家居设备等，从而提高城市宜居性。智能建筑和信息技术通过增强城市数据驱动的决策，使城市更能应对气候变化、自然灾害和其他紧急情况。

3）社区参与和社会凝聚力

宜居性提升方案需要关注社会包容和社区参与。这包括确保各个社会群体都能够享受城市的好处，并鼓励社区居民参与城市规划和决策过程。社会包容和社区参与有助于提高城市的社会凝聚力和平等（UN-Habitat，2016）。社区居民的参与可以促进可持续行为，同时提高社区的凝聚力，以更好地应对各种挑战（Zhang et al.，2018）。社区参与可以鼓励城市居民采用更可持续的生活方式，如减少汽车出行、垃圾分类回收、能源节约等。居民的积极参与可以推动可持续发展举措的实施。社区居民可以积极参与可持续项目，如社区花园、废物回收中心、太阳能发电项目等，从而减少碳排放并提高资源利用效率。

3. 低碳约束下的城镇空间优化策略

1）提高城市密度和优化土地利用方式

土地资源总量有限，在新一轮的城镇化背景下，需要构建面向碳中和的国土空间格局体系，根据碳源/汇的空间格局及管控要求，科学有序统筹布局宜居、生态、生产等功能空间（黄贤金 等，2022），推动新型城镇发展和低碳宜居城市建设。通过更紧凑的城市规划，可以减少通勤距离和能源消耗。这有助于降低碳排放并提高城市的可持续性（Baeumler，2012）。例如，将不同类型的土地用途混合在一起，例如住宅、商业和办公楼，以减少通勤距离，降低个人汽车使用，从而减少碳排放；通过建设人行道和自行车道，鼓励居民采用步行和骑自行车的方式出行，降低碳排放。此外，还可以基于国土空间"双评价"，制定以生态保护红线、永久基本农田保护红线、城镇开发边界等为依据的"管控"措施。充分利用城市周边闲置土地、荒山坡地、污染土地，开展城市绿化增汇，扩大生态空间。

2）加强城市绿化和生态保护

研究显示，当前中国陆地生态系统碳汇大约可抵消 7%～15%的人为 CO_2 排放（朴世龙 等，2022），城市生态系统碳汇在增强城市气候韧性和提升城市宜居性方面的作用不容忽视。城市内的绿地和生态系统提供了碳吸收、空气净化和生态多样性维护的重要功能。这有助于改善城市环境质量，减少碳足迹，同时提高居民的生活质量，因此应加大对城市绿化和生态保护的投资。此外，还应增加绿化和生态保护有助于提高碳吸收能力，减少城市碳排放，以应对气候变化。通过推广绿色屋顶和垂直绿化，提高土地利用效率，降低能源消耗。推广植树造林活动，加强城市的树木保护，提高碳吸收能力，改善空气质量。

3）推动低碳产业布局

低碳经济是实现多方共赢的发展方式（诸大建，2010），发展低碳经济需要加快推动低碳产业布局。第一，通过将低碳产业集中在特定区域，可以优化城市空间，减少土地浪费；第二，鼓励绿色科技和创新的发展，以推动低碳产业的增长，并带动相关产业的布局；第三，制定政策和激励措施，如税收优惠、补贴和绿色产业发展计划，以吸引低碳产业入驻城市；第四，可开展城镇空间（工业、能源、交通）碳排放核算，根据行业碳排放清单统筹城镇空间"优化"。

参 考 文 献

白立敏, 修春亮, 冯兴华, 等. 2019. 中国城市韧性综合评估及其时空分异特征. 世界地理研究, 28(6): 77-87.

蔡云楠, 温钊鹏, 2017. 提升城市韧性的气候适应性规划技术探索. 规划师, 33(8): 18-24.

陈安, 师钰, 2018. 韧性城市的概念演化及评价方法研究综述. 生态城市与绿色建筑(1): 14-19.

陈书荣. 2000. 我国城市化现状、问题及发展前景. 城市问题(1): 3-5.

陈奕玮, 吴维库, 2021. 产业集聚、产业多样化与城市经济韧性关系研究. 科技进步与对策. [2021-10-02].

陈玉梅, 李康晨, 2017. 国外公共管理视角下韧性城市研究进展与实践探析. 中国行政管理(1): 137-143.

陈志端, 仇保兴, 陈鸿, 2021. 韧性城市系统韧健水平提升与强健模型研究: 基于复杂适应系统理论 (CAS). 城市发展研究, 28(8): 1-9.

冯俊华, 张路路, 2021. "生态-经济-社会-人口"城镇化耦合协调动态演化研究. 经济界(3): 8-17.

付允, 汪云林, 李丁, 2008. 低碳城市的发展路径研究. 科学对社会的影响(2): 5-10.

格莱泽, 2012. 城市的胜利. 刘润泉, 译. 上海: 上海社会科学院出版社.

何德旭, 姚战琪, 2008. 中国产业结构调整的效应、优化升级目标和政策措施. 中国工业经济(5): 46-56.

胡安焱, 王思博, 贺屹, 等, 2023. 基于生态网络效用的榆林市碳代谢空间分析. 生态学杂志. [2023-10-20].

黄贤金, 张安录, 赵荣钦, 等, 2022. 碳达峰、碳中和与国土空间规划实现机制. 现代城市研究(1): 1-5.

姜克隽, 2022. 在碳中和目标下以能源转型促进经济高质量发展. 可持续发展经济导刊(5): 42-45.

姜煜华, 甄峰, 魏宗财, 2009. 国外宜居城市建设实践及其启示. 国际城市规划, 24(4): 99-104.

金贵, 吴锋, 李兆华, 等, 2017. 快速城镇化地区土地利用及生态效率测算与分析. 生态学报, 37(23): 8048-8057.

黎夏, 2013. 协同空间模拟与优化及其在快速城市化地区的应用. 地球信息科学学报, 15(3): 321-327.

李斌, 张晓, 2017. 中国产业结构升级对碳减排的影响研究. 产经评论, 8(2): 79-92.

李玲, 2023. 近十年能源消费革命成就耀眼. 中国能源报, 2023-09-25(001).

李旸, 2010. 中国低碳经济发展路径选择和政策建议. 城市发展研究, 17(2): 56-67.

李业锦, 张文忠, 田山川, 等, 2008. 宜居城市的理论基础和评价研究进展. 地理科学进展(3): 101-109.

廖茂林, 李菲菲, 高佳琳, 2017. 低碳韧性城市: 可持续发展的必由之路. 城市(11): 60-66.

林坚, 马珣, 2014. 中国城市群土地利用效率测度. 城市问题(5): 9-14.

林善浪, 张作雄, 刘国平, 2013. 技术创新、空间集聚与区域碳生产率. 中国人口·资源与环境, 23(5): 36-45.

刘建江, 易香园, 王莹, 2021. 新时代的产业转型升级: 内涵、困难及推进思路. 湖南社会科学(5): 67-76.

刘书畅, 叶艳妹, 肖武, 2020. 基于随机前沿分析的中国城市土地利用效率时空分异研究. 中国土地科学, 34(1): 61-69.

刘淑茹, 段勇恒, 党继强, 2021. 产业结构优化、城乡收入差距与城镇化高质量发展. 生产力研究(8): 61-65.

刘文玲, 王灿, 2010. 低碳城市发展实践与发展模式. 中国人口·资源与环境, 20(4): 17-22.

柳随年, 2001. 关于推进城镇化进程若干问题的思考. 管理世界(6): 1-5.

卢园园, 2021. 新型城镇化研究综述. 社会科学动态(6): 78-82.

鲁丰先, 王喜, 秦耀辰, 等, 2012. 低碳发展研究的理论基础. 中国人口·资源与环境, 22(9): 8-14.

鲁钰雯, 翟国方, 2022. 城市空间韧性理论及实践的研究进展与展望. 上海城市规划(6): 1-7.

吕悦风, 项铭涛, 王梦婧, 等, 2021. 从安全防灾到韧性建设: 国土空间治理背景下韧性规划的探索与展望. 自然资源学报, 36(9): 2281-2293.

马智胜, 刘鹏, 才凌惠, 2023. 数字化转型提升了绿色全要素能源效率吗？来自中国 A 股工业上市企业的经验证据. 企业经济, 42(9): 113-126.

麦克哈格, 1992. 设计结合自然. 芮经纬, 译. 北京: 中国建筑工业出版社.

潘家华, 梁本凡, 熊娜, 等, 2014. 低碳城镇化的宏观路径. 环境保护, 42(1): 33-36.

潘家华, 魏晓楠, 孙传旺, 等, 2023. 净零碳转轨发展与多赢协同. 世界社会科学(4): 80-94.

朴世龙, 岳超, 丁金枝, 等, 2022. 试论陆地生态系统碳汇在"碳中和"目标中的作用. 中国科学: 地球科学, 52(7): 1419-1426.

仇保兴, 2010. 我国城镇化中后期的若干挑战与机遇: 城市规划变革的新动向. 城市规划, 34(1): 15-23.

汪辉, 王涛, 象伟宁, 2019. 城市韧性研究的巴斯德范式剖析. 中国园林, 35(7): 51-55.

王春光, 2006. 农村流动人口的"半城市化"问题研究. 社会学研究(5): 107-122.

王金南, 2023. 全面推进美丽中国建设. 红旗文稿(16): 4-8.

王凯, 林辰辉, 吴乘月, 2020. 中国城镇化率 60% 后的趋势与规划选择. 城市规划, 44(12): 9-17.

王轶辰, 2023. "氢舟"待过万重山. 经济日报, 11-02(006).

吴良镛, 2001. 人居环境科学导论. 北京: 中国建筑工业出版社.

吴旭晓, 2023. 中国区域城镇化的碳排放效率时空动态效应研究. 区域经济评论(1): 139-148.

象伟宁, 孙江珊, 黄静如, 等, 2019. 历史多次证明伊恩·麦克哈格是对的. 南京林业大学学报(人文社会科学版), 19(6): 23-31.

肖兴志, 韩超, 赵文霞, 等, 2010. 发展战略、产业升级与战略性新兴产业选择. 财经问题研究(8): 40-47.

辛章平, 张银太, 2008. 低碳经济与低碳城市. 城市发展研究(4): 98-102.

徐江, 邵亦文, 2015. 韧性城市: 应对城市危机的新思路. 国际城市规划, 30(2): 1-3.

徐礼志, 2016. 陕西省新型城镇化发展的金融支持研究. 经济研究导刊(17): 61-62.

雅各布斯, 2006. 美国大城市的死与生. 2 版, 金衡山, 译. 北京: 译林出版社.

杨翔, 李小平, 周大川, 2015. 中国制造业碳生产率的差异与收敛性研究. 数量经济技术经济研究, 32(12): 3-20.

尹伟华, 2021. "十四五"时期中国产业结构变动特征及趋势展望. 中国物价(9): 3-6.

尹稚, 2010. 低碳语境下对中国城市发展模式转型的思考. 动感(生态城市与绿色建筑)(2): 18-20.

臧鑫宇, 王峤, 2019. 城市韧性的概念演进、研究内容与发展趋势. 科技导报, 37(22): 94-104.

张平宇, 2004. 城市再生: 我国新型城市化的理论与实践问题. 城市规划(4): 25-30.

张伟, 朱启贵, 高辉, 2016. 产业结构升级、能源结构优化与产业体系低碳化发展. 经济研究, 51(12): 62-75.

张文忠, 2016a. 宜居城市建设的核心框架. 地理研究, 35(2): 205-213.

张文忠, 2016b. 中国宜居城市建设的理论研究及实践思考. 国际城市规划, 31(5): 1-6.

张雯熹, 吴群, 王博, 等, 2019. 产业专业化、多样化集聚对城市土地利用效率影响的多维研究. 中国人口·资源与环境, 29(11): 100-110.

张小溪, 葛桦桦, 2017. 低碳韧性城市的合理规划探析. 中国商论(16): 167-169.

赵璐, 2021. 中国产业空间格局演化与空间转型发展态势. 地理科学, 41(3): 387-396.

赵亿欣, 陈耿宣, 2021. 产业绿色发展道路研究. 西南金融(4): 85-96.

郑艳, 王文军, 潘家华, 2013. 低碳韧性城市: 理念、途径与政策选择. 城市发展研究, 20(3): 10-14.

周宏春, 周春, 李长征, 2021. 双碳背景下的城市治理重点与政策建议. 城市管理与科技, 22(5): 22-25.

诸大建, 2010. 绿色复苏与中国的绿色创新. 中国科学院院刊, 25(2): 127-137.

诸大建, 陈飞, 2010. 上海发展低碳城市的内涵、目标及对策. 城市观察(2): 54-68.

庄贵阳, 2021. 中国实现"双碳"目标面临的挑战及对策. 人民论坛(18): 502.

BAEUMLER A, IJJASZ-VASQUEZ E, MEHNDIRATTA S, 2012. Sustainable low-carbon city development in China. Washington D.C.: World Bank.

CHEN S Y, JIN H, LU Y L, 2019. Impact of urbanization on CO_2 emissions and energy consumption structure: A panel data analysis for Chinese prefecture-level cities. Structural Change and Economic Dynamics, 49: 107-119.

COMMONER B. 1992. Making peace with the planet. New York: The New Press.

DADVAND P, NIEUWENHUIJSEN M J, ESNAOLA M, et al., 2015. Green spaces and cognitive development in primary schoolchildren. Proceedings of the National Academy of Sciences, 112(26): 7937-7942.

DIETZ T, ROSA E A, YORK R, 2007. Driving the human ecological footprint. Frontiers in Ecology and the Environment, 5(1): 13-18.

DONG F, YU B L, HADACHIN T, et al., 2018. Drivers of carbon emission intensity change in China. Resources, Conservation and Recycling, 129: 187-201.

FAN J, SUN W, ZHOU K, et al., 2012. Major function oriented zone: New method of spatial regulation for reshaping regional development pattern in China. Chinese Geographical Science, 22: 196-209.

FANG C, WANG Z, XU G, 2016. Spatial-temporal characteristics of $PM_{2.5}$ in China: A city-level perspectives analysis. Journal of Geographical Sciences, 26: 1519-1532.

FATH B D, STRELKOVSKII N, WANG S, et al., 2023. Assessing urban carbon metabolism using network analysis across Chinese and European cities. Cleaner production letters. [2023-05-01].

FENG Y J, TONG X H, 2018. Dynamic land use change simulation using cellular automata with spatially nonstationary transition rules. GIScience and Remote Sensing, 55(5): 678-698.

FOLKE C, CARPENTER S, ELMQVIST T, et al., 2002. Resilience and sustainable development: Building adaptive capacity in a world of transformations. AMBIO: A Journal of the Human Environment, 31(5): 437-440.

GONG J Z, HU Z R, CHEN W L, et al., 2018. Urban expansion dynamics and modes in metropolitan Guangzhou, China. Land Use Policy, 72: 100-109.

GONG W F, WANG C H, FAN Z Y, et al., 2022. Drivers of the peaking and decoupling between CO_2 emissions and economic growth around 2030 in China. Environmental Science and Pollution Research, 29: 3864-3878.

GUO L, XI X H, YANG W J, et al., 2021. Monitoring land use/cover change using remotely sensed data in Guangzhou of China. Sustainability, 13(5): 2944.

HASEEB M, HASSAN S, AZAM M, 2017. Rural-urban transformation, energy consumption, economic growth, and CO_2 emissions using STRIPAT model for BRICS countries. Environmental Progress and Sustainable Energy, 36(2): 523-531.

HE X N, LIN M, CHEN T L, et al., 2020. Implementation plan for low-carbon resilient city towards sustainable development goals: Challenges and perspectives. Aerosol and Air Quality Research, 20(3): 444-464.

HU X T, LI Z H, CAI Y M, et al., 2022. Urban construction land demand prediction and spatial pattern simulation under carbon peak and neutrality goals: A case study of Guangzhou, China. Journal of Geographical Sciences, 32(11): 2251-2270.

HUANG K, LI X, LIU X, et al., 2019. Projecting global urban land expansion and heat island intensification through 2050. Environmental Research Letters, 14(11): 114037.

IBRAEVA A, DE ALMEIDA CORREIA G H, SILVA C, et al., 2020. Transit-oriented development: A review of research achievements and challenges. Transportation Research Part A: Policy and Practice, 132: 110-130.

JHA A, MINER W T, STANTON-GEDDES Z, 2013. Building urban resilience: Principles, tools and practice. Washington D.C.: World Bank Publications.

JI W, CHEE K C, 2011. Prediction of hourly solar radiation using a novel hybrid model of ARMA and TDNN. Solar Energy, 85(5): 808-817.

JIAO Y Q, SU M R, JI C W, et al., 2019. Cleaner production instruments assisting sustainable transition at urban scale: A case study of Dongguan, a typical manufacturing city in China. Journal of Cleaner Production, 210: 1449-1461.

KOCHHAR G, 2010. Market and migrants: Redefining China's urban social welfare system. China: An International Journal, 8(2): 193-219.

LAU S S Y, GIRIDHARAN R, GANESAN S, 2005. Multiple and intensive land use: Case studies in Hong Kong. Habitat International, 29(3): 527-546.

LEE K N, 2005. Cities and climate change: Urban sustainability and global environmental governance. Global Environmental Politics, 5(4): 122-124.

LI L, ZHU G R, WU D F, et al., 2021a. Land suitability assessment for supporting transport planning based on carrying capacity and construction demand. PLoS ONE, 16(2): e0246374.

LI T, HUANG Q Y, 2021b. Green thermal power dispatching based on environmental information during the energy transition period. Journal of Cleaner Production, 320: 128843.

LIANG X, GUAN Q F, CLARKE K C, et al., 2020. Understanding the drivers of sustainable land expansion using a patch-level simulation model: A case study in Wuhan, China. Computers, Environment and Urban Systems, 85: 101569.

LIN W B, SUN Y M, NIJHUIS S, et al., 2020. Scenario-based flood risk assessment for urbanizing deltas using future land-use simulation (FLUS): Guangzhou metropolitan area as a case study. Science of the Total Environment, 739: 139899.

LIU X P, LIANG X, LI X, et al., 2017. A future land use simulation model (FLUS) for simulating multiple land use scenarios by coupling human and natural effects. Landscape and Urban Planning, 168: 94-116.

LV D H, WANG R R, ZHANG Y, 2021. Sustainability assessment based on integrating EKC with decoupling: Empirical evidence from China. Sustainability, 13(2): 655.

MA X J, WANG C X, DONG B Y, et al., 2019. Carbon emissions from energy consumption in China: Its measurement and driving factors. Science of the Total Environment, 648: 1411-1420.

MANONMANI R, VIDHYA R, SUBRAMANI T, 2017. Role of multi-scale in land use/land cover change simulation model: A study in Upper Kodaganar Basin, Tamil Nadu, India. Indian Journal of Geo-marine Sciences, 46(1): 176-189.

MWANGI H M, JULICH S, PATIL S D, et al., 2016. Relative contribution of land use change and climate variability on discharge of upper Mara River, Kenya. Journal of Hydrology: Regional Studies, 5: 244-260.

NORDHAUS W, 2014. Estimates of the social cost of carbon: Concepts and results from the DICE-2013R model and alternative approaches. Journal of the Association of Environmental and Resource Economists, 1(1/2): 273-312.

PAO H T, TSAI C M, 2011. Multivariate Granger causality between CO_2 emissions, energy consumption, FDI (foreign direct investment) and GDP (gross domestic product): Evidence from a panel of BRIC (Brazil, Russian Federation, India, and China) countries. Energy, 36(1): 685-693.

RIBEIRO P J G, GONÇALVES L A P J, 2019. Urban resilience: A conceptual framework. Sustainable Cities and Society, 50: 101625.

SETO K C, GUNERALP B, HUTYRA L R, 2012. Global forecasts of urban expansion to 2030 and direct impacts on biodiversity and carbon pools. PNAS, 109(40): 16083-16088.

SHAW K, THEOBALD K, 2011. Resilient local government and climate change interventions in the UK. Local Environment, 16(1): 1-15.

SHEN L, SUN Y Z, 2016. Review on carbon emissions, energy consumption and low-carbon economy in China from a perspective of global climate change. Journal of Geographical Sciences, 26(7): 855-870.

SUN P L, XU Y Q, YU Z L, et al., 2016. Scenario simulation and landscape pattern dynamic changes of land use in the Poverty Belt around Beijing and Tianjin: A case study of Zhangjiakou city, Hebei Province. Journal of Geographical Sciences, 26(3): 272-296.

TOBLER W R. 1979. Cellular geography//GALE S, OLSSON G. Philosophy in Geography. Dordrecht: Springer.

UN-Habitat, 2011. Cities and climate change: global report on human settlements 2011. London: Earthscan Limited, Dunstan House.

UN-Habitat, 2016. Urban and development: Emerging futures. World City Report 2016.

VERBURG P H, SOEPBOER W, VELDKAMP A, et al., 2002. Modeling the spatial dynamics of regional land use: The CLUE-S model. Environmental Management, 30(3): 391-405.

WANG H, LU X, DENG Y, et al., 2019. China's CO_2 peak before 2030 implied from characteristics and growth of cities. Nature Sustainability, 2(8): 748-754.

WANG M Q, LU Y L, 2014. The study on eco-compensation in restricted development zones under the framework of the main functional area. Advanced Materials Research, 96: 2145-2148.

WHITMARSH L, O'NEILL S, 2010. Green identity, green living? The role of pro-environmental self-identity in determining consistency across diverse pro-environmental behaviours. Journal of Environmental Psychology, 30(3): 305-314.

XU F J, HUANG Q X, YUE H B, et al., 2020. Reexamining the relationship between urbanization and pollutant emissions in China based on the STIRPAT model. Journal of Environmental Management, 273: 111134.

XU Q, YANG R, DONG Y X, et al., 2016. The influence of rapid urbanization and land use changes on terrestrial carbon sources/sinks in Guangzhou, China. Ecological Indicators, 70: 304-316.

YORK R, ROSA E A, DIETZ T, 2003. STIRPAT, IPAT and ImPACT: Analytic tools for unpacking the driving forces of environmental impacts. Ecological Economics, 46(3): 351-365.

ZHANG D X, FU M C, TAO J, et al., 2013. Scenario simulation of land use change in mining city based on CLUE-S model. Transactions of the Chinese Society of Agricultural Engineering, 29(12): 246-256.

ZHANG Q, YUNG E H K, CHAN E H W, 2018. Towards sustainable neighborhoods: Challenges and opportunities for neighborhood planning in transitional urban China. Sustainability, 10(2): 406.

ZHANG S C, ZHAO T, 2019. Identifying major influencing factors of CO_2 emissions in China: Regional disparities analysis based on STIRPAT model from 1996 to 2015. Atmospheric Environment, 207: 136-147.

ZHANG Y, LINLIN X, WEINING X, 2014. Analyzing spatial patterns of urban carbon metabolism: A case study in Beijing, China. Landscape and Urban Planning, 130: 184-200.

ZHAO C F, CHEN B, HAYAT T, et al., 2014. Driving force analysis of water footprint change based on extended STIRPAT model: Evidence from the Chinese agricultural sector. Ecological Indicators, 47: 43-49.

第 6 章

陆地生态空间碳汇路径

中国式现代化是人与自然和谐共生的现代化。习近平总书记 2023 年 7 月 17 日在全国生态环境保护大会上讲道:"要着力提升生态系统多样性、稳定性、持续性,加大生态系统保护力度,切实加强生态保护修复监管,拓宽绿水青山转化金山银山的路径,为子孙后代留下山清水秀的生态空间。"在实现"双碳"目标大背景下,以林草地生态系统为主的陆地生态空间发挥着重要的碳汇功能。科学评估中国陆地生态空间碳汇能力,既可以为合理开发和利用林草地资源提供规划依据,同时也对保护生态环境、促进区域国土空间高质量发展和实现"双碳"目标具有重要实践意义。到目前为止,学界对中国以林草地为主的陆地空间碳汇情况尚缺乏深刻认识。本章收集并整理了近 20 年中国林草地资源统计数据,为定量化探讨林草地空间碳汇能力的年际变化,以及预测林草地空间碳汇能力的未来发展趋势提供支撑。本章对合理调整林草地生态恢复措施和促进陆地生态空间低碳利用与可持续发展具有重要指导作用,一定程度上可为"双碳"目标实现与生态文明建设等提供实践参考。

6.1　中国陆地生态空间碳汇简述

6.1.1　陆地生态系统概述

1. 陆地生态系统

地球在经过数亿年物理、化学、生物等作用下衍生了海洋生态系统和陆地生态系统，人类及大部分自然生物活动的陆地生态系统是碳源碳汇交互作用的主要空间。地球陆地面积广阔，由于地理区位、气候作用、社会发展等自然与人文条件差异过大，在这些复杂因素的驱动下产生了异质性与复杂性共存的区域陆地生态空间。

陆地生态系统是地球表层生物聚集和生长的重要空间场所，它由各种生物群落及其所处的环境构成。根据生物群落的特性及其生存环境特征，一般可以将陆地生态系统划分为农田生态系统、荒漠生态系统、森林生态系统、草原生态系统、河流生态系统、湖泊生态系统、湿地生态系统等，如图6.1所示。这些生态系统以大气、水源和土地为载体，通过能量流动和物质循环参与陆地生态系统碳循环。其中，森林生态系统物种丰富、内部结构复杂、自我调节能力强，是陆地生态系统中最大的碳汇库，在降低大气中温室气体浓度、减缓全球气候变暖过程中，具有十分重要的作用。

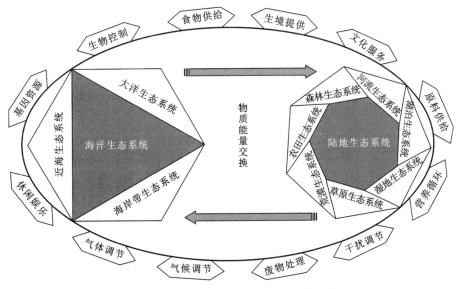

图 6.1　生态系统的组成及其生态服务功能

草原生态系统通过光合作用将大气中的 CO_2 转化为有机碳，并将碳固定在草原植物体内和草原土壤中，具有地上植被层、地下根系层和土壤层三个重要的碳库，是陆地生态系统中仅次于森林生态系统的第二大碳库。其他的生态系统在碳源碳汇中同样扮演着重要的角色。如在湿地生态系统中,湿地植被通过光合作用吸收大气中的 CO_2,以有机碳的形式,将碳固定在湿地土壤中。安全健康的湿地生态系统是地球上重要的"碳容器"。

2. 中国森林和草原生态系统概况

森林生态系统通常以乔木植被为主体,由森林中各种动物、植物和微生物等生物群落,以及水、气、土壤等非生物环境共同构成、相互作用,具有强大的调节能力。同时,森林生态系统也是陆地表层重要的生物资源库、碳库、能源库,在维持地球表层生态平衡和支持人类社会经济发展方面具有重要的作用。中国的森林类型多样,主要以针叶林、阔叶林和针阔混交林等为主。近年来,中国人工林面积长期居世界首位。据第九次全国森林资源清查(2014~2018年)结果显示,2018年底我国天然林面积 1.4 亿 hm^2,人工林面积 0.8 亿 hm^2,森林覆盖率达到 23.04%。

草原生态系统以多年生草本植物为主体,由草原地区中各种动物、植物和微生物等生物群落,以及光、热、水、气、土壤等非生物环境共同构成,充分发挥着防风固土、涵养水源、调节气候等重要的生态调节功能,在发挥草原生物固碳作用、维护草地生物多样性等方面具有重要生态意义。根据国家林业和草原局公布的数据,2018年中国草原面积有 3.928 亿 hm^2,占国土面积的 40.9%,分别是林地、耕地面积的 2 倍、3 倍左右。中国草原面积总量世界排名第一,约占全球草原面积 12%。

虽然我国的林草地资源近年来有了较大地改善,但其在可持续利用方面仍受到总量不足、质量不高、承载力不强、生态系统不稳定的挑战。以胡焕庸线为界,该线以东地区年降雨量在 400 mm 以上,以农耕为主,适宜林草地植物生长。然而该地区人地关系矛盾非常尖锐,占据了中国总人口的 93.5%,农业用地和建设用地的扩张极大地侵占了林地、草地等生态空间。该线以西地区属于干旱半干旱地区,年降雨量依次递减,自然条件恶劣,地形以沙漠和雪域高原为主,适宜林草地植物生长的地区较少。在质量方面,长期以来,我国对林草地资源利用不合理,对森林资源过度砍伐,对草地空间过度放牧,造成土壤退化,使得林草地资源的自然恢复进程变缓;科学营林营草工作体系不够完善,未能高效发挥科学技术在提高林草地资源质量方面的重要作用。在承载力方面,部分地区林地受到土壤土质退化、土壤肥力丧失、土壤侵蚀等影响,存在许多低质低产林,严重影响生物固碳、气候调节、水源滋养、防风沙侵蚀等生态服务功能的实现。我国草地资源多分布在西部等土壤贫瘠地区,存在草地整体质量和地区生物多样性不高、草地承载力不足等问题。在生态系统稳定性方面,我国自然灾害频发,人类活动干扰强烈,比如森林草原火灾、植物病虫害、外来物种入侵、林草地的过度开发和粗放管理等,使得林草地物种不能长期处于一个稳定的生长环境。

在"双碳"目标的要求下,未来仍需通过改善我国林草地资源利用方式,增加森林草原面积,提高森林草地质量,建立健全生态产品价值实现机制,增强与保护生态物种多样性,提升生态系统碳汇增量,从而推动生态空间高质量发展和生态文明建设,实现人与自然和谐共生的现代化。

6.1.2 陆地生态空间碳汇功能

未来一段时期，中国的生态建设与保护将以减碳增汇为重要目标，协调好产业发展与生态环境保护的关系，努力推动生态质量稳定向好发展，不断增强生态系统的碳汇能力，着力提升陆地生态空间在推动碳中和目标实现过程中的重要性。同时，通过对国土空间优化利用与管理，有效提升森林、草原等陆地生态空间的质量和稳定性，增加森林、草原面积，增强陆地生态空间的碳汇功能。提高陆地生态空间在降低温室气体排放、减缓全球气候变暖以及实现"双碳"目标中的贡献度。

陆地生态空间碳汇功能的实现在于与其他不同陆地生态系统间的交互耦合，以及国土空间规划对具有强大碳汇、碳捕获、碳封存能力的绿色型、低碳型生态国土空间的构筑与优化。陆地生态系统碳汇功能的大小与不同类型的生态系统构成有关，森林生态系统、草地生态系统、湿地生态系统是陆地生态空间最重要的三个生态系统类型，其中森林生态系统的碳汇能力占据主要地位（表6.1）。森林生态系统碳汇在全球碳循环中起着关键作用。

表6.1 全球主要陆地生态空间碳储量情况

生态系统类型	碳储量/(Pg C)			参考文献
	植被	土壤	合计	
森林	478	383	861	Pan 等（2011）
草原	102	423	525	Prentice 等（2001）
湿地	5.6	202.4	208	Adams 等（1990）

20世纪60~70年代，国际生物学计划（International Biological Programme，IBP）的正式实施推动了全球森林碳循环研究，为后续全球尺度的分析提供了基础数据。估算森林生态系统碳储量的主要方法包括样地清查法、蓄积量法、遥感估算法、微气象学法、模型模拟法、箱式法等。虽然不同方法下森林生态系统碳汇能力的计算结果存在差异，但国内外学者对森林生态系统是陆地生态系统中最主要的碳汇这一观点达成共识，尤其在中国，森林的碳汇能力被认为比其他生态系统更具明显优势。草原生态系统在陆地生态空间碳循环中发挥着重要作用。全球草地生态系统固碳潜力为23~73亿t CO_2当量，虽然全球草地生态系统在20世纪后半叶的碳汇强度显著高于20世纪前半叶，但是从20世纪80年代以来全球草地生态系统碳汇强度呈现减弱的趋势（Chang et al.，2021）。

湿地生态系统中的植物可以通过光合作用吸收空气中的 CO_2，是陆地生态空间重要的碳汇之一。全球湿地面积占全球陆地面积的5%~8%，其土壤碳储量占陆地土壤碳储量的20%~30%。据"第三次全国土地资源调查"资料，中国湿地面积为2 346.93万 hm²，占全球湿地面积的10%左右，湿地面积排名世界第4。同时，湿地生态系统中的植物在腐烂分解后也会释放 CO_2、CH_4 等温室气体，并以有机碳的形式储存在湿地地下，成为潜在的碳排放源。湿地生态系统的 CH_4 排放约占全球 CH_4 总排放的 20%~30%（Saunois et al.，2020；Nahlik et al.，2016）。因此，对湿地生态系统的保护与修复是充分发挥其碳汇功能的必要前提，若湿地遭到人为破坏，不仅会损害湿地生态系统碳汇功能，还有可能使得湿地生态系统储存的有机碳向大气中释放，从碳汇变成碳源，加剧温室气体排放，不利于全球气候减排[1]。

6.2 中国林草地空间的时空变化分析

6.2.1 中国林地空间时空动态特征

从中国林地空间的时序变化来看（图 6.2），2009 年全国林地面积为 380 924.34 万亩[2]，2017 年林地面积为 379 202.83 万亩。从林地面积总量变化情况来看，9 年间中国林地面积减少了 1 721.51 万亩，下降趋势明显，下降幅达到 4.52%。这反映了近年来我国城镇化速度加快，城市用地明显扩张，占用了少量林地。

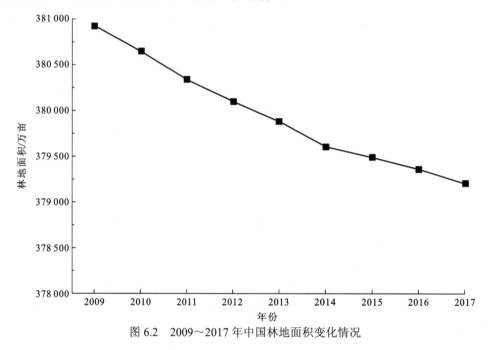

图 6.2　2009~2017 年中国林地面积变化情况

从中国林地空间的分布情况来看（图 6.3），截至 2017 年，我国林地资源主要分布在东北地区的吉林、黑龙江，西北地区的内蒙古、陕西等，西南地区的四川、云南、西藏，东南地区的福建、广东、江西等。其中，内蒙古、云南、黑龙江的林地面积均位于

---

① 由于中国缺失湿地详细统计数据，本书中关于碳汇内容的分析未包含湿地。
② 1 亩≈666.67 m²。

全国前列，这与地理区位和气候类型有关，这些省级行政单元分布着我国著名的林区，如大兴安岭林区和西南林区等。中国林地面积最少的地区为北京、江苏、天津、上海等，这些行政单元面积通常较小。从林地面积变化的空间分布情况来看，与 2009 年相比，林地面积出现正增长的省（市、区）仅有重庆、北京两个直辖市，其中增长量最大的是重庆，从 2009 年的 5 687.463 万亩增加到 2017 年的 5 802.68 万亩，增加了 115.217 万亩。同时，与 2009 年相比，林地面积增长量较少的省（市、区）有贵州、湖南、江西、广东等，其中增长量最少的省份为广东，从 2009 年的 15 198.258 万亩减少到 2017 年的 15 026.78 万亩，减少了 171.478 万亩。整体来看，全国有 29 个省（市、区）的林地面积呈现出减少的发展态势，林地生态空间保障压力持续加大。

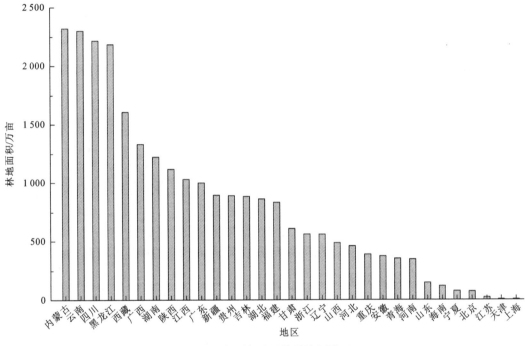

图 6.3　全国各地区林地资源情况

6.2.2　中国草地空间时空动态特征

从中国草地空间的时序变化情况来看（图 6.4），2009～2017 年，全国草地资源量和林地资源的时间变化趋势非常接近，总体上都呈现出下降的趋势。9 年来，全国草地面积由 2009 年的 329 580.95 万亩减少至 2017 年的 328 980.45 万亩，面积减少了 600.50 万亩，下降幅度达到 0.182%。近年来，退耕还草、退牧还草等政策一定程度上缓解了我国草地资源减少的程度，但总体上来说由于区位条件、水土资源约束、牧草的生长环境被破坏和未能开展及时有效的草地资源保护等原因，我国的草地面积仍然呈现下降趋势。

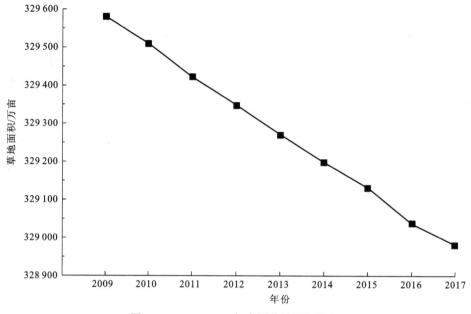

图 6.4　2009～2017 年中国草地面积情况

从中国草地资源的空间分布情况来看（图 6.5），截至 2017 年，中国草地主要分布在我国北部和西北内陆地区，东部草地面积较小且分布零散，其中，内蒙古、新疆、青海、西藏的草地面积均位于全国前列。这与地理区位和气候类型有关，这些省级行政单元分布着我国著名的四大牧区——内蒙古牧区、新疆牧区、青海牧区、西藏牧区。中国草地面积最少的地区为北京、天津、上海等，这与其行政区划面积大小有关。从草地面积的变化的空间分布情况来看，与 2009 年相比，草地面积增长量较多的省（市、区）有

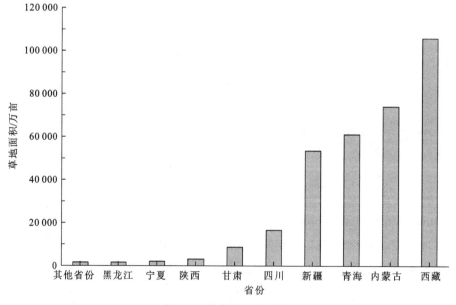

图 6.5　牧草地分布情况

海南、广东、安徽等，其中增长量最大的省份为海南，从 2009 年的 8.773 万亩增加到 2017 年的 28.81 万亩，增加了 20.037 万亩。同时，与 2009 年相比，草地面积增长量较少的省（区、市）有青海、新疆、内蒙古等，其中增长量最少的省份为内蒙古，从 2009 年的 74 485.06 万亩减少到 2017 年的 74 260.54 万亩，减少了 224.52 万亩。整体来看，全国大多数省（区、市）的草地面积均呈现减少的发展趋势。

6.3　中国林草地空间碳汇的时空变化分析

6.3.1　林草地空间碳汇的研究背景

林草地生态系统作为陆地生态空间的主要碳库和生态屏障，在减缓温室气体排放、应对气候变化方面具有重要作用。学术界普遍认为，在当前全球倡导循环生态、环境治理的背景下，通过优化国土空间利用格局，构筑健康稳固的生态空间，能有效地发挥林草地在吸纳 CO_2 排放中的作用（Swain et al.，2021），这被认为是一种可持续的固碳减排措施（Fang et al.，2021）。同样地，开展林草地空间碳汇在全球气候变化中的生态价值和经济贡献研究，充分挖掘林草地生态系统碳存储潜能，这对推动地区经济可持续发展具有重要意义（Murphy et al.，2018）。近年来，随着区域社会经济及城市化的快速发展，中国林草地空间不仅逐渐受到挤压（Jin et al.，2021），生态承载能力以及固碳能力同样遭受了不同程度的弱化。结合绿色低碳转型发展需求，加强中国林草地空间资源的保护利用和碳汇效应研究，是助力我国实现"双碳"目标、保障生态安全的具体体现，也是协调高质量发展、切实推进生态文明建设的重要方式。

国内外关于林草地空间资源与碳排放的研究成果较为丰富，一些国外学者从微观层面发现了土壤有机碳会被土壤微生物分解（Mendoza et al.，2021），从而转化成含碳气体排放在空气中，而不是被植物生长吸收（Mauget et al.，2021；Balasubramanian et al.，2020；Nyirenda，2020）。草地的有机碳储量比农田高 29 t/hm^2，如果一些草地被转化为农田会释放储存在土壤中的有机碳，增加区域碳排放（Chapungu et al.，2020；Berhongaray et al.，2019）。

土地利用变迁及其导致的碳排放问题一直都是国内外热点研究议题。3S（遥感、地理信息系统、全球定位系统）技术的普及为中国学者提供了追踪国际热点与前沿议题的方法，并为结合中国区域开展林草地碳汇研究提供了技术实现手段（Zhang et al.，2023；Xu et al.，2020）。虽然国内关于林草地空间碳汇研究的文献较少，但都形成了一个具有共识性的研究观点：加强林草地生态空间的保护与修复管理，能够安全、有效的固碳增汇（Zhang et al.，2021；Widdig et al.，2020），助力碳中和目标实现。

整体来看，林草地生态空间研究是一个涵括生态学、地理学、气候学、管理学等多学科的交叉研究领域。未来可基于问题导向开展多学科交叉、多技术借鉴和多机构合作的研究，探讨林草地碳汇变化及其应对全球气候变化的理论机制与现实发展路径。对中国而言,则需要重点探索"双碳"目标下的区域林草地空间碳汇的历史变化及其与社会经济空间动态演变关系。为此,本章在全面收集分析林草地空间资料与数据的基础上,探究2009~2017年中国林草地空间的碳汇能力及其时空分布特征,并从社会经济角度出发,分析其经济贡献系数和生态承载系数,预测我国林草地空间碳汇能力的未来发展趋势,分析我国林草地空间碳汇发展中存在的问题,提出中国陆地生态空间低碳发展路径。

6.3.2　数据来源处理及研究方法

1. 数据来源与处理

本章节涉及的社会经济数据主要包括林地面积、草地面积、森林覆盖率等,来源于《中国国土资源统计年鉴》《中国环境统计年鉴》《中国统计年鉴》和地区政府发布的政策文件;林地利用和草地利用栅格数据源于中国科学院资源环境科学与数据中心(http://www.resdc.cn/data.aspx),由于用来计算的栅格像元大小不一致,为减少统计误差,将以上栅格数据的空间分辨率统一重采样为1 km,对重采样后的栅格数据进行分区统计并求各行政单元的平均值。

2. 林草地空间碳汇估算

从碳排放与碳吸收视角来看,净碳排放量取决于两者的差值。林地利用和草地利用的碳排放量远小于碳吸收量,二者的净碳排放量为负值,可被视为碳汇。根据方精云等(2007)和李颖等(2008)的研究,本节林地的碳汇系数取值为0.577 t/(hm²·a),草地碳汇系数取值为0.002 1 t/(hm²·a)。林草地空间碳汇可通过式(6.1)计算:

$$CE = \sum C_{it} = \sum T_{it} \times \partial_i \tag{6.1}$$

式中:CE为土地利用碳汇总量;C_{it}为第i类土地t年的碳汇量;T_{it}为第i类土地t年的面积;∂_i为林草地的碳汇系数。

3. 经济贡献系数和生态承载系数

为了计算林草地碳汇在社会发展中的贡献以及对生态容量的影响,本节还探讨了林草地碳汇对经济的贡献度和对生态环境的承载力。具体计算步骤如下。首先,需要计算区域的土地利用碳排放(李颖 等,2008),计算方法为

$$C = \sum C_i = \sum T_i \cdot \delta_i \tag{6.2}$$

式中:C为全国土地利用的碳排放总量;C_i为第i个研究区土地利用方式产生的碳排放量;T_i为第i种土地利用方式对应的土地面积,其中包括耕地面积、林地面积、草地面积及建设用地面积;δ_i为第i种土地利用方式产生的碳排放(碳汇)系数,碳汇系数为负数。其中,参考赵荣钦等(2010),建设用地的碳排放系数取值为0.564 867 tC/t。

其次,需要计算碳排放经济贡献系数(economy contributive coefficient,ECC)和生态承载力系数(ESC)。其中,ECC是衡量区域碳排放经济效率的指标,反映区域碳排

放能力；ESC 是衡量区域碳生态容量贡献的指标，反映了区域碳汇能力。具体计算方法见公式（6.3）（卢俊宇 等，2012）。

$$\begin{cases} \mathrm{ECC}_i = \dfrac{G_i}{G} \Big/ \dfrac{C_i}{C} \\ \mathrm{ESC}_i = \dfrac{\mathrm{CA}_i}{\mathrm{CA}} \Big/ \dfrac{C_i}{C} \end{cases} \tag{6.3}$$

式中：G_i、G 为 i 省和全国的 GDP；C_i、C 为 i 省和全国土地利用的碳排放总量。若 $\mathrm{ECC}_i > 1$，则表明 i 省经济贡献率大于土地利用碳排放的贡献率，说明其碳排放的经济效率相对较高；若 $\mathrm{ECC}_i < 1$，则说明该省碳排放的经济效率相对较低。CA、CA_i 为全国和 i 省主要碳汇对碳的吸收量。若 $\mathrm{ESC} > 1$，即 i 省主要土地利用碳汇对碳吸收的贡献率大于碳排放的贡献率，对全国土地利用碳排放的消纳有积极作用，对其他区域有贡献；反之，对全国土地利用碳排放的消纳有负面影响（赵荣钦 等，2014）。

4. ARIMA 预测模型

差分整合移动平均自回归（autoregressive integrated moving average，ARIMA）模型是常见的时间序列预测分析方法之一（Matyjaszek et al.，2019）。根据原序列稳定性以及回归方式不同，可分为移动平均（moving average，MA）过程、自回归（autoregressive，AR）过程、自回归移动平均（autoregressive moving average，ARMA）过程以及 ARIMA 过程（Aasim et al.，2019；Zhang et al.，2018）。其中 ARIMA 过程可通过式（6.4）来表示。

$$z_t = \Delta y_t = (1-B)^d y_t \tag{6.4}$$

式中：z_t 为预测度量；Δy_t 为差分后的解释变量；d 为差分阶次；y_t 为解释变量；B 为延迟（滞后）算子。

时间序列存在平稳状态与非平稳状态，需要对 ARIMA 模型中的 I 部分（Jamil，2020）进行差分处理，于是可建立 ARIMA(p, d, q) 模型：

$$z_t = c + \varphi_1 z_{t-1} + \cdots + \varphi_p z_{t-p} + \varepsilon_t + \phi_1 \varepsilon_{t-1} + \cdots + \phi_q \varepsilon_{t-q} \tag{6.5}$$

式（6.5）是经过 d 阶差分后的 ARIMA(p, d, q) 模型，也是本节采用的碳汇预测模型。其中 p 为 AR 的阶数，q 为 MA 的阶数，d 为差分阶次，ε_t 为一个白噪声序列。ARIMA 模型建模的主要步骤：序列平稳性检验、模型初步识别、模型参数估计和模型诊断分析（Gencer and Basciftci，2021）。本节基于上述四个主要步骤对中国林草地空间碳汇进行预测。

6.3.3　林草地空间碳汇变化及未来预测

1. 林草地空间碳汇的变化特征

根据方精云等（2007）和李颖等（2008），可计算出近 9 年来中国林草地空间碳汇总量（图 6.6），以及各省林草地空间碳汇量（图 6.7）。2009~2017 年，中国总体林草地碳汇呈现持续下降趋势。研究期间我国林地空间碳汇总量从 2009 年的 146 575.04 万 t 下降至 2017 年的 145 912.75 万 t, 9 年内减少了 662.29 万 t, 下降幅度较大。林地空间是中国最重要的生态碳汇空间, 占林草地总碳汇的 99% 以上。草地空间碳汇总量同样呈现下降的趋势, 从 2009 年的 46.141 万 t 下降至 2017 年的 46.057 万 t, 9 年内减少了 0.084 万 t。与林地相比, 中国草地空间碳汇占比较小。

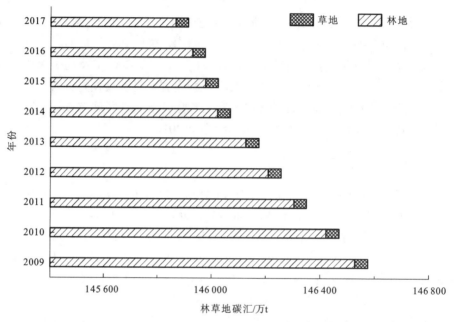

图 6.6　2009～2017 年中国林草地空间碳汇总量

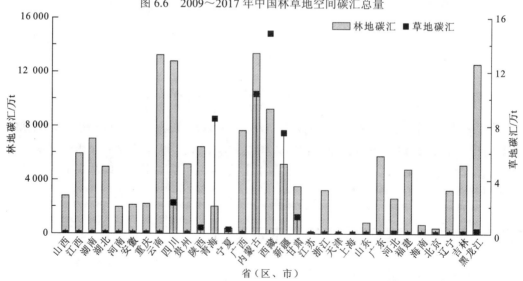

图 6.7　2017 年中国各省（区、市）林草碳汇情况

　　从空间分布情况来看（图 6.7）, 我国的林草地碳汇总量的高值地区主要分布在内蒙古、云南、新疆、四川、黑龙江等地。林草地碳汇总量的低值地区主要分布在天津、海

南、河北等地。林地碳汇总量的高值地区主要分布在内蒙古、云南、黑龙江等地，其中内蒙古林地碳汇最大，达到 13 399.05 万 t，占全国林地碳汇总量的 9.19%。林地碳汇总量的低值地区主要分布在北京、江苏、天津、上海等地，其中上海林地碳汇最低，仅有 26.54 万 t。草地碳汇总量的高值地区主要分布在西藏、内蒙古、青海和新疆等地，其中西藏草地碳汇最大，达到 14.84 万 t，占全国草地碳汇总量的 30% 以上。草地碳汇总量的低值地区同样分布在北京、天津、上海等地。

2. 林草地空间碳汇效应

据中国林草地经济贡献系数计算结果（表 6.2），2009～2017 年各省（区、市）经济贡献系数的平均值分别为 1.102 和 1.117，呈现出明显的上升趋势，经济贡献系数累计提升率为 1.27%。2009 年经济贡献系数超过 1 的省级行政单元共有 9 个，分别为北京、天津、上海、江苏、浙江、福建、山东、广东、重庆，主要是我国经济发展水平较高的省级行政单元。除此之外，陕西的经济贡献系数超过 0.9，接近于 1。2017 年经济贡献系数超过 1 的省级行政单元共 10 个，相对 2009 年增加了陕西，且湖南、湖北、四川的经济贡献系数均超过 0.9，趋近于 1。从整体来看，我国碳生产能力逐年增加，具备碳生产能力上升潜力的省份也在增加。从系数变化情况来看，经济贡献系数增长较快的行政单元分布在北京、天津、福建等发达地区；经济贡献系数增长缓慢的省份集中在西部及中部等欠发达地区，内蒙古、黑龙江等部分行政单元出现了负增长。

表 6.2　2009～2017 年中国各省（区、市）经济贡献系数变化情况

地区	2017 年	2016 年	2015 年	2014 年	2013 年	2012 年	2011 年	2010 年	2009 年
上海	4.634	4.577	4.368	4.303	4.266	4.321	4.534	4.847	5.094
北京	3.633	3.576	3.442	3.342	3.312	3.275	3.273	3.375	3.482
天津	2.076	2.163	2.144	2.140	2.101	2.064	1.999	1.940	1.891
广东	2.022	1.989	1.939	1.918	1.910	1.919	1.970	2.032	2.090
浙江	1.835	1.820	1.786	1.767	1.797	1.825	1.883	1.934	1.928
福建	1.781	1.734	1.692	1.665	1.642	1.643	1.630	1.646	1.658
江苏	1.736	1.692	1.649	1.611	1.585	1.570	1.568	1.569	1.565
重庆	1.326	1.316	1.272	1.222	1.183	1.161	1.131	1.070	1.063
山东	1.177	1.199	1.193	1.185	1.180	1.170	1.170	1.199	1.235
陕西	1.057	1.020	1.022	1.061	1.054	1.035	1.006	0.970	0.937
湖南	0.958	0.966	0.953	0.939	0.919	0.909	0.887	0.860	0.836
湖北	0.954	0.954	0.930	0.910	0.897	0.887	0.870	0.845	0.820
四川	0.924	0.899	0.887	0.890	0.891	0.885	0.861	0.836	0.825
贵州	0.869	0.838	0.823	0.778	0.755	0.714	0.674	0.666	0.683

续表

地区	2017年	2016年	2015年	2014年	2013年	2012年	2011年	2010年	2009年
河南	0.787	0.775	0.764	0.761	0.755	0.763	0.765	0.782	0.785
江西	0.716	0.719	0.702	0.701	0.696	0.688	0.690	0.667	0.649
河北	0.709	0.724	0.728	0.760	0.791	0.809	0.821	0.813	0.821
山西	0.697	0.633	0.664	0.698	0.747	0.787	0.807	0.782	0.744
云南	0.692	0.682	0.683	0.681	0.703	0.676	0.645	0.625	0.637
广西	0.691	0.744	0.737	0.727	0.723	0.717	0.714	0.695	0.674
辽宁	0.665	0.684	0.943	0.989	1.005	1.005	0.995	0.991	0.981
吉林	0.631	0.675	0.689	0.709	0.717	0.719	0.701	0.684	0.680
安徽	0.626	0.612	0.593	0.590	0.584	0.570	0.557	0.534	0.517
海南	0.599	0.590	0.580	0.579	0.565	0.557	0.544	0.540	0.516
宁夏	0.497	0.497	0.496	0.498	0.508	0.512	0.517	0.501	0.490
黑龙江	0.454	0.473	0.497	0.520	0.533	0.550	0.555	0.542	0.534
内蒙古	0.449	0.548	0.587	0.618	0.634	0.655	0.656	0.638	0.640
西藏	0.390	0.378	0.378	0.363	0.348	0.329	0.311	0.310	0.319
甘肃	0.378	0.396	0.405	0.431	0.432	0.429	0.424	0.417	0.409
青海	0.342	0.365	0.375	0.381	0.372	0.379	0.374	0.363	0.348
新疆	0.310	0.301	0.315	0.335	0.332	0.332	0.329	0.329	0.314
平均值	1.117	1.114	1.104	1.099	1.095	1.092	1.092	1.097	1.102

据中国林草地生态承载系数计算结果（表 6.3），中国的生态承载系数（ESC）变化趋势与经济贡献系数（ECC）变化趋势不同。整体上看，中国 2009 年、2017 年各省（市、区）生态贡献系数的均值分别是 1.528、1.480，呈现出明显的下降趋势，碳汇对吸收碳排放的贡献率存在轻微的损失。2009 年生态承载系数大于 1 的省级行政单元共有 14 个，主要为西藏、云南、贵州、青海、甘肃等欠发达地区；2017 年生态承载系数大于 1 的省级行政单元保持在 14 个，各省（区、市）的碳吸收能力整体平稳。从省（区、市）的变化情况来看，2009～2017 年生态贡献系数增长较快的省级行政单元为黑龙江、吉林、辽宁、山西等地。其中黑龙江的生态承载系数增加最大，比 2009 年增加了 0.134。2009～2017 年生态贡献系数增长较慢的省级行政单元为西藏、贵州、云南、青海等地。这些地区出现了负增长，其中西藏下降幅度最大，虽然西藏的生态承载系数远超其他省（市、区），但其 2017 年的生态承载系数却比 2009 年减少了 0.735。从空间分布来看，生态承载系数的高值地区多为黑龙江、内蒙古、云南、西藏等林草地资源丰富的地区，低值区域多为上海、天津等林草地资源匮乏的东部沿海地区。

表 6.3 　2009～2017 年中国各省（区、市）中国的生态承载系数变化情况

地区	2017 年	2016 年	2015 年	2014 年	2013 年	2012 年	2011 年	2010 年	2009 年
西藏	15.953	16.207	16.851	17.064	17.122	17.088	16.936	16.858	16.689
云南	3.258	3.271	3.296	3.308	3.429	3.437	3.438	3.438	3.424
内蒙古	2.172	2.167	2.185	2.184	2.182	2.185	2.188	2.192	2.202
黑龙江	2.086	2.068	2.052	2.039	2.017	1.996	1.980	1.966	1.952
贵州	1.918	1.960	2.001	2.031	2.092	2.125	2.182	2.243	2.262
四川	1.853	1.866	1.868	1.868	1.875	1.871	1.867	1.858	1.860
陕西	1.805	1.810	1.813	1.816	1.824	1.826	1.854	1.852	1.853
广西	1.661	1.667	1.667	1.670	1.668	1.667	1.669	1.668	1.668
福建	1.544	1.546	1.551	1.561	1.569	1.585	1.595	1.609	1.633
青海	1.543	1.547	1.571	1.584	1.555	1.613	1.629	1.638	1.641
吉林	1.253	1.247	1.239	1.230	1.220	1.215	1.208	1.204	1.190
江西	1.235	1.237	1.239	1.247	1.253	1.252	1.258	1.265	1.270
湖南	1.155	1.153	1.150	1.147	1.143	1.143	1.137	1.133	1.133
甘肃	1.034	1.034	1.038	1.040	1.044	1.055	1.060	1.064	1.059
重庆	0.884	0.882	0.880	0.876	0.876	0.876	2.007	0.880	0.888
新疆	0.854	0.861	0.865	0.876	0.883	0.904	0.918	0.936	0.948
湖北	0.774	0.774	0.773	0.773	0.781	0.783	0.788	0.788	0.788
广东	0.756	0.760	0.763	0.768	0.770	0.770	0.767	0.768	0.771
山西	0.732	0.728	0.724	0.720	0.720	0.721	0.721	0.714	0.710
浙江	0.669	0.670	0.672	0.672	0.675	0.679	0.680	0.682	0.686
海南	0.539	0.539	0.537	0.537	0.535	0.535	0.535	0.544	0.544
辽宁	0.535	0.532	0.528	0.525	0.520	0.518	0.518	0.521	0.523
宁夏	0.370	0.371	0.373	0.376	0.380	0.384	0.391	0.395	0.403
北京	0.335	0.329	0.326	0.323	0.320	0.319	0.317	0.316	0.317
河北	0.322	0.321	0.322	0.323	0.322	0.320	0.319	0.318	0.318
安徽	0.290	0.289	0.289	0.287	0.286	0.284	0.282	0.281	0.279
河南	0.204	0.204	0.205	0.205	0.204	0.205	0.204	0.204	0.203
山东	0.080	0.081	0.081	0.081	0.080	0.080	0.080	0.080	0.080
天津	0.027	0.027	0.027	0.027	0.027	0.027	0.027	0.027	0.027
上海	0.024	0.023	0.023	0.023	0.024	0.024	0.024	0.024	0.025
江苏	0.017	0.017	0.017	0.017	0.017	0.017	0.017	0.017	0.017
均值	1.480	1.490	1.514	1.523	1.529	1.532	1.568	1.532	1.528

3. 基于 ARIMA 模型的林草地碳汇预测

本节利用 2009～2017 年的林草地碳汇数据，借助 SPSS 软件，基于 ARIMA 模型模拟预测未来一段时期中国林草地碳汇的发展趋势。观察 2009～2017 年中国林草地碳汇的评估结果，发现中国林草地碳汇有明显的下降趋势。ARIMA 模型可以对平稳的时间序列进行直接预测，在进行若干次差分，并综合考虑相关系数 R^2 等因素后，对 ARIMA 模型的 (p, d, q) 参数进行选择，当参数设置为 $(1, 1, 1)$ 时预测结果的 R^2 值达到最大值，为 0.984，R^2 值越接近于 1，说明回归数据的残差平方和越小，模型的拟合效果越优（Li et al.，2020）。因此，为了得到最佳、最科学的预测效果，本节将 ARIMA 模型的 (p, d, q) 参数设置为 $(1, 1, 1)$。

模型预测结果发现（表 6.4），未来 9 年里中国林草地生态空间碳汇会呈现下降的态势。2025 年为 145 268.3 万 t，2030 年为 144 853.79 万 t，与 2017 年相比，分别下降了 0.442%，0.726%。根据本节中国林草地空间碳汇预测结果，中国若依旧采取粗放式的林草地资源利用模式，包括滥砍滥伐、过度放牧、破坏林草地资源、过度挤压林草地等生态空间、忽视对林草地生态空间的保护与修复治理等，将不利于林草地生态系统的健康与稳定，难以推进经济社会的低碳绿色转型与助力"双碳"目标的实现。

表 6.4　中国林草地碳汇预测　　　　　　　　　　　　　　　　（单位：万 t）

年份	实际林草地碳汇	预测年份	预测林草地碳汇
2009	146 575.04	2022	145 516.13
2010	146 469.19	2023	145 433.50
2011	146 350.22	2024	145 350.76
2012	146 256.12	2025	145 267.97
2013	146 173.61	2026	145 185.16
2014	146 068.21	2027	145 102.33
2015	146 022.45	2028	145 019.50
2016	145 974.02	2029	144 936.67
2017	145 912.75	2030	144 853.83

6.4　陆地生态空间发展路径

6.4.1　林草地碳汇发展中存在问题

基于前文的中国林草地生态空间分析、生态空间碳汇估算及其未来碳汇预测，发现中国林草地碳汇在发展中可能存在以下三个方面的问题。

一是林草地数据更新较慢，给及时评估林草地碳汇功能变化带来阻碍。中国已开展三次全国国土调查，基本明确了中国林草地资源基数，但是目前该调查结果的详细数据较难获取，且该数据从调查到公开发布存在一定的时间滞后，无法反映最新的林草地资源动态变化情况。一些研究通过遥感解译土地利用现状栅格数据的方法（Maza et al.，2022），识别最新的林草地空间状况，但遥感数据统计口径不一、解译技术复杂、解译结果动态误差大（Zeng et al.，2018；Wu et al.，2016），成本比较高，这同样不利于林草地碳汇的研究。在低碳约束下，地方政府与社会公众缺乏对林草地资源碳汇功能作用及动态变化的深刻认识（Hu et al.，2021），不利于林草地碳汇问题的及时与有效反馈，间接地造成了林草地空间资源的不合理利用以及生态环境的破坏（Vongvisouk et al.，2016；Schweizer et al.，2013）。

二是林草地生态空间保障压力大。2009～2017 年，中国林草地面积均呈现出明显的下降趋势，中国林草地生态空间碳汇能力也从 2009 年的 146 575.04 万 t 下降到了 2017 年 145 912.75 万 t。同时，基于 ARIMA 模型模拟预测的林草地碳汇也呈现出下降的趋势，这说明中国林草地生态空间在不断缩小、城镇化无序扩张、林草地退化、林草地资源过度开发与不合理利用等一些问题在威胁中国生态空间的健康，给保障林草地生态空间安全边界带来压力（Marinaccio，2019；Lu et al.，2018；You et al.，2017）。

三是林草地生态空间资源保障制度有待创新。林草地生态空间碳汇评估理论研究与实践应用策略研究亟须协同发展，关键点和难点在于如何创新林草地生态空间资源保障制度，并建立生态空间格局优化与降碳增汇、生态空间用地管控策略之间的科学逻辑关系（Lu et al.，2022；Liu，2018）。同时，尚未明确典型生态修复试点项目和保护策略对生态空间碳汇的影响程度与机理，缺乏碳源碳汇监测评估机制，理论研究与实证分析结果难以指导林草地空间资源保障制度建立与用地管控中的碳定量管理（Marinaccio，2019；You et al.，2017）。

6.4.2　陆地生态空间发展路径案例综述

陆地生态空间作为国土空间的内在组成部分，对于提供生态产品或服务、减缓全球气候变化，尤其是在隔离或过滤环境污染物等抵御人类活动负面影响方面具有重要作用（王世豪 等，2022）。陆地生态空间不仅具有与农业空间、城镇空间一样的社会经济属性，同时它也是绿色文明的象征，具有自然生态属性。因此，陆地生态空间一直是景观学、生态学、经济学、地理学、管理学等学科的研究热点（黄金川 等，2017）。长期以来，在经济效益最大化的驱动下及快速城镇化背景下，陆地生态空间与其他类型的国土空间相比，由于其具有开发成本较低、缺乏严格的管控措施等特征，极易被转化为建设用地（高吉喜 等，2021；谢高地 等，2001）。人类生态需求的增大、城镇边界无序且迅速的扩张，不仅会导致生态空间环境调节功能及生态产品服务供给功能急剧下降（王如松 等，2014），还会引发众多环境问题。如今面临经济发展与生态保护的矛盾和"双碳"目标的现实需求，陆地生态空间的优化与管理成为解决这一矛盾的可能发展途径。

在如何坚实的科学基础上构建与优化生态空间发展路径方面，国内外已有的一些研究案例可为本书提供研究思路。从国外的研究案例来看，Afriyanie 等（2020）使用 IPCC 风险框架和生态系统服务（ecosystem services，ES）框架来研究印度尼西亚万隆市城市绿地空间规划在提供高质量防洪的能力，以及在对减缓和适应气候变化方面的协同效应。他们认为政府可通过更新现行城市绿地空间规划和土地使用法规来增加越来越多的城市绿色生态空间以解决城市绿地空间分配不公平且不可持续的问题；通过林地恢复或重新造林来实施自然保护，改善地表土壤渗水能力来提高防洪韧性；通过鼓励城市住建部门为居民提供私人绿地，提高城市社区防洪抗洪能。Boateng 等（2023）通过半结构化访谈的方式调查并收集研究数据，并利用定量和定性相结合的混合方法探讨了如何基于自然的解决方案（nature based solution，NbS）来帮助加纳阿散蒂地区首府库马西探索和实施城市适应气候变化的方案。他们认为将 NbS 中的措施纳入缓解和适应气候变化的城市发展规划，对于提供生态系统服务、改善住区美观及应对许多气候变化挑战非常重要；这些 NbS 措施主要侧重于恢复、保护或增强自然植被，其中可以包括植树造林或河流恢复等措施；除此以外，还鼓励并强制土地所有者和住宅建筑商保护河流和其他环境敏感地区，为恢复和保护自然植被、绿化和美化景观提供支持。

从国内的研究案例来看，Fan 等（2022）基于生态安全格局情景对武汉市中心城区的生态空间进行优化，并从保护与增加生态空间资源、建设以人工林草地为主的城市生态绿地圈层、识别重要生态区域屏障点并展开生态修复等方面为武汉市中心城区生态空间发展路径提出切实可行的优化方案。Gao 等（2022）以中国西部地区的青海省为例，将碳密度观测数据库和土地利用覆盖变化数据相结合，利用 InVEST 模型，分析了青海省林地生态系统、草地生态系统和水生生态系统等碳汇在助力中国实现"双碳"目标中的潜力。他们认为可以通过加强高碳密度地区生态保护和提高表层土壤有机碳密度等资源与土地一体化管理措施，通过重点保护生态功能区和国家公园等优化土地利用结构措施，通过遏制乱砍滥伐、过度放牧、破坏水源等土地管理干预措施，来避免西北地区脆弱的生态空间退化。Dong 等（2020）提出一种融合空间连续小波变换和核密度估计的新方法，客观识别北京市特大城市生态廊道阈值与生态空间重点修复区域，并认为规划者和政府应通过严格执行生态红线保护政策、复垦绿化低效矿区、限制人为干扰与防止森林斑块破碎、退耕还林与植树造林等有效对策，为北京市生态空间的保护和恢复提供空间指引，保障北京市特大城市区域生态空间安全。

因此，基于以上具体案例研究，本节认为未来陆地生态空间发展路径研究应重点关注生态空间保护、生态空间修复、生态空间扩容、保护制度创新四个方面的内容，围绕陆地生态空间资源配置优化及各生态系统之间的协同关系治理，从"修复+增汇"的角度综合、深入地探讨陆地生态空间的发展路径，统筹生态保护和修复治理体系，筑牢全域生态空间安全根基。

6.4.3 陆地生态空间发展路径构建

在未来发展阶段，应进一步关注区域林草地生态系统退化与保护问题，厘清地区林草地空间资源的退化诱因和机理，构建"修复+增汇"的生态空间发展路径。林草地碳汇具有社会、经济、生态等多重效益，具有减缓气候变化、改善人居环境功能，是高性价比的减碳途径。在新时期中国应该进一步紧抓国家"双碳"目标机遇，不断探索将"绿水青山"转化成"金山银山"的高质量发展路径，通过对林草资源的进行生态修复与碳汇优化，努力开拓生态保护与林草地空间转型发展新局面。本小节将从以下五个方面构建未来中国林草地生态空间"修复+增汇"发展路径（图6.8）。

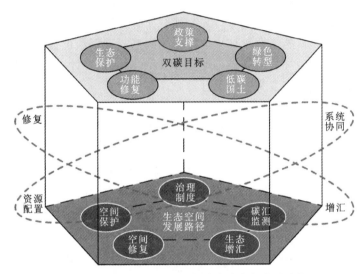

图6.8 "双碳"目标与林草地生态空间发展路径

一是多措并举促进生态空间保护。客观评价林草地植被覆盖率，对于林草地资源薄弱地区，需要借鉴具有典型示范意义的生态修复项目，实施林草地植被保护工程。科学评估各地区生态系统承载力、生态敏感度，为易受自然和人类活动干扰的区域开展林草抚育工作，并利用技术手段来提升林草资源的质量和数量，优化林草地资源的构成比例，稳固林草地生态系统的自我调节以及恢复能力。

二是开展生态空间修复治理。调查被破坏的林地与裸露沙地的自然本底，摸清当地资源禀赋与气候特点，为即将开展修复工作的地区设计具有异质性的林草地空间修复方案。植物品种的选择应该与当地原生植物相近，通过科学布局与配比，种植适应性强、抗性优良的林草种苗。同时，推进林草种苗繁育基地与储备工程建设，完善种苗资金流转机制，优化林草种苗的供需关系，为治理与修复枯竭的林地、退化的草地空间提供用种保障。

三是健全林草地空间碳汇监测管理体系。分析生态空间碳汇机理，总结增汇技术成果，搭建生态空间碳汇技术库。从技术手段出发，完善中国林草地空间碳汇的计量监测和全生命周期动态监测体系,建立健全有效可行的林草地空间碳汇管理数据库与技术库。同时,不断挖掘新型生态科技应用与融合,切实激发林草地在应对全球气候变化中的重要潜能。

四是构建生态空间增汇途径。林草地生态系统作为生态系统的关键部分参与碳循环和物质能量交换,是协同降碳增汇、推进国土绿化、建设生态文明的重要实现途径。通过测算林草地生态空间固碳速率,为优化生态空间布局,推进退耕还林、还草工程,建设防护林体系,推进混合型、复合型生态空间格局提供参考。同时,重点促进石漠化沙化地区、高寒山区、生态退化区、生态脆弱地区等生态脆弱区域的绿色治理,拓展绿色空间边界,增强生态空间的碳汇能力。

五是创新生态空间治理政策制度。严守生态保护红线,加大草原执法监督力度,依法查处非法开垦、占用林草地等违法行为,建立完善并严格落实林草地空间保护制度。坚持国土空间规划引领,科学编制林草地生态空间修复规划,识别林草地功能分区,针对具有差异退化程度和破坏程度的林草地,因地制宜地制定有针对性的保护和修复措施,坚持自然恢复为主、人工修复为辅的治理理念,着力建立与落实草原生态修复制度。

参 考 文 献

方精云, 郭兆迪, 朴世龙, 等, 2007. 1981~2000 年中国陆地植被碳汇的估算. 中国科学(D 辑: 地球科学)(6): 804-812.

高吉喜, 刘晓曼, 王超, 等, 2021. 中国重要生态空间生态用地变化与保护成效评估. 地理学报, 76(7): 1708-1721.

黄金川, 林浩曦, 漆潇潇, 2017. 面向国土空间优化的三生空间研究进展. 地理科学进展, 36(3): 378-391.

李颖, 黄贤金, 甄峰, 2008. 江苏省区域不同土地利用方式的碳排放效应分析. 农业工程学报, 24(S2): 102-107.

卢俊宇, 黄贤金, 戴靓, 等, 2012. 基于时空尺度的中国省级区域能源消费碳排放公平性分析. 自然资源学报, 27(12): 2006-2017.

王如松, 李锋, 韩宝龙, 等, 2014. 城市复合生态及生态空间管理. 生态学报, 34(1): 1-11.

王穗子, 樊江文, 刘帅, 2017. 中国草地碳库估算差异性综合分析. 草地学报, 25(5): 905-913.

王世豪, 黄麟, 徐新良, 等, 2022. 特大城市群生态空间及其生态承载状态的时空分异. 地理学报, 77(1): 164-181.

谢高地, 鲁春霞, 成升魁, 等, 2001. 中国的生态空间占用研究. 资源科学(6): 20-23.

赵荣钦, 黄贤金, 2010. 基于能源消费的江苏省土地利用碳排放与碳足迹. 地理研究, 29(9): 1639-1649.

赵荣钦, 刘英, 郝仕龙, 等, 2010. 低碳土地利用模式研究. 水土保持研究, 17(5): 190-194.

赵荣钦, 张帅, 黄贤金, 等, 2014. 中原经济区县域碳收支空间分异及碳平衡分区. 地理学报, 69(10): 1425-1437

AASIM, SINGH S N, MOHAPATRA A, 2019. Repeated wavelet transform based ARIMA model for very short-term wind speed forecasting. Renewable Energy, 136(6): 758-768.

ADAMS J M, FAURE H, FAURE-DENARD L, et al., 1990. Increases in terrestrial carbon storage from the Last Glacial Maximum to the present. Nature, 348: 711-714.

AFRIYANIE D, JULIAN M M, RIQQI A, et al., 2020. Re-framing urban green spaces planning for flood protection through socio-ecological resilience in Bandung City, Indonesia. Cities, 101: 102710.

BALASUBRAMANIAN D, ZHOU W J, JI H L, et al., 2020. Environmental and management controls of soil carbon storage in grasslands of southwestern China. Journal of Environmental Management, 254: 109810.

BERHONGARAY G, ALVAREZ R, 2019. Soil carbon sequestration of Mollisols and Oxisols under grassland and tree plantations in South-America: A review. Geoderma Regional, 18: e00226.

BOATENG E A, ASIBEY M O, COBBINAH P B, et al., 2023. Enabling nature-based solutions: Innovating urban climate resilience. Journal of Environmental Management, 332: 117433.

CHANG J, CIAIS P, GASSER T, et al., 2021. Climate warming from managed grasslands cancels the cooling effect of carbon sinks in sparsely grazed and natural grasslands. Nature Communications, 12: 118.

CHAPUNGU L, NHAMO L, GATTI R C, 2020. Estimating biomass of savanna grasslands as a proxy of carbon stock using multispectral remote sensing. Remote Sensing Applications: Society and Environment, 17(6): 100275.

CL A, YCB C, QIAN T B, et al., 2021. An integrated simulation-optimization modeling system for water resources management under coupled impacts of climate and landuse variabilities with priority in ecological protection. Advances in Water Resources, 154(2): 103986.

DONG J, PENG J, LIU Y, et al., 2020. Integrating spatial continuous wavelet transform and kernel density estimation to identify ecological corridors in megacities. Landscape and Urban Planning, 199: 103815.

FAN F, WEN X, FENG Z, et al., 2022. Optimizing urban ecological space based on the scenario of ecological security patterns: The case of central Wuhan, China. Applied Geography, 138: 102619.

FANG Q, WANG G, LIU T, et al., 2018. Controls of carbon flux in a semi-arid grassland ecosystem experiencing wetland loss: Vegetation patterns and environmental variables. Agricultural and Forest Meteorology, 259: 196-210.

FANG Z, KONG X, SENSOY A, et al., 2021. Government's awareness of environmental protection and corporate green innovation: A natural experiment from the new environmental protection law in China. Economic Analysis and Policy, 70: 294-312.

GAO Y, ZHANG Y, ZHOU Q, et al., 2022. Potential of ecosystem carbon sinks to "neutralize" carbon emissions: A case study of Qinghai in west China and a tale of two stages. Global Transitions, 4: 1-10.

GBA B, RAA C, 2019. Soil carbon sequestration of Mollisols and Oxisols under grassland and tree plantations in South America-A review. Geoderma Regional, 18: e00226.

GENCER K, BASCIFTCI F, 2021. Time series forecast modeling of vulnerabilities in the android operating system using ARIMA and deep learning methods. Sustainable Computing: Informatics and System, 30: 100515.

GU L, GONG Z, BU Y, 2021. Evolution characteristics and simulation prediction of forest and grass landscape fragmentation based on the "Grain for Green" projects on the Loess Plateau, P.R. China. Ecological Indicators, 131: 108240.

HU X, MA C, HUANG P, et al., 2021. Ecological vulnerability assessment based on AHP-PSR method and analysis of its single parameter sensitivity and spatial autocorrelation for ecological protection: A case of Weifang City, China-Science Direct. Ecological Indicators, 125: 107464.

JAMIL R, 2020. Hydroelectricity consumption forecast for Pakistan using ARIMA modeling and supply-demand analysis for the year 2030. Renewable Energy, 154: 1-10.

JIN Y, GAO X, WANG M, 2021. The financing efficiency of listed energy conservation and environmental protection firms: Evidence and implications for green finance in China. Energy Policy, 153: 112254.

KEREM G, FATIH B, 2021. Time series forecast modeling of vulnerabilities in the android operating system using ARIMA and deep learning methods. Sustainable Computing: Informatics and Systems, 30(4): 100515.

LI Z, HAN J, SONG Y, 2020. On the forecasting of high-frequency financial time series based on ARIMA model improved by deep learning. Journal of Forecasting, 39(7): 1081-1097.

LIU J, 2018. Forestry development and forest policy in China. Journal of Forest Economics, 10(4): 159-160.

LU S, LI J, GUAN X, et al., 2018. The evaluation of forestry ecological security in China: Developing a decision support system. Ecological Indicators, 91(8): 664-678.

LU C, QI X, ZHENG Z, et al., 2022. PLUS-model based multi-scenario land space simulation of the Lower Yellow River Region and its ecological effects. Sustainability, 14(11): 6942.

MARINACCIO J, 2019. Organizing forestry governance: Cadre training in China's multi-level governance regime. Journal of Environmental Management, 231: 795-803.

MATYJASZEK M, RIESGO F P, KRZEMIEŃ A, et al., 2019. Forecasting coking coal prices by means of ARIMA models and neural networks, considering the transgenic time series theory. Resources Policy, 61: 283-292.

MAUGET S A, HIMANSHU S K, GOEBEL T S, et al., 2021. Soil and soil organic carbon effects on simulated Southern High Plains dryland Cotton production. Soil and Tillage Research, 212: 105040.

MAZA M, LARA J L, LOSADA I J, 2021. Predicting the evolution of coastal protection service with mangrove forest age. Coastal Engineering, 168: 103922.

MAZA M, LARA J L, LOSADA I J, 2022. A paradigm shift in the quantification of wave energy attenuation due to saltmarshes based on their stunding biomass. Scientific Report, 12(1): 13883.

MENDOZA A, GALICIA L, 2010. Aboveground and belowground biomass and carbon pools in highland temperate forest landscape in central Mexico. Forestry, 83(5): 497-506.

MENDOZA M, GREENLEAF M, THOMAS E H, 2021. Green distributive politics: Legitimizing green capitalism and environmental protection in Latin America. Geoforum, 126: 1-12.

MURPHY R, GROSS D M, JACCARD M, 2018. Use of revealed preference data to estimate the costs of forest carbon sequestration in Canada. Forest Policy and Economics, 97: 41-50.

NAHLIK A M, FENNESSY M S, 2016. Carbon storage in US wetlands. Nature Communications, 7: 13835.

NYIRENDA H, 2020. Soil carbon status after vegetation restoration in South West Iceland. Heliyon, 6(10): e05254.

PAN Y, BIRDSEY R A, FANG J, et al., 2011. A large and persistent carbon sink in the world's forests. Science, 333: 988-993.

PRENTICE I C, FARQUHAR G D, FASHAM M J R, et al., 2001. The carbon cycle and atmospheric carbon dioxide//Climate Change 2001: The scientific basis. Cambridge: Cambridge University Press: 183-237.

SAUNOIS M, STAVERT A R, POULTER B, et al., 2020. The global methane budget 2000-2017. Earth System Science Data, 12(3): 1561-1623.

SCHWEIZER D, 2017. Stakeholder perceptions on governance for the protection and increase of forest cover in the Panama Canal Watershed. World Development Perspectives, 6: 11-13.

SCHWEIZER D, GILBERT G S, HOLL K D, 2013. Phylogenetic ecology applied to environment planting of tropical native tree species. Forest Ecology and Management, 297: 57-66.

SWAIN S S, MISHRA A, CHATTERJEE C, et al., 2021. Climate-changed versus land-use altered streamflow: Relative contribution assessment using three complementary approaches at a decadal time-spell. Journal of Hydrology, 596: 126064.

VONGVISOUK T, BROEGAARD R B, MERTZ O, et al., 2016. Rush for cash crops and forest protection: Neither land sparing nor land sharing. Land Use Policy, 55: 182-192.

WANG J, FENG L, PALMER P I, et al., 2020. Large Chinese land carbon sink estimated from atmospheric carbon dioxide data. Nature, 586: 720-723.

WIDDIG M, SCHLEUSS P M, BIEDERMAN L A, et al., 2020. Microbial carbon use efficiency in grassland soils subjected to nitrogen and phosphorus additions. Soil Biology and Biochemistry, 146: 107815.

WU Z, LIN C, SU Z, et al., 2016. Multiple landscape "source-sink" structures for the monitoring and management of non-point source organic carbon loss in a peri-urban watershed. Catena, 145: 15-29.

XU M, XU L, FANG H, et al., 2020. Alteration in enzymatic stoichiometry controls the response of soil organic carbon dynamic to nitrogen and water addition in temperate cultivated grassland. European Journal of Soil Biology, 101: 103248.

YOU C, WU F, YANG W, et al., 2017. The National Key Forestry Ecology Project has changed the zonal pattern of forest litter production in China. Forest Ecology and Management, 399: 37-46.

ZENG Q, WANG Y, CHEN L, et al., 2018. Inter-comparison and evaluation of remote sensing precipitation products over China from 2005 to 2013. Remote Sensing, 10(2): 168.

ZHANG L, LIN J, QIU R, et al., 2018. Trend analysis and forecast of PM2.5 in Fuzhou, China using the ARIMA model. Ecological Indicators, 95(12): 702-710.

ZHANG Z, HUA T, ZHAO Y, et al., 2023. Divegent effects of moderate grazing duration on carbon sequestration between temperate and alpine grasslands in China. Science of the Total Environment, 858: 159621.

第 7 章
"双碳"目标下国土空间发展路径保障体系与新思路

聚焦气候变化与国土空间变革的现实背景,传承和谐淳朴的自然观念,本书在"双碳"目标下的国土空间治理体系变革、国土空间碳源汇系统认知和研究综述的基础上形成"双碳"目标下国土空间发展理论和方法体系,并引入城镇、农业和生态空间发展案例研究作为补充,解析了"双碳"目标下兼顾开发与保护、效率与公平、韧性和弹性的国土空间发展路径。在此基础上进一步构建"双碳"目标下国土空间发展路径保障体系,推进国土空间发展路径的落地实施,促进生态环境质量持续改善和经济社会发展绿色转型。最后,从研究范式、创新体系、技术方法剖析本书的核心贡献,明晰"双碳"目标下中国国土空间发展路径研究的价值与意义。本书期望在"双碳"目标下城镇、农业和生态空间的发展实践中,探索开发和保护协同共生的路径,促进人与自然生命共同体迸发出更旺盛的生命力,推动美丽中国愿景的目标进程。

7.1 "双碳"目标下国土空间发展路径保障体系

通过建立一系列保障措施提升国土空间治理能力，是促进"双碳"目标下国土空间高质量发展的重要前提（于贵瑞 等，2022）。保障措施构建的关键在于完善城镇、农业和生态空间发展路径的动态调控机制，形成包含方案设计、监测预警、政策供给和方案优化的循环系统。具体来说，是以国土空间低碳发展作为监测预警系统平台搭建的底层逻辑，以国土空间数量结构预测和布局蓝图作为动态监测预警和技术标准创新的试验对象，以国土空间发展路径作为全局最优国土空间政策设计的目标方向，综合集成多方参与的监测预警平台、规范严密的技术标准体系和全局最优的政策支撑体系，推动"双碳"目标下国土空间发展路径实现由蓝图静态管理向政策动态约束转变（图 7.1）。

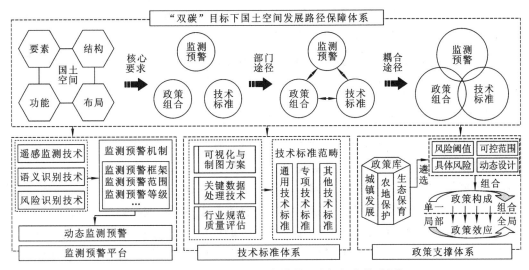

图 7.1 "双碳"目标下国土空间发展路径保障体系框架

7.1.1 国土空间发展路径的动态监测预警

监测评估预警是推动国土空间优化的重要技术保障和关键反馈环节，我国国土空间监测评估在长期的研究和实践中取得了丰富成果，但常态化、动态化的国土空间发展路径监测评估机制尚未形成。在国土空间治理数字化转型背景下，大数据、人工智能、云计算等新技术的深度开发，为国土空间治理的数字化、网络化、智能化提供了更多可能性（谢花林 等，2022；樊杰，2017）。基于国土空间基础信息平台，建设国土空间发展路径监测网络是推进国土空间治理数字化转型的重要内容。利用多元化技术提炼出国土空间重点监测预警区域和类别，设置差异化的监测预警等级，然后基于预警实践经验搭建动态监测预警平台，对"双碳"目标、国土空间优化配置方案和发展路径的落实情况进行全时段、全过程、全方位监测预警。

1. 监测预警技术方法

利用互联网、物联网、5G 等新一代信息技术，完备城镇、农业和生态空间时空维和要素维的监测网络，提升空间信息采集的及时性、客观性和准确性，应对气候变化背景下日益紧迫的生态-环境-可持续发展压力，以及基于遥感图像处理与识别技术、多源遥感影像分割技术提炼国土空间重点监测预警区域，引入可拓理论和风险理论等技术探索"双碳"目标、国土空间配置方案的偏离风险参数，通过深度神经网络等技术厘定监测预警的关键阈值等。

2. 监测预警机制设计

构建优化配置和发展路径实施方案的监测预警框架，建立国土空间和碳排放路径协同监测预警方案，推动监测预警由"查证"为主向"发现与查实"并重转变。基于地域性和阶段性差异统筹设计不同类型国土空间的监测预警等级，健全国土空间开发和保护行为监测预警长效机制，聚焦城镇、农业和生态空间管控边界与约束指标是否突破控制底线，全过程、全方位监督国土空间优化配置的实施情况。

3. 监测预警平台建设

统一集成国土空间监测所有调用和新产生的数据，搭建包含碳源、碳汇的国土空间监测预警基础数据库，明确平台数据建库成果资料、数学基础、数据命名规则、管理与组织、数据结构和质量要求等平台建设标准，形成多源数据采集、数据自动集成、预警信息汇交、决策仿真模拟、成果交换共享的完整链条，发挥监测数据和预警平台的应用价值和治理潜能。建设国土空间监测预警智能分析系统，开放面向社会公众的信息发布接口，完善行政督导、专家研判和舆情反馈的人机交互预警路径，打造服务在线化、决策数据化、监管智能化的国土空间治理新模式。

7.1.2 国土空间发展路径的技术标准体系

近年来，2021～2023 年《全国标准化工作要点》中多次提及"'双碳'标准体系""国土空间规划标准体系""生态系统保护与修复系列标准""乡村基础设施建设、农村人居环境改善、乡村治理、新型城镇化等领域标准"等。2021 年自然资源部、国家标准化管理委员印发《国土空间规划技术标准体系建设三年行动计划（2021～2023 年）》，旨在加快建立全国统一的国土空间规划技术标准体系。国土空间相关的技术、方法、管理、信息平台等方面的标准体系对于"双碳"目标下国土空间发展路径构建具有重要指导意义（严金明 等，2021），本书探讨的"双碳"目标下的国土空间优化配置与发展路径的技术标准体系包含通用技术标准、专项技术标准与其他技术标准。

1. 通用技术标准构建

通过技术标准即针对"双碳"目标下国土空间治理标准化对象制定的覆盖面较大的共性标准，建立统一的国土空间碳排放核算、资源分类和格局优化体系是国土空间发展路径构建的基础，是其他技术标准体系构建的基石。"双碳"目标下国土空间相关技术标准应包括国土空间资源基础数据库建设技术标准，术语定义与标识符号标准，国土空间碳源、碳汇核算技术标准，国土空间发展成果检查验收技术章程，数据与网络信息安全技术标准，国土空间功能模块测试与评估标准等。

2. 专项技术标准建设

专项技术标准即针对城镇、农业和生态空间发展路径构建过程中某一具体标准化对象而制定的专项标准，包括"双碳"目标下关键社会经济参数估计技术章程，国土空间优化配置标准，国土空间 CGE 模型的拓展路径规范，实施方案监测预警的协同交互技术标准等。

3. 其他技术标准研究

其他技术标准包括约束生态环境损害的环境控制技术章程，提供信息化支持的信息服务标准，控制方案质量的规划产品评价技术标准，规范编制和实施人员的工作技术方案等。其他技术标准体系构建过程中，需要建立动态化、规范化的评估程序，在不断破解新问题的过程中形成日益优化的技术标准体系运行模式。此外，我国国土空间发展与发达国家面临着共性问题，在空间治理的经验借鉴过程中扬长避短，对于"双碳"目标下国土空间发展路径研究具有着重要意义。

7.1.3 国土空间发展路径的政策支撑体系

国土空间政策通过导向性、协调性和约束性机制，推动"双碳"目标下高质量、可持续的国土空间发展路径形成（田莉 等，2021）。国土空间发展路径的政策支撑体系构建需要综合对比国内外"双碳"目标进程和空间治理政策工具，界定我国国土空间政策工具的风险内涵，明确政策风险识别阈值与可控范围，基于政策风险评估结果选定能够实现由局部最优向全局最优转变的政策组合方案，推动"双碳"目标下我国城镇、农业和生态空间发展路径高层次、高质量落地实施，提升国土空间治理能力。

1. 基础政策库构建

综合比较国内外"双碳"政策和国土空间政策差异，系统归纳国内外监管政策、财政政策、碳市场政策等政策工具的典型案例，解析其目标、性质、文化、环境与成效差异，关注京津冀、长江经济带、粤港澳大湾区、长三角、黄河流域等重点区域政策，兼顾人口、产业、资源、财政、金融等配套政策，完成不同国土空间发展诉求和碳排放总量控制的政策归类。

2. 政策风险评估与参数设计

在农业、城镇和生态空间的权衡过程中，国土空间发展政策面临艰难抉择，有必要界定政策工具的风险内涵，确定政策风险识别阈值与可控范围，模拟国土空间优化和"双碳"目标推进相关政策工具实施的具体风险，形成"政策匹配—风险模拟—参数调整—风险可控"的动态调整策略，强化国土空间政策的系统性、协同性、精准性和操作性。

3. 全局最优的政策组合遴选

区别于仅考虑单一政策的局部最优策略，全局最优政策组合锚定社会发展阶段特征，搭建"双碳"目标与国土空间政策在治理体系中的传导机制，研判仿真政策组合对城镇、农业和生态空间的具体影响及组合效应，聚焦于形成并充实全局最优政策工具箱。关注不同空间政策的分工与协同关系，推动形成系统、科学、高效的国土空间发展路径的政策支撑体系，包括支持高效集聚经济和人口的政策聚焦城市化地区，支持增强农业生产能力的政策聚焦农产品主产区，支持保护生态环境、提供生态产品上的政策聚焦生态功能区。

7.2 "双碳"目标下国土空间发展路径研究新思路

"双碳"目标下国土空间发展路径优化是国土空间治理体系领域的新思路，强调碳排放对国土空间开发和保护过程的约束作用，优化了传统国土空间优化配置的底层逻辑，在我国国土空间的理论创新与实证研究将形成一系列可直接应用于管理实践的科研成果。围绕"双碳"目标下国土空间优化配置与发展路径，应构建"问题反馈+价值导向"的互馈机制，在问题识别、学术观点和话语体系为核心的概念逻辑和判断方面取得突破，在以研究方法、分析工具和文献资料为核心的数据方法和技术方面有所推进（图7.2）。

7.2.1 "双碳"目标下国土空间发展路径的新突破

厘清"双碳"目标对国土空间治理体系的底层逻辑关系。当前国土空间治理体系研究大都局限于低碳模式或偏好的国土空间优化配置讨论，致使当前低碳国土空间优化配置分析脱离了"双碳"目标的核心要求，无法为"双碳"目标的实现提供直接国土空间解决方案（黄贤金 等，2021）。进一步的研究应将"双碳"目标下社会经济参数预测作为前置研究，构造出可实现"双碳"目标的国土空间优化配置方案与发展路径，体现"双碳"目标下国土空间优化配置的底层逻辑（图7.3）。

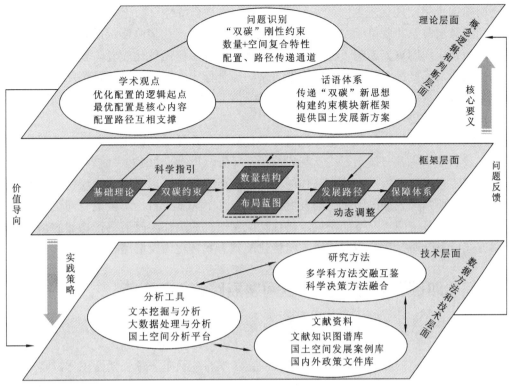

图 7.2 "双碳"目标下国土空间优化配置研究的突破、创新或推进之处

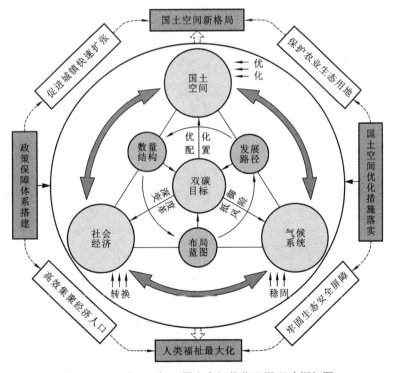

图 7.3 "双碳"目标下国土空间优化配置理论框架图

明晰国土空间优化配置"数量维+空间域"的复合特性。国土空间属性特征包括各类空间的数量关系和各单元空间的邻近关系,国土空间优化策略制定需要考虑这两种属性特征相互交织的重要影响(樊杰,2013)。因此,国土空间优化配置需要从数量结构维度和空间布局维度综合考量科学的实践方案。设计国土空间数量结构预测和国土空间布局模拟两部分内容,解构"双碳"目标下国土空间优化配置方案,刻画"数量维+空间域"的优化配置复合特性。

构筑国土空间优化配置方案与发展路径创新的传递通道。国土空间优化配置与发展路径实践长期呈现各自孤立、相互割裂的状态(黄金川 等,2017),前者多基于计量化、数字化和定量化的分析模式给出具体的国土空间配置方案,后者则围绕质性化、论证化和定性化的研判模式提出国土空间发展路径。然而,"双碳"目标下国土空间优化配置与发展路径力求打造两者连接的桥梁,将优化配置研究成果作为发展路径构建的基础。构筑"方案-模式-路径"的传递通道,将优化配置方案转化为发展路径。

7.2.2 "双碳"目标下国土空间发展路径创新体系

1. 创新国土空间治理学科体系

国土空间治理的复杂性和非理性特征决定了学科建设是一项长期性工作,需要多学科、多方法的取长补短、融合交叉(戈大专 等,2021;曲福田 等,2021)。把气候系统、国土空间系统与社会经济系统置于同一框架内,丰富和发展了"双碳"目标下具有中国特色的国土空间发展的理论体系,推动了管理学、经济学、地理学和生态学等学科融合,为本土化理论体系创新提供了新的试验场。

结合"双碳"目标对国土空间治理体系底层逻辑的变革性影响,从经济、文化和社会角度重新理解国土空间优化配置与发展路径的任务特征,将管理学的利益权衡理论及决策方式、经济学的资源配置理论及计量模型、地理学的人地关系理论及空间分析等学科手段在国土空间治理领域进行综合运用。结合国家和区域重大发展战略,以"任务带学科"的方式持续发挥国土空间治理相关学科的传统优势,同时兼顾专业性与综合性。以交叉学科体系下的理论创新与方法创新为特色指引,通过建设国土空间相关领域学科群,形成国土空间领域全新的学科体系,推动国土空间前沿领域研究,助力国土空间多学科交叉融合发展。

2. 创新国土空间治理学术体系

本书搭建了"双碳"下国土空间发展的理论框架与方法体系,科学评估了城镇、农业和生态空间发展模式的差异,能够推动形成具有中国特色的国土空间发展路径,即城镇空间"优化+管控"、农业空间"降源+增收"、生态空间"修复+增汇",以学术体系创新促进保障体系构建。

"双碳"目标成为国土空间优化配置的逻辑起点。传统国土空间优化配置与碳排放的耦合研究侧重于定性分析，尤其缺少碳达峰、碳中和目标对国土空间利用刚性约束的定量研究（熊健 等，2021）。自"双碳"目标提出以来，我国社会经济系统正在发生变革性转变，国土空间作为该系统的载体同样需要进行结构性调整以适应"双碳"目标的基本要求，尤其是在优化目标设定和配置理论方法等方面。因此，新时代国土空间优化配置必须将"双碳"目标作为其逻辑起点，准确评估"双碳"目标对国土空间的重塑作用，并以相应的社会经济参数作为国土空间优化配置的研究依据。

国土空间最优配置是国土空间治理体系的核心内容。国土空间治理的关键在于实现城镇、农业和生态空间的高效合理配置，重点是破解"给多少指标""放什么位置"的治理难题（刘彦随 等，2022）。现有国土空间配置方案缺乏学理性和实践性相统一的判断与设计，区别于精确的科学仿真计算，大多数成果仍来自于历史规律和关联特性，致使国土空间时常出现资源错配现象。因此，基于精准数学语言表达国土空间具体目标和约束，构建国土空间优化配置方程组，完善国土空间优化配置技术方法体系，推动其成为新时代国土空间治理体系的核心内容。

国土空间发展路径是优化配置方案的实践要求。国土空间优化配置的目标是实现经济、人口、生态和国土空间的最佳组合（岳文泽 等，2021），国土空间发展路径重在探索国土空间最佳组织模式的实践道路，以促进国土空间的优化利用，两者在逻辑起点和最终目标上趋同、在核心要义和实践要求上互补。在系统梳理国外空间治理方案的基础上，结合国土空间优化配置方案提炼发展模式，构造出多情景优化配置方案下的城镇空间"优化+管控"、农业空间"降源+增收"、生态空间"修复+增汇"的发展路径。

3. 创新国土空间治理话语体系

哲学社会科学话语体系是时代精神的鲜明体现，是国家文化软实力的重要载体，是主流意识形态安全的关键屏障（谢伏瞻，2019）。"双碳"目标彰显了我国推动构建人类命运共同体的责任担当，"双碳"目标下我国国土空间优化配置与发展路径有利于"生态文明建设""山水林田湖草沙生命共同体"等价值理念输出，提升我国在国土空间治理领域的国际话语权（杨保军 等，2019）。在话语共振层面处理好学术性话语与政治性话语的关系，推动"双碳"目标下我国国土空间优化配置与发展路径的哲学社会科学话语体系构建，增强我国国土空间治理的国际影响力。

传递新思想。已有国土空间优化配置与发展路径研究源于传统规模效率思维，缺少对"双碳"目标下国土空间优化配置与发展路径的新解读和新阐释。读懂时代命题、破解时代难题是哲学社会科学研究的创新根源，基于对"双碳"目标下的空间发展路径的全新阐释，在进行科学研究和实践决策时，注重选题、命题、读题、破题、答题过程中紧握"双碳"时代脉搏，为国土空间优化配置与发展路径研究传递了新思想。

构建新理论。基于"双碳"目标和国土空间的科学内涵阐释和逻辑关系辩证，在研究框架补充"双碳"目标约束模块，完善和突破了传统理论框架，形成了系统性分析工具，为国土空间优化配置与发展路径构建了新理论。

提供新方案。通过创新国土空间优化配置与发展路径理论框架，得到"双碳"目标下我国国土空间管理的情景方案、数量结构、空间布局、发展蓝图、发展模式、发展路径和保障体系，在"双碳"目标和国土空间优化配置间找到最大公约数、画出最大同心圆，为我国国土空间优化配置与发展路径提供了新方案。

7.2.3 "双碳"目标下国土空间发展路径研究工具拓展

1. 国土空间研究方法的融合创新

本书基于"双碳"目标下国土空间发展科学内涵解析，在情景方案设置、国土空间数量结构预测与布局蓝图模拟的过程中创新了技术方法体系。既融合多元技术，也集成定性指引与定量分析等技术方法，定量分析与定性指引互为支撑，逐步完善和进一步延伸"双碳"目标下国土空间优化配置与发展路径的技术方法体系。

多元技术综合运用。以"双碳"目标为刚性约束，参考共享社会经济路径（shared socioeconomic pathways，SSPs）的减缓与适应性挑战，结合碳排放路径模拟设计能够达到"双碳"目标的绿色转型、双轮驱动与经济优化情景。将国土空间资源账户与管理政策约束纳入传统 CGE 模型框架，构建了能够实现逐期递归的国土空间 CGE 模型，求得均衡解以提升数量结构预测的精度，破解在长时间序列数据中数量结构预测误差较大的难题。在国土空间布局优化中，引入自适应惯性竞争机制以精准模拟城镇、农业和生态空间之间的竞争关系，并充分结合随机游走模型等方法实现国土空间布局蓝图刻画。

跨学科方法交叉融合。"双碳"目标下国土空间优化配置与发展路径是一项系统工程，亟须多学科理论与方法的交融互鉴（丁明磊 等，2022）。本书融合土地资源管理学、应用经济学、人文地理学、生态学等学科的研究方法，在研究中力图形成"理论+实践"的研究范式、"定性+定量"的研究模式、"时间+空间"的研究视角、"分析+预测"的研究手段等。

科学研究与决策服务方法融合。"双碳"目标下国土空间优化配置与发展路径是理论性和实践性相统一的时代命题。深度融合以数据挖掘、空间分析、计量分析为核心的科学研究方法和以方案设计、路径规划、政策评估为核心的决策服务方法，争取实现学理性和实用性、针对性和一般性的高度融合。

2. 国土空间分析工具的创新

以新兴数字技术为代表的新一轮技术革命推动社会经济发展转型，同时服务于国土空间发展路径的更新与变革（甄峰 等，2019）。数字化平台和智能化分析工具的推广和应用，能够实现微观功能定位、精准监测预警、高效政策保障，促进全域国土空间结构优化与功能提升。

多源数据处理分析技术。通过爬虫程序抓取"双碳"目标和国土空间优化的相关生态环境监测数据、高分辨率卫星遥感影像数据、社会经济面板数据等数据资源，引入词频词云分析等文本挖掘分析工具梳理相关理论与政策文本。通过统计年鉴和调查问卷整理社会经济数据，运用遥感技术和 GIS 技术获取生态环境数据，通过语义分析等技术建立集实测数据、统计调查数据、分析测定数据、图片影像数据等于一体的多源数据库。

国土空间信息分析平台。将大数据分析手段与传统的人工分析方法和人工智能方法相结合，构建内置基础数据库、分析模型、专题可视化等模块的信息平台，形成"双碳"目标下的发展情景设计、国土空间数量结构和空间布局的多情景模拟等分析模块，纳入风险评估、监测预警、政策模拟等具体功能，生成稳定运行的桌面端软件或 Web 程序。

3. 国土空间文献资料的拓展

文献知识图谱库。拓宽资料搜索渠道，充分利用开放获取期刊、开放获取图书、电子印本系统、权威性数据统计网站、开放获取机构收藏库和大型数据库资源等，围绕核心概念与关键词获取最新研究成果与数据，建立系统全面的基础文献图谱库。

国土空间发展案例库。通过多渠道文本信息和文献资料挖掘，结合问卷、访谈等调研信息，分析与比较国内外典型国土空间发展模式和路径，建立国土空间发展典型案例库，为新时代我国国土空间发展路径与保障体系构建提供案例库、经验库。

国内外政策性文件库。利用学术资源网络对相关的政策文件及规范性文本进行归纳整理，通过对政策制定、政策实施、政策更替的整理与分析，为后期设计国土空间优化配置的政策风险评估与参数设计、全局最优政策组合奠定基础。

参 考 文 献

丁明磊, 杨晓娜, 赵荣钦, 等, 2022. 碳中和目标下的国土空间格局优化: 理论框架与实践策略. 自然资源学报, 37(5): 1137-1147.

樊杰, 2013. 主体功能区战略与优化国土空间开发格局. 中国科学院院刊, 28(2): 193-206.

樊杰, 2017. 我国空间治理体系现代化在"十九大"后的新态势. 中国科学院院刊, 32(4): 396-404.

戈大专, 陆玉麒, 2021. 面向国土空间规划的乡村空间治理机制与路径. 地理学报, 76(6): 1422-1437.

黄金川, 林浩曦, 漆潇潇, 2017. 面向国土空间优化的三生空间研究进展. 地理科学进展, 36(3): 378-391.

黄贤金, 张秀英, 卢学鹤, 等, 2021. 面向碳中和的中国低碳国土开发利用. 自然资源学报, 36(12): 2995-3006.

刘彦随, 杨忍, 林元城, 2022. 中国县域城镇化格局演化与优化路径. 地理学报, 77(12): 2937-2953.

曲福田, 马贤磊, 郭贯成, 2021. 从政治秩序、经济发展到国家治理: 百年土地政策的制度逻辑和基本经验. 管理世界, 37(12): 1-15.

田莉, 夏菁, 2021. 土地发展权与国土空间规划: 治理逻辑、政策工具与实践应用. 城市规划学刊(6): 12-19.

谢伏瞻, 2019. 加快构建中国特色哲学社会科学学科体系、学术体系、话语体系. 中国社会科学(5): 4-22.

谢花林, 温家明, 陈倩茹, 等, 2022. 地球信息科学技术在国土空间规划中的应用研究进展. 地球信息科学学报, 24(2): 202-219.

熊健, 卢柯, 姜紫莹, 等, 2021. "碳达峰、碳中和"目标下国土空间规划编制研究与思考. 城市规划学刊(4): 74-80.

严金明, 陈昊, 夏方舟, 2017. "多规合一"与空间规划: 认知、导向与路径. 中国土地科学, 31(1): 21-27.

严金明, 黄宇金, 夏方舟, 2023. 面向中国式现代化的国土空间格局优化: 基本遵循、理论逻辑和战略任务. 中国土地科学, 37(11): 1-10.

杨保军, 陈鹏, 董珂, 等, 2019. 生态文明背景下的国土空间规划体系构建. 城市规划学刊(4): 16-23.

于贵瑞, 郝天象, 朱剑兴, 2022. 中国碳达峰、碳中和行动方略之探讨. 中国科学院院刊, 37(4): 423-434.

岳文泽, 钟鹏宇, 王田雨, 等, 2021. 国土空间规划视域下土地发展权配置的理论思考. 中国土地科学, 35(4): 1-8.

甄峰, 张姗琪, 秦萧, 等, 2019. 从信息化赋能到综合赋能: 智慧国土空间规划思路探索. 自然资源学报, 34(10): 2060-2072.